U0574111

社交网络

虚拟社会中的人际心理学

王 伟◎著

北京师范大学出版集团
BEIJING NORMAL UNIVERSITY PUBLISHING GROUP
北京师范大学出版社

图书在版编目(CIP)数据

社交网络：虚拟社会中的人际心理学 / 王伟著. —北京：北京师范大学出版社，2023.6

（互联网心理学书系）

ISBN 978-7-303-24478-2

I. ①社… II. ①王… III. ①互联网络—人际关系—社会心理学 IV. ①C912.11 ②TP393.4-05

中国版本图书馆 CIP 数据核字(2019)第 001936 号

图 书 意 见 反 馈 gaozhifk@bnupg.com 010-58805079
营 销 中 心 电 话 010-58807651
北师大出版社高等教育分社微信公众号 新外大街拾玖号

SHEJIAO WANGLUO：XUNI SHEHUI ZHONG DE
RENJI XINLIXUE

出版发行：北京师范大学出版社 www.bnup.com
　　　　　北京市西城区新街口外大街 12-3 号
　　　　　邮政编码：100088

印　　刷：保定市中画美凯印刷有限公司
经　　销：全国新华书店
开　　本：730 mm×980 mm　1/16
印　　张：15.5
字　　数：209 千字
版　　次：2023 年 6 月第 1 版
印　　次：2023 年 6 月第 1 次印刷
定　　价：68.00 元

策划编辑：沈英伦　　　　　　　责任编辑：宋　星
美术编辑：陈　涛 李向昕　　　装帧设计：陈　涛　李向昕
责任校对：陈　荟　　　　　　　责任印制：马　洁

版权所有　侵权必究
反盗版、侵权举报电话：010-58800697
北京读者服务部电话：010-58808104
外埠邮购电话：010-58808083
本书如有印装质量问题，请与印制管理部联系调换。
印制管理部电话：010-58805079

目　录

第一章 概 述

批判性思考

1. 互联网已经成为生活的必需品，我们无时无刻不被网络包围着，尤其是移动互联网的出现，让我们可以与互联网无缝对接。你能够想象我们没有网络的日子吗？

2. 互联网的出现和普及，为我们的社会交往提供了一个新的平台，改变了人们的生活方式和行为方式。你觉得网络社交给你带来的影响都有哪些？

3. 你喜欢进行网络社交吗？你知道哪些常用的进行网络社交的工具？你最喜欢哪一种？你使用社交媒介的目的是什么？

关键词

互联网；社交网络；社交媒介；移动社交媒介使用

第一节 社交网络的发展状况

穿越历史的长河，互联网无疑是个新事物。

站在现实的视角，互联网正在成为新引擎。

放眼未来的发展，互联网必将播撒新希望。

互联网已经成为生活的必需品，我们不再对它感到新奇和陌生。大多数网民使用互联网进行社交、获取信息和购物等。那么，有多少人知道社交网络的"前世今生"？

一、社交网络的发展历程

互联网的飞速发展是近几十年的事，但其起源却可以追溯到 20 世纪 60 年代。在这段时间里，互联网从形式到内容都发生了巨大的变化。从点击时代到触摸时代，再到人网一体时代，互联网迎来了加速度裂变式的新一轮革命，使社会各方面发生了许多变化，改变了人类世界的空间轴、时间轴和思想维度。社交网络是近些年最受关注的互联网名词之一。随着互联网的渗透与普及，社交网络在全世界范围内迅速发展。那么，什么是社交网络？它又是在什么时间出现的？社交网络的发展历程又是怎样的？

社交网络即社交网络服务（SNS），源自英文 social network service，专指旨在帮助人们建立社会性网络的互联网应用服务，它包括硬件、软件、服务及应用。社交网络作为时代的一项技术应用，被一些舆论认为是推动社会变革的重要乃至根本力量。社交网络是一个基于 Web 2.0 由个体或组织以及它们之间的关系组成的社会网络结构。社交网络通过邮件、即时通信、视频、音频等方式与他人建立联系、分享经验，已经成为互联网时代连接人与人之间的桥梁（Boyd & Ellison，2010；Echeburúa & de Corral，2010）。每天使用微博、微信的人，都会有一种错觉，以为这些代表真正的社交网络。但是，从社交网络的历史来看，这种认识是极其浅薄的。那么，社交网络的起点在什么位置呢？

当然是电子邮件。1971 年，人类第一封电子邮件诞生。其缘起就是为了方便阿帕网（Advanced Research Projects Agency Network，ARPANET）项目的科学家们相互之间分享研究成果，他们使用"@"区分用户名与地址，社交网络自此诞生。我们对社交网络的发展历史进行了梳理，选择了一些有重要意义的事件在这里与大家分享。

1980 年，新闻组（Usenet）诞生。新闻组用户阅读、传播了电子公告板上的内容，并组成了数千个"群"在公告板上讨论科学、音乐、文学和体育。

1991年，伯纳斯-李经过多年实践和改进，创办了以"超链接"为特征的万维网(World Wide Web，WWW)。

1994年，斯沃斯莫尔学院(Swarthmore College)学生贾斯汀·霍尔(Justin Hall)建立了自己的个人站点——贾斯汀的地下链接(Justin's links from the underground)，与外部网络开始互联。贾斯汀·霍尔把这个站点更新了11年，因此被称为"个人博客元勋"。

1995年，Classmates.com成立，旨在帮助曾经的幼儿园同学、小学同学、初中同学、高中同学、大学同学重新取得联系。

1997年，美国在线即时通信软件(American Online Instant Messager，AIM)上线。在这一年，一位名为乔恩·巴格(Jorn Barger)的先锋博客作者创造了"Weblog"(博客)一词。

1998年，在线日记(Open Diary)社区上线，它允许人们即使不懂超级文本标记语言知识也可以发布公开或私密的日记。更重要的是，它首次实现了人们可以在别人的日志里进行评论回复的功能。

1999年，博客工具Blogger和LiveJournal出现。

2002年，Friendster上线，这是首家用户规模达到100万的社交网络。Friendster开创了通过个人主页进行交友的先河。

2003年，面向青少年和青年群体的聚友网(MySpace)上线，它再一次刷新了社交网络的成长速度：一个月注册量突破100万。

2004年，脸书(Facebook)成立。

2006年，推特(Twitter)成立。由于内容限制在140字以内，它迅速成为方便的交流工具和强大的自媒体平台。

2008年后，社交网络的发展更加引人注目。目前，手机已成为近几年社交网络增长的主要动力。全球社交网络已经发生了一些重要改变，即时通信应用所具有的功能及服务和社交网络有所重叠，让社交网络领域的竞争更加激烈。微信就是其中的代表，目前已成为我国重要的社交平台。

二、中国社交网络的历史

从时间上来划分，我国社交网络的发展经历了萌芽（1999—2004年）、起步和发展（2005—2007年）、全面流行（2008年至今）三个阶段。从内容上来划分，我国社交网络的发展历程大致分为四个阶段。

（一）早期社交网络雏形——BBS时代

从社交网络的深层演变来看，社交网络应该是从 Web 1.0 时代的BBS层面逐渐演进的。BBS全称 bulletin board system，即电子公告牌系统，泛指网络论坛或网络社群，流行于 20 世纪 90 年代。相比于E-mail形态，BBS把社交网络向前推进了一步，将点对点的形式演变为点对面的形式，降低了交流成本。天涯、猫扑等都是BBS时代的典型代表。

（二）娱乐化社交网络时代

经历了早期概念化的六度分隔理论时代，社交网络凭借娱乐化概念取得了长足的发展。2003 年，Uuzone 在南京成立，又名优友地带。优友是一个面向 18～25 岁的受过良好教育的年轻人的网络社交平台，你可以在优友上写博客，使用网络IP电话，建立自己的小圈子。人人网、开心网等都是这一阶段社交网络的典型代表。它们遵循社交网络的"低成本替代"原则，降低了人们社交的时间与成本，所以发展迅速。

（三）微信息社交网络时代

新浪微博的推出拉开了我国微信息社交网络时代的大幕。2009年8月，新浪推出微博产品，根据用户价值取向及兴趣取向等多维度划分用户群体。用户通过推介及自行搜索等方式构建自己的朋友圈，使这种产品迅速聚合了海量的用户群，当然也吸引了众多业者（如腾讯）。此外，随着移动互联网的发展，微信息社交产品逐渐与位置服务等移动特性相结合，米聊、微信等移动客户端产品相继出现。

(四)垂直社交网络应用时代

垂直社交网络应用并非在上述三个社交网络时代终结时产生的,而是与其他三个时间段相互融合。目前,垂直社交网络主要与游戏、电子商务、分类信息等相结合,这也可以看成对社交网络探究商业模式的有利尝试。

1987 年 9 月,中国学术网(Chinese Academic Network,CANET)在北京计算机应用技术研究所内正式建成中国第一个国际互联网电子邮件节点,并发出了中国第一封电子邮件"Across the Great Wall we can reach every corner in the world."(越过长城,走向世界。),揭开了中国人使用互联网的序幕,也开启了中国社交网络时代。这样算下来,中国社交网络和互联网一样也走过了几十个年头。

三、社交网络存在的问题

社交网络的用户规模巨大,并且增长迅速,它正在改变着人们的生活方式和交往方式。但是,社交网络也存在很多问题。

(一)问题性的社交网络使用问题

网络成瘾或者网络游戏成瘾早已经不是一个新鲜事物了。有很多研究者认为,社交网络的使用强度和频率已经超出了满足正常心理需要的水平(Lam,2014;Kim,Seo,& David,2015)。问题性的社交网络使用是个体因长时间和高强度地使用社交网络,导致不可抗拒地延长使用时间,以及由此带来的以心理苦恼和生理不适的行为反应为特征的社会心理现象(姜永志,白晓丽,阿拉坦巴根,等,2016)。姜永志等人认为,青少年合理的社交网络使用对促进社交关系的建立、维持和发展有积极意义,但问题性的社交网络使用对青少年的身心发展会产生消极影响。我们的研究(王伟,李哲,雷雳,等,2017)也发现,过度地使用移动社交网络会给青少年的睡眠质量带来影响,进而导致青少年抑郁的发生。

(二)安全性问题

社交网络是人们可以用来与其他人共享信息的服务，如照片、视频和个人信息。随着社交网络越来越流行，使用社交网络的危险也越来越大。其中包括黑客、垃圾邮件制造者、病毒制作者、身份窃贼和其他罪犯，还包括对用户信息泄露的社交网络服务商。如何安全地使用社交网络，让用户的财产和人身都不受到伤害，是社交网络在未来要考虑的问题。

(三)同化现象严重，缺乏创新

无论是国内还是国外，很多社交网络在功能、内容或者页面设计上都有着很多相似之处。例如，新浪微博与推特更为相似，开始都要求内容最多 140 字；优酷则与优兔(YouTube)非常相似。由此我们发现，国内外的社交网络有很多相似的内容。社交网络如果想长盛不衰，创新内容和服务，拥有自己的特色是必不可少的。

四、社交网络的发展趋势

随着互联网的普及和智能设备的发展，社交网络一直都在更新、升级和突破，未来的社交网络还会更即时、更垂直、更具创意、更真实、更能增进人与人之间感情的交流。那么，未来的社交网络会是怎样的呢？有研究者认为，可以从移动化、社交化、大数据和云计算等几个方面来看社交网络的发展趋势。世界已经进入移动互联的时代，借助大数据和移动社交技术，社交网络呈现显著的移动化、本地化特征。移动社交网络用户规模占社交网络用户规模的比重逐年上升，移动化已成为不可阻挡的发展趋势。社交化是指社交网络把人们的社会关系数字化，使互联网能够在社会化关系中定位个体。每个个体都是社会人，个体的身份在很大程度上是由与其关联的其他人来定义的。

掌握了某个体在社交网络中的位置，基本上就掌握了他的社会身份。通过移动化和社交化，实现对个体的时空定位和社会情境定位，再加上人们在网上的行为(应用 App)数据，就实现了对人们在线行为的全记录。通过对全记录数据的深度分析，研究者就能够精准预测人们的下一步行为，从而为社会管理或商业决策提供战略支撑。这种分析利用的就是云端的大数据技术。

科技发展势不可当，智能可穿戴设备在人们的生活中越来越普及。这也给社交网络带来了新的机会和可能，让虚拟的社交场景更加真实。随着科学技术的发展，社交网络未来的发展会有无限的可能性，让我们拭目以待吧！

第二节　网络社交的研究现状

随着网络技术的不断发展，互联网已经成为很多人生活中必不可少的一部分。互联网已经深刻地改变了人们的体验。我们使用网络来查找资料、购买和销售产品、观看电视节目、寻求配偶并进行娱乐。我们使用互联网和其他人联系，与身边熟悉的人或陌生人互动。随着社交媒介技术的快速发展，大部分人都在使用社交媒介进行网络社交。例如，有研究指出，75%的美国成年人一直在线，甚至更多的青少年表示他们也是这样的，而且几乎所有的互联网用户都说他们上网的主要目的就是进行网络社交。那么，什么是网络社交？我们如何进行网络社交？我们进行网络社交的动机又是什么呢？

一、网络社交的概念

由于通过社交媒介技术普及的在线交流的促进，"网络科学"(Watts，2007)已经发生了显著的演变。越来越多的学术研究都集中在当前技术的潜在好处和缺陷上，丝毫没有考虑到社交媒介技术本身。特别令人感兴趣的是社交网站，它被定义为"能够形成网络社区和共享用户创造的内容的网站"（Kim，Jeong，& Lee，2010）。这项技术具有即时、低成本和隐蔽通信的特点，因此很难进行监控。此外，它提供了同步（立即）和异步（延迟）通信的机会（Barak，2007；Stefanone，Lackaff，& Rosen，2011）。已经有很多关于使用社交网站对心理健康的积极影响的研究，如通过更广泛的社交网络使用增加了社会资本（Ellison，Steinfield，& Lampe，2007）。但是，也有很多研究关注社交网站的负面作用，如网络欺凌、社交孤立和过度使用等。

　　然而，社交网站仅仅是网络社交借助的一种形式。网络社交概念的内涵和外延要比社交网站更大、更广。网络社交就是指在互联网或虚拟环境中的社会交往，是伴随互联网的诞生和迅速发展而催生出的一种新型的人际交往方式。不同学科、不同角度的研究者会给网络社交下不同的定义，所以到目前为止网络社交还没有一个统一的、令人信服的定义，这个可以从对网络社交的翻译中（Internet-based，online interaction，computer-mediated interaction，computer-mediated communication；Internet communication；E-communication，Internet use 或 online communication 等）得知。研究者基本达成共识的就是网络社交的定义有广义和狭义之分，广义的网络社交是指互联网的使用行为，狭义的网络社交的概念有很多。研究者从不同的角度，根据自己的理解定义了网络社交。例如，陈秋珠（2006）认为网络社交是互联网使用行为的一种，主要指人与人之间的信息沟通，在此基础上达到相互影响、相互理解的目的，也就是网络人际交往。它是以计算机为媒介、以互联网为基础的一种人际交往。王洪波和胡璇（2013）则认为，网络社交是指网民以计算机、网络为中介，以数字化的符号为载体进行的人与人之间的一种交往方式。被大多数研究者（卜荣华，2010；Okdie et al.，2011；Yen et al.，2012；贺金波，陈昌润，贺司琪，等，2014）接受的网络社交定义为：网络社交是一种以文本、虚拟图像为主要交流符号，通过社交网络进行信息沟通的交往方式。随着科技的发展，人们对网络社交的狭义的定义产生了争议。由于手机的智能化，人们开始使用手机进行网络社交，因此，网络社交不再单纯地以计算机为媒介了。但是，网络社交的实质基本是没有变化的，主要还是指人们在虚拟空间中的人际交流、社会交往，与实际的人际交往相对。

社交媒介是网络社交借助的平台。社交媒介是指以让使用者联系、交流和彼此互动为主要服务功能的网站和软件，常常通过发帖、分享或合作产生信息(Correa，Hinsley，& Gil de Zúñiga，2010)，包括社交网站、与他人交流的工具(如邮件和即时通信)和分享信息的网站(如论坛和博客等)。也有研究者把社交媒介称为社交媒介技术，但实际上两者所指代的内容是相同的。与其他媒介相比(如电视和电台)，社交媒介最大的特点是社交互动，电视和电台通常不被认为是本质上的和主要的社交媒介。现在的网络社交有多种形式，所以，有研究者(Valkenburg & Peter，2007)把网络社交定义为"网民使用互联网进行聊天或即时通信的频率、强度和速度的综合"是不全面的。网络社交包括的内容应更加广泛，不仅包括使用互联网进行聊天或即时通信，而且还包括网民在社交媒介上的所有行为。因为网民在社交媒介上的所有行为都有可能与网络好友发生互动，而这些互动都是一种交往形式。例如，我们所熟悉的生活信息和照片的发布、评论、点赞等，甚至在社交媒介上资源的分享也是网络社交的形式。我们对网络社交形式的了解会进一步帮助我们理解网络社交的含义。

二、网络社交的形式和特点

(一)网络社交的形式

由于饱和的社交媒介环境，网络社交已成为人们日常生活的重要组成部分。在以社交媒介为中心的交流领域中，如通过社交媒介与其他人的异步(如电子邮件)或同步(如打电话)联系，人们要不断地使用社交媒介与其他人联系。

随着科学技术的进步，网络社交的形式变得越来越多样化。从一开始的网络聊天室到即时通信软件（如 QQ），再到智能手机中的微信，从电子公告牌到现在的社交网站，从电子邮件、网络游戏和网上论坛到博客、微博，可以说社交媒介的形式有了很快的发展和很大的变化。CNNIC[1]（2016）结合我国社交应用的现状和用户的使用目的，参考国内外相关研究机构的分类标准，把国内的社交应用类型主要分为即时通信工具、综合社交应用、图片/视频社交应用、社区社交应用、婚恋/交友社交应用和职场社交应用六大类，如图 1-1 所示。其中即时通信工具的使用率最高，占手机网民的 90.7％；综合社交应用的使用率为 69.7％；工具性较强的图片/视频社交应用的使用率为 45.4％；社区社交应用的使用率为 32.2％；其他两类社交应用的使用率相对较低，均在 10％以下。[2]

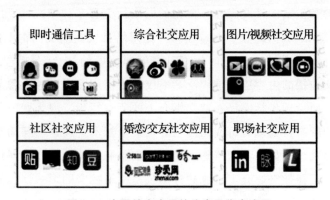

图 1-1　中国社交应用的分类及代表应用

在前四类社交应用中，即时通信工具作为网民日常沟通的主要载体，用户黏性较强，其中 QQ、微信、陌陌的使用率排在前三位；综合社交应用是网民分享社交信息的主要载体，使用成熟度较高，其中 QQ 空间、新浪微博的使用率较高；图片/视频社交应用刚刚起步，网

---

[1]　中国互联网络信息中心。
[2]　数据源于《2015 年中国社交应用用户行为研究报告》。

民的使用处于尝试阶段，其中美拍的使用率较高；社区社交应用作为 Web 2.0 时代社交应用最初的经典形态，开始向专业化、垂直化、移动化的方向发展，其中百度贴吧的使用率最高。

扫描拓展

答案网上搜，智商让人愁！

（二）网络社交的特点

网络社交有着自己鲜明的特点，其中匿名性、不同步性和易接近性是三个主要特点。

第一，在社交媒介中我们可以隐藏自己的姓名、性别。匿名性给社交媒介的使用带来了很大的便利，让大家可以在网络中畅所欲言，但是也会给网络使用者带来无法预知的风险。很长一段时间，匿名性被认为是去个性化的特征，把匿名性定义为人的个性意识和个人责任的缺失（Diener，1979）。

第二，大部分的网络社交都是不同步的，这就让人们在发送信息之前有了反应和缓冲的时间，可以在说每句话、发表每个观点之前更加深思熟虑。即使是即时信息，我们也可以在发送给我们的交往同伴之前做出必要的检查。

第三，易接近性是指人们可以很容易地选择他们的观众和交往伙伴，与志同道合的人分享想法。这种易接近性，如在社交网站上，可以使青少年与他们好久不见的或在生活中不容易遇见的同伴互动。青少年可以很方便地在各种各样的人之间传播自己的信息（Valkenburg & Peter，2011）。

除此之外，网络社交的特点还包括以下几个方面。

1. 用户群的平民化

一般来说，传统媒介的信息发布往往成本较高，因而对信息发布者具有一定的要求，只有具有一定专业知识或者经过一定专业训练的人才能进入传统媒体行业。而社交网络为平民用户提供了便捷、廉价、操作简单的媒介，因此它的用户不受任何局限，无论何种职业，只要持有工具并接入网络，就能加入社交网络。

2. 个人信息的相对真实性

随着社交网络的发展，人们的虚拟网络圈已经逐渐和真实朋友圈交叉重合，并渗透到工作与生活中。这就使得社交网络与传统网络有一个重要的差异，即社交网络是相对真实的网络，是以"熟人"为主的网络，而传统网络则具有较强的虚拟性。人们通过社交网络上的真实身份与朋友或者亲人联系，积极互动，维护自己的现实及网络朋友圈，并有效扩大自己的交往范围。

3. 信息交流的互动性

与用户互动，获得用户的反馈是媒介工作的重要组成部分。传统的媒介因地域、工具以及时间的限制，不能及时有效地与用户或受众互动。由于网络的便捷性、易获取性以及社交网络的操作简易性，用户可以通过多种方式随时随地接收信息，并可以通过社交网络迅速评价信息，随时随地参与社交网络的话题讨论，能够更加自由地表达自己的看法，实现即时互动，大大缩短从信息发布到实现反馈交流的时间间隔。

4. 信息呈现的碎片化

由于社交网络信息传播的即时性强，为了更快地实现信息的交流，用户在使用社交网络时更加追求效率。用户在使用文字交流时，更多地使用表情、缩写、简称和俚语，受自己的认知和习惯的影响较大。用来交流的文字通常没有经过深思熟虑或者必要的考证，甚至缺乏严谨的逻辑，造成了信息的碎片化。信息的碎片化增强了信息的不确定性与随意性，从而导致接收者理解、判断和辨别信息的难度增加。

5. 传播效果的扩大化

传播效果的扩大化主要体现在两个方面。一方面，社交网络中发布的信息可以被他人继续转载，因而信息呈交叉辐射式传播，信息传播得更快、更广，能够通过多种渠道传播到更多用户的页面，达到核聚变式的传播效果。另一方面，不断扩大的用户规模和日益提高的影响力导致了社交网络传播效果的扩大化。社交网络的迅速发展导致其用户人数急剧增加，与此同时，社交网络也具有越来越大的社会影响力。

三、网络社交的现状

(一)网络社交的基本概况

近年来，我国网民上网时长不断增加，人们花在网络社交上的时间也不断增加。全球网络指数(global web index，GWI)机构发布的 2015 年第一季度网络社交报告发现，人们每天在互联网上花费的时间有 28% 都用于网络社交；2012 年，人们每天在移动网络上平均花费 1.24 小时，到 2015 年，上涨到 1.99 小时。可以说移动互联网重要性提升的趋势越来越明显，人们用在网络社交上的时间，超过了总上网时长的 25%，并且还有不断增长的趋势。

社交媒介已变得越来越普遍，网络社交已经成为人们生活中不可或缺的一部分。社交媒介的发展非常迅猛，截至 2015 年 12 月，我国网民规模达 6.88 亿，全年共计新增网民 3951 万人。截至 2017 年 6 月，我国网民规模达 7.51 亿，较 2016 年年底增长 1992 万人。其中手机即时通信用户 6.68 亿，较 2016 年年底增长 2981 万人，占手机网民的 92.3%。由此可见，网络社交已经成为广大网民的一种主要的网络使用行为。

(二)大学生网络社交的现状

大学生是互联网上的活跃群体，他们对人际交往有着强烈的需求，还有着旺盛的精力、大量的空闲时间和娴熟的网络技术。网络已经融入大学生生活和学习的方方面面，成为影响当代大学生生活方式的重要因素。所以，大学生的网络社交行为较其他群体也会表现出一定的特殊性。对大学生网络社交的研究(王洪波，胡璇，2013)发现，大学生网络社交的对象仍然以熟人为主。超过 90% 的大学生在网上会和朋友以及同学进行交往，60% 的大学生使用互联网和亲戚、家人进行联络，仅有 20％左右的大学生会和陌生人在网上进行交流。冯锐和李亚娇(2014)的研究基本上也得出了相同的结论，他们发现，当代大学生的网络社交对象主要是生活中已经认识的朋友，大学生对陌生人的信任程度不高，从陌生人发展而来的好友在熟悉程度方面不如现实生活中已经结识的好友。大学生不仅在行为上认可网络社交的各种方式，而且在态度上表达了对网络社交的偏爱。多数大学生对网络交流持一种积极态度，社交网络在一定程度上解决了大学生交流过程中存在的问题，从而使人际沟通变得更加容易。

在网络社交工具的使用上，经过调查发现，大学生最常用的四种网络社交工具分别是 QQ、人人网、微博、微信，紧随其后的是飞信、贴吧、朋友网及豆瓣，搜狐白社会、陌陌、米聊、开心网用得非常少。大学生使用这些网络社交工具时，经常使用日志、状态、相册和分享功能。其次是群组、音乐和播客等功能。对于即时通信工具、电子商务、购物、投票、测试、礼物、游戏等功能使用很少(冯锐，李亚娇，2014)。大学生注册网络社交工具的主要原因是受身边同学的影响，59％的学生因为身边的同学都在玩，所以就跟着注册了；29％的学生注册网络社交工具的原因是受到好友的邀请；还有 4％的学生是出于好奇，主动注册的；另外 8％的学生是出于其他原因(刘艳艳，2013)。

(三)青少年网络社交的现状

1. 青少年传统网络社交的现状

美国皮尤研究中心(Pew Research Center)的一项对社交网站及互联网使用情况的调查报告结果显示，14～17 岁的青少年以及 18～29 岁的青年是美国社交网站的主要用户群体，而这一群体的主要成员为学生；并且，与 12～13 岁的用户相比，14～17 岁的用户明显更倾向于使用社交网站。社交网站用户的年轻化特征非常突出，学生群体是社交网站用户的主要组成部分。社交网站的学生用户覆盖了相当高比例的大学生群体，并且随着用户在各年龄层的渗透，有进一步全面渗透各阶段的学生网民之势。

《2010中国未成年人互联网及手机运用状况调查报告》数据显示，我国青少年上网的主要目的是娱乐和放松，聊天、社区网站、视频成为他们热衷的网络服务使用项目，九成以上的被调查者经常使用这些功能，超过了网络游戏，而且社区网站和博客等服务在青少年中的影响力日益增强(见图1-2和图1-3)[①]。

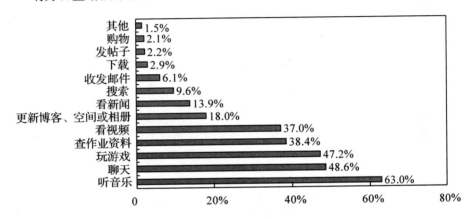

图1-2　中国青少年的主要网络活动比例

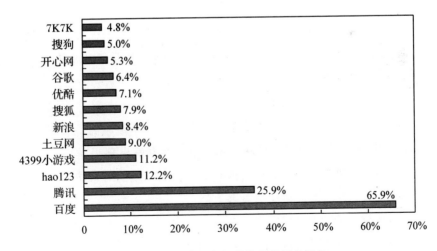

图1-3　中国青少年经常使用的网站排名

————————

① 图1-2和图1-3的数据均来自《2010中国未成年人互联网及手机运用状况调查报告》。

从现有数据可以看出，青少年群体对交友网站的使用很普遍。并且，随着手机等便携电子产品的推广，使用社交网络服务的青少年越来越多。目前，青少年对社交网络的使用已经引起了社会学、传播学、教育学以及心理学等领域的研究者的重视。

对中国青少年社交网站使用的研究（马晓辉，2012）发现，社交网站已经成为大多数青少年使用的网络服务之一，青少年网民中有九成都在使用社交网站。青少年在社交网站中的行为主要集中于自我展示和人际交流方面，且其中近半数青少年的社交网站主页比较受欢迎。但社交网站并未成为青少年最重要的社交形式。青少年对自己在社交网站中的个人信息有主动保护意识。近半数青少年对自己的个人主页设置了访问权限，并认识大部分的来访者。研究者（马晓辉，2012）还发现，女生更喜欢使用社交网站的社交服务，而男生更喜欢使用社交网站的娱乐性和工具性服务。

网络社交中也存在性别差异。例如，在社交网站的使用上，女生更喜欢相册和说说服务，而男生更喜欢音乐盒和城市达人服务。而且，女生更新说说、上传照片、关注朋友动态、浏览他人空间和查看回复留言比男生更频繁，而男生分享信息比女生更频繁。女生中设置访问权限的比例高于男生，女生比男生更愿意保护自己的个人空间，不想让陌生人查看，也比男生更熟悉自己空间的来访者。

在年级差异方面，随着年级的升高，青少年越来越喜欢说说服务，而对音乐盒、礼物和秀世界的兴趣则降低。年级越高，关心好友动态、查看和回复留言与更新说说三种行为也就出现得越多，而分享、更新皮肤和个人形象的行为则越少。在高三之前对来访者的熟悉程度基本呈上升趋势，在高三显著下降。

2. 青少年移动网络社交的现状

（1）青少年移动社交媒介使用的基本特点

随着移动互联网的普及和移动智能设备的不断发展，移动社交媒介越来越成为青少年网络社交的主要平台。我们（王伟，雷雳，2015；

刘晶，王伟，雷雳，2016；王伟，王兴超，雷雳，等，2017)也对青少年移动网络社交的特点进行了调查研究。结果发现，青少年常用的移动社交媒介首先是 QQ 及 QQ 空间，比例达到了 91%，这个结果与对大学生的研究结果基本相同；其次是微信及朋友圈，比例为 14%；最后是微博、人人网等。青少年在移动社交媒介上普遍使用的行为是与交流沟通有关的，大多数青少年都会使用移动社交媒介聊天、问作业、交流学习情况和班级情况、讨论问题等，把移动社交媒介的便捷沟通的特性发挥得很好。此外，也有很多青少年通过移动社交媒介来获取大量的信息，如查阅资料、浏览新闻。

除此之外，我们还对 440 名青少年进行了问卷调查，来考察青少年使用移动互联网、移动社交媒介的基本情况以及移动社交媒介的使用是否存在性别、年级和其他人口学变量上的差异。通过分析，我们对青少年移动互联网和移动社交媒介的使用情况有了一定的了解。

我们发现有超过七成的青少年使用移动互联网的时间超过了 3年，而使用移动互联网不到 1 年的青少年只有 8.2%。由此可以看出，青少年早已开始接触移动互联网。他们使用移动互联网的地点主要集中在家里和其他上网的场所，而在学校使用移动互联网的人数则较少。

我们从使用时间、使用频率、头像选择、使用态度和好友情况等几个方面分析了青少年使用移动社交媒介的情况。结果发现，54.8%的青少年每天的使用频率在 2 次以下，41.8% 的青少年每天的使用时间不超过 30 分钟，青少年人数随着使用频率的加快和使用时间的增长开始下降。但是我们也发现，到了最后都会小幅度升高。这也是需要家长和教育部门注意的地方，这一部分青少年也许会过度使用移动社交媒介。

在使用时间上，48.5% 的青少年会选择在休息时使用移动社交媒介，18.5% 的青少年则会在睡前使用，只有 0.3% 的青少年会在上课时使用。我们还发现有 21.2% 的青少年选择了在其他时间使用。在头像选择上，很少有青少年会使用自己或父母、亲人的照片，大多会选择卡通人物、明星、风景或其他一些事物的照片作为头像。这也说明，青少年在使用移动社交媒介时，一方面不想透露太多的个人信息，另一方面也想通过头像来展示自己的与众不同。

在对青少年移动社交媒介上的好友情况进行分析后发现，83.9%的青少年认识他们在移动社交媒介上全部或大部分的好友，一个都不认识的青少年只有1%。这也说明，移动社交媒介主要给青少年与现实生活中的好友交流提供了一个平台和机会。他们在移动社交媒介上的好友主要是现实生活中的同学和朋友(91.4%)，很少有陌生人。所以，青少年对移动社交媒介的态度还是比较积极的，他们对社交媒介使用态度的平均值略大于中间值。这说明，他们认为移动社交媒介对生活有一定的积极意义。

对青少年移动社交媒介使用的性别差异的研究发现，男女青少年在使用时间和使用频率上不存在差异，但是在留言和评论上却存在显著差异，女生比男生的留言和评论更多。这说明，男生和女生在使用时间和使用频率上是一样的，性别不是影响使用时间和使用频率的因素。但是，性别会影响移动社交媒介使用的行为。女生比男生更喜欢评论和留言，这也比较符合女性的特点。

在年级上，虽然使用时间和使用频率不存在显著差异，但是使用频率的线性趋势显著。这也说明，随着年级的升高，青少年使用移动社交媒介的频率越来越高。使用态度存在显著差异，并且线性趋势显著。这表明，随着年级的升高，青少年越来越接受并重视移动社交媒介的使用。

(2)青少年移动网络社交的行为特点

青少年在移动社交媒介上的行为有很多，我们首先通过文献分析、开放式问卷调查等方法选取青少年具有代表性的22种行为构成初测问卷并进行施测，其次进行项目分析、探索性因素分析以及复测后的验证性因素分析，最后进行信效度的检验等一系列标准化的程

序。结果发现，青少年的移动社交媒介使用行为可以归为三类：人际
交流与展示、信息获取与分享、获得乐趣与休闲。人际交流与展示指
的是青少年在移动社交媒介上与好友的互动交流，对好友的状态、说
说以及照片等的留言与评价，还有自我的展示行为。信息获取与分享
指的是青少年在移动社交媒介上看到的好的文章、知识的获得以及对
好文章的分享和传播。获得乐趣与休闲指的是青少年在移动社交媒介
上的游戏、娱乐行为以及对一些感兴趣的公众号的关注行为。

　　首先，从青少年的移动社交媒介使用行为的总体特点来看，使用
行为处于中等水平，人际交流与展示的得分最高，获得乐趣与休闲的
得分最低。这说明，对于青少年来说，他们在移动社交媒介上的主要
行为是人际交流与展示，其次是信息获取与分享，最后是获得乐趣与
休闲，这也符合移动社交媒介的特点。

　　其次，从青少年的移动社交媒介使用行为的性别差异来看，男女
青少年在人际交流与展示行为上存在显著差异。女生的得分高于男
生，说明与男生相比，女生在移动社交媒介上更喜欢展示自己，更喜
欢与好友交流互动。而这一结果与传统社交媒介的特点一致。有研究
者(Moore & McElroy, 2012)发现，与男生相比，女生有更多的好友，
发布更多的照片和关于自己的帖子。在获得乐趣与休闲的行为上，男生
的得分显著高于女生，说明男生比女生更喜欢在移动社交媒介上进行消
遣娱乐，这也比较符合男生爱玩的特点。在信息获取与分享的行为上则
不存在性别差异，说明男女生在对待信息上是一致的。

　　最后，从青少年的移动社交媒介使用行为的年级差异来看，在三
类行为上都存在显著的年级差异。在人际交流与展示的行为上，七年
级学生的得分最低，并且与其他三个年级的学生差异显著。这个原因
有很多，可能是因为七年级学生刚从小学升入中学，还处在适应阶段，
更关注的是实际生活中的人际交流，所以他们使用移动社交媒介进行交
流与展示的行为就会减少。此外，四个年级存在显著的线性关系，说明
随着年级的升高、年龄的增加，青少年慢慢开始学会利用移动社交媒介

表现自己，和同学、好友借助工具来进行互动交流。在信息获取与分享和获得乐趣与休闲的行为上，依然是七年级学生的得分最低，而八年级学生的得分最高。这也许是因为八年级学生的升学压力较小，课业负担较轻，他们有更多的时间使用移动社交媒介，所以他们的使用行为要比其他年级的学生都多。

四、网络社交动机

(一)传统的网络社交动机

动机是指引起和维持个体活动，并使活动朝向某一目标的内部动力。任何行为的背后都隐藏着深刻的动机作用，它是个人需要的满足和社会的补偿，网络社交也不例外(迟新丽，2009)。网络社交动机是在特定的网络社交情境下自我的逃避态度、意识以及价值选择之间的相互协调(Spitzberg & Brian，2006)。迟新丽(2009)在总结前人研究的基础上，构建了大学生网络社交动机的结构，并编制了大学生网络社交动机问卷，把大学生网络社交动机分为工具性交往动机和社会性交往动机。工具性交往动机包括获取信息和辅助学业两种，社会性交往动机包括表达情感、确认自我和便利生活三种。但是，该问卷并没有得到广泛的运用。关于网络社交动机的测量至今没有一个能够得到大家一致认可的工具，很多研究在研究网络社交动机时还是采用自编问卷的方式。例如，魏岚等人(2007)在研究网络社交动机与网络社会支持的关系时就采用自编的问卷，并发现大学生的网络社交动机在性别、专业、年级、网龄上存在显著差异。

CNNIC(2016)对中国用户使用社交应用的目的进行了研究，结果发现，沟通交流、关注新闻热点及感兴趣的内容、获取及分享知识是人们使用社交应用的主要目的。用户使用社交应用的目的集中于与朋友互动、了解新闻热点、关注感兴趣的内容、获取知识和帮助、分享知识。用户对不同社交应用的使用行为和目的表现出极鲜明的差异化。用户对微信、陌陌的使用偏重沟通，对微信的使用偏重熟人关系链上的沟通。在"和朋友互动，增进和朋友之间的感情"这一目的上，微信用户的提及率为80.3%；陌陌则是年轻人认识新朋友的社交平台，在"认识更多新朋友"这一目的上，陌陌用户的提及率为48.5%；在感兴趣信息的获取、分享上，微博的地位凸显，微博在"及时了解新闻热点""发表对新闻热点事件的评论""关注感兴趣的内容""分享生活/工作中有用的知识"等方面是用户首选的平台。具体情况见图1-4。

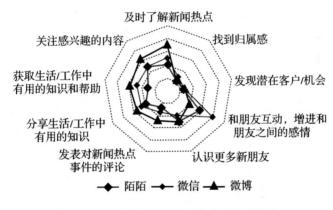

图1-4　微博、微信、陌陌的主要使用目的

马晓辉(2012)对青少年使用社交网站的动机进行了研究。结果发现，青少年社交网站使用动机主要有四种：表现自我、联系朋友、获得乐趣和提高能力。表现自我是指青少年使用社交网站来建立自己的形象，提高自己的受关注和受欢迎程度；联系朋友是指青少年使用社交网站与新老朋友保持联系和相互交流；获得乐趣是指青少年使用社交网站来让生活变得更加丰富有趣；提高能力是指青少年使用社交网站获取新知识、拓宽视野和提高技能。在青少年中，女生联系朋友的动机水平高于男生，而男生提高能力的动机水平高于女生。表现自我、获得乐趣和提高能力三种动机水平在不同年级之间的差异显著，其中提高能力的动机水平随年级的升高呈线性下降趋势。跟低年级相比，高年级的青少年更倾向于将社交网站作为和朋友交流的工具，而不是娱乐消遣的工具。

有研究者对美国大学生使用脸书的动机进行了分析，发现美国大学生使用社交网站的主要动机有人际关系的建立和维系、打发时间、参与虚拟社区、娱乐消遣、寻找陪伴、信息获取、信息分享、跟随潮流和避免面对面交流等（郝若琦，2010）。的确，社交网站的使用能够满足大学生与朋友交流和社会交往的需要（Raacke & Bonds-Raacke，2008）。对美国青少年的调查显示，91%的青少年选择使用社交网站是为了跟常见的朋友联系，72%的青少年是为了和朋友商量事情，49%的青少年是为了交往新朋友，还有17%的青少年承认他们使用社交网站是为了跟异性互示好感（Lenhart，Madden，& Hitlin，2005）。有探索性研究表明，人际的互动和交流是青少年使用社交网站最主要的动机。国内关于大学生使用即时通信（QQ）的动机研究也支持了这项研究结果（乔歆新，来水木，沈模卫，等，2008）。可见，社交网站的使用者通过各种方式来达到与朋友交流的目的。有研究者（Sheldon，2008）对大学生使用社交网站的调查发现，除了维系人际关系之外，大学生使用脸书的主要动机还有打发时间和娱乐。我们的研究也证实了这一点：青少年使用社交网站的动机包括娱乐消遣、获得乐趣、打发无聊的时间。

(二)青少年的移动网络社交动机

自我决定理论认为，理解人类的动机需要思考能力、自主和关系三种基本心理需要。自我决定理论中的需要概念涉及以前的需要层次理论，强调需要是心理成长、完整性和幸福的必要条件。这三种需要也为内部动机和外部动机的内化提供营养和支持。能力需要是指个体能够有效地实现预期效果和得到想要的结果；是指个体对自己的学习行为或行动能够达到某个水平的信念，相信自己能够胜任该活动。自主需要是指个体感知到自己的行为得到赞同或与自我一致，当环境能够让个体体验到自主性（如个人意志、发表看法、采取主动等）时，他体验到的是一种内部归因，感到自己能够主宰自己的行为，自己是自己的主人。关系需要是指与重要他人接近和联系的感觉，与某人联系或属于某个团体，即个体需要来自周围环境和他人的关爱、理解和支持，并体验到一种归属感(Deci & Ryan，2000；Reis et al.，2000；刘丽虹，张积家，2010)。

我们以自我决定理论为理论基础，首先通过文献整理和开放式问卷调查确定问卷的初测题目；其次通过初测问卷施测、复测等一系列标准化程序形成青少年移动社交媒介使用动机问卷；最后通过探索性因素分析和验证性因素分析确定青少年移动社交媒介使用动机的结构，主要包括四个方面：自我表现、自我放松、能力提升和关系建立。其中，自我表现是指青少年使用移动社交媒介展示自己的生活，从而达到建立自己形象、引起好友关注和提升自己地位的目的；自我放松是指青少年使用移动社交媒介来缓解学习压力、放松心情、排遣无聊时光；能力提升是指青少年使用移动社交媒介来获得信息、学到新的技术和知识，从而达到提升自己的目的；关系建立是指青少年使用移动社交媒介来与好友交流思想、感情，与好友保持联系，关注和了解好友动态。

我们所抽取的四个维度与自我决定理论中的三种基本需要一致，我们只抽取出了四个维度，但是其中自我表现和自我放松两个维度其实质是满足自主需要的。抽取出的四个维度也与开放式问卷的调查结果基本吻合。与开放式问卷的调查结果不同的是，在本问卷中并没有抽取出外部动机，这也许是因为很多外在的原因都有其内在的本质，所以最后都被归到这四个维度当中，或者因为题目不具有代表性而被删除。但是，我们仍然不能忽视使用移动社交媒介的外部动机。

有研究者(Ellison et al.，2007)发现，信息、社交、娱乐和整合是美国大学生使用脸书的主要动机。也有研究者指出，人们加入虚拟社区主要是为了寻找信息、获得社会支持和友谊、娱乐，而在这些原因中，获得社会支持和友谊是最核心的动机。一项对美、韩两国大学生的研究(Kim，Sohn，& Choi，2011)发现，两国大学生使用社交网站的主要动机包括寻找朋友、社会支持、娱乐、信息和便利。虽然两国大学生的动机相似，但由于文化的差异，侧重点还是有所不同的。韩国大学生更注重获得来自已存在的社交关系的社会支持，而美国大学生更注重娱乐。中国学者(Che & Cao，2014)在总结互联网和社交网站的使用动机之后发现，社交、获得信息和娱乐是中国用户使用微信的主要动机。但是，这些研究主要集中于大学生和普通用户，青少年的使用动机是否有自己的独特性，这些研究并没有提及。

我们(王伟，辛志勇，2013)通过探索发现的四种移动网络社交动机基本上包括了以上内容。关系建立包括了社交，因为青少年使用移动社交媒介就是为了建立某种关系；能力提升包括了获得信息，信息的获得实际上是能力的提升；自我放松则包括了娱乐。但是，青少年移动网络社交动机的内涵远远不止社交、获得信息和娱乐，还包括对自己的展示、渴望得到好友的关注、在学习之余的放松、对知识的渴求等。这些是青少年所独有的，也是符合青少年的心理社会性发展的典型动机。青少年期是一个比较敏感的时期，他们渴望被关注，渴望有一个平台展示自己。而青少年期的学习压力又是巨大的，他们希望有一个平台能让他们在学习之余来放松自己。所以，青少年有着不同于其他群体的使用动机，而这些正是我们编制的青少年移动社交媒介使用动机问卷所包含的内容。

五、网络社交的研究方法

目前对网络社交的研究国内外使用的方法并不多，基本上以质性研究和问卷调查为主。质性研究主要进行访谈、网络文本内容分析等，而问卷调查的重要前提是有一个良好的测量工具——问卷。国内外的很多研究使用的问卷，从心理测量学的角度来看，大多比较随意，不够规范，没有按照测量学的要求建立客观的信度和效度指标。例如，有研究者在他们的一项研究中只是使用开放式问题来测量网络社交，如"在平时(周一到周五)你有多少天在使用 QQ?""在平时使用 QQ 时，你通常会使用多久?"等问题。每周 QQ 的使用时间计算为每天的使用时间乘每周的使用天数。其他研究也基本上是一些关于使用频率、使用时间和交往对象的调查，很少使用经过严格的程序编制、具有良好信效度的网络社交问卷。

近几年国内的研究者开始了网络社交问卷的开发工作，并编制出了具有较好信效度的网络社交问卷。例如，平凡、韩磊和周宗奎(2012)编制了大学生网络社交问卷，该问卷共有 26 个条目，包括网络社交自我知觉、网络自我表露、网络人际关系和网络社交依赖 4 个因子，具有较高的信效度，用来测量大学生的网络社交行为。也有研究者编制了包含 30 个条目的青少年网络社交问卷。该问卷包括网络社交程度、网络社交影响、网络交友便捷认知、网络信任缺失认知、网络社交消极态度和积极态度 6 个因子，也具有较高的信效度。这两个问卷针对不同的群体，编制的过程都严格地按照心理测量学的要求，有着较高的信效度，但是到目前为止，还没有被广泛地接受和使用。

除上述方法外，国外研究者也开始使用实验法对网络社交进行研究。例如，有研究者(Taylor，2011)使用实验法和内容分析法研究不同步网络社交中的头像和情感参与，发现在网络中提问时有头像会比没有头像更容易得到回复，偏爱回答问题并伴有头像总会和人际关系、利他动机相联系。还有研究者(Gross，2009)采用实验法研究社会排斥后的网络社交，发现网络社交可以减轻负面的影响。纵观网络社交的研究，我们会发现网络社交的研究方法并不是特别多，大部分研究使用问卷法，有少数研究已经开始尝试采用实验法。但是，由于网络社交的特殊性以及其他一些原因，一些研究方法的使用会受到局限。因此，在以后的实证研究中，研究者需要根据研究需要和实际情况选择更适合的研究方法。

第二章　网络社交的理论观

批判性思考

1. 在现实世界中用于解释人类心理和行为的心理学理论，能否帮助我们理解虚拟世界中的心理和行为？虚拟和现实之间的差异到底有多大？

2. 心理学中的概念和理论多种多样，不同的心理学家都会从自己的角度提出不同的心理学概念和理论，我们应该相信谁？在心理学中，有被所有人都认可的"好"理论吗？

3. 相对于其他心理学领域，互联网心理学出现得较晚，它的理论是不是有许多需要完善的地方？它的理论的解释力有多大？在虚拟和现实世界之间有互通的理论吗？

关键词

"用且满足"理论；印象管理模型；网络排斥；共同建构模型；"富者更富"假说；"穷者变富"假说

虽然互联网心理学的历史很短暂，但是有关互联网心理学的理论研究很丰富。尤其是随着社交媒介技术的发展，网络社交已经成为人们生活的重要组成部分，研究者越来越重视如何从理论上来解释网络社交中的心理行为特点和规律。有关网络社交的理论，一部分是对传统心理学领域中相关理论的拓展和延伸，另一部分则是在网络社交的研究基础上建构出来的。本书从个体和人际交互两个角度对网络社交的理论进行分类，希望能够帮助读者更好地理解网络社交的理论。

第一节　个体视角

一、"用且满足"理论

"用且满足"理论也被翻译为使用与满足理论，是一个来自大众传播研究的媒介使用范式，专注于媒介的个人使用和选择，这种范式的主要目的是解释人们在备选的传播媒介中选择特定媒介的原因，并阐明驱动人们使用特定媒介的心理需要。这一范式假定用户在他们的行为中是目标导向的，并且关注自己的需要。目标价值、自我发现、娱乐价值是被广泛采用且决定虚拟社区使用的核心价值(或需求)(Cheung & Lee，2009)。"用且满足"理论是 20 世纪研究者（Katz，Blumler，& Gurevitch，1974)对以往的研究进行总结之后提出的，该理论是很多研究的理论基础，得到了很多研究者的关注。"用且满足"理论强调在媒介的使用和选择中的个体差异，从社会和心理条件出发，认为人们交流是为了满足他们的需要。这些需求产生的动机会影响沟通行为，从而导致认知、情感和行为的变化（Katz et al.，1974；Rubin & Rubin，1992）。

"用且满足"理论强调人在选择媒介以满足他们需求时的积极作用，它的重点是解释人们如何和为什么使用媒介，而不是媒介如何影响人。鲁宾（Rubin，2002)认为，当代的"用且满足"理论建立在以下几个假设之上：①人在选择媒介时是灵活的，并以目标为导向；②人们选择和使用适当的传播渠道，以满足他们的需求和欲望；③不同的人有不同的沟通行为，它是以社会和心理因素为基础的；④对社会和心理状况影响效果较好的媒介能够满足人们的需求和欲望；⑤媒介可以功能性替代其他沟通渠道；⑥人通常比媒介更有影响力，但并非总是如此。

　　"用且满足"理论的研究最先开始于大众媒体的研究，早期主要考察报纸、广播、电视等媒体的使用动机，如观看电视不仅可以带来愉悦感和释放感，而且可以产生与荧屏人物成为朋友的感觉，还可以获得与自己的生活相关的信息等（Ruggerio，2000）。该理论的出现使得传播学的研究角度发生了改变，从之前把焦点放到传媒本身转移到了传媒的受众身上，开始将接收信息的媒体用户作为主动者，认为传媒的过程和方式体现了受众媒体使用的心理需求。例如，研究者通过分析观众使用电视这种媒体之后得到的心理满足特点，总结了四种基本类型：心理转换效用，即观众通过观看电视播放的节目，可以得到消遣和娱乐，进而产生情绪上的愉悦感和释放感；人际关系效用，即通过观看节目中出镜的人物、主持人等，产生一种跟他们成为朋友的感觉；自我确认效用，即一些电视节目呈现的人物、事件及问题的解决等，可以为观众提供评价自我的参考框架；环境监测效用，即观众通过观看电视节目来获得与自己的生活相关的信息（庾月娥，杨元龙，2007）。

　　与传统媒介相比，社交媒介为用户提供了更广泛的媒介选择和内容。在大众传播研究中，"用且满足"理论被认为是用于识别潜在的媒介使用动机的有效范式之一（LaRose & Eastin，2004）。随着互联网的普及和互联网技术的飞速发展，很多研究者把"用且满足"理论引入社交媒介的研究中，并且把该理论与其他理论相结合，极大地发展和丰富了该理论。

　　研究者（Pornsakulvanich，Haridakis，& Rubin，2008）在"用且满足"理论的指导下，对在线沟通满意度、互联网使用动机与网络交往、使用与互动（使用的数量与类型及自我表露）的影响进行了研究。结果发现，认为进行面对面的沟通是有益的被试，使用网络交往来自我满足，喜欢向别人表达自己的个人感受，往往感觉与在线伙伴更亲近；而那些使用互联网的目的是自我满足和感情交流，并打算向他人表露自己感情的被试，往往对在线交流感到满意。也有研究（Lee & Ma，

2012)探讨了信息搜索、社交、娱乐、地位追求和以前社交媒介分享经验对新闻共享意向的影响，发现被信息搜索、社交和地位追求满足感驱动的被试，更有可能在社交媒介平台分享新闻。

20世纪80年代以后，互联网开始普及，研究者将该理论引入网络使用的研究中，提出了"网络使用与满足感"模型，并试图通过增加变量来丰富这一模型，取得了大量的研究成果。例如，一些研究者(Korgaonkar & Wolin，1999)从网络带来的满足感的角度考察了网络使用和网络成瘾的关系，发现互联网使用的满足感包括问题解决、追求其他、关系维持、身份寻求和人际洞察。还有研究者(Song et al.，2004)通过互联网研究提出了七种互联网满足感，包括虚拟交际、信息查找、美丽界面、货币代偿、注意力转移、个人身份和关系维持，并且认为这几个因素都有可能增加用户网络成瘾的倾向。

有研究者(LaRose & Eastin，2004)还提出了一种新范式——社会认知理论范式，将班杜拉的社会认知理论和"用且满足"理论结合，提出了网络自我效能感和网络自我管理两种具有启发意义的机制，并对其进行了验证分析。有研究者(Yang & Tung，2007)比较了中国台湾地区高中生网络成瘾者和非成瘾者的网络使用模式、满足感和交往愉悦度。研究发现，社会交往动机和满足感的获得与网络成瘾显著相关。庾月娥和杨元龙(2007)运用该理论从心理和社会需求的角度解释了人们喜欢使用网上聊天服务的原因。总结以往使用"用且满足"理论研究网络使用的结果显示，网络的使用动机可以概括为以下五个方面：人际交往、打发时间、获取信息、方便快速和娱乐放松。

总之，"用且满足"理论认为人们根据不同的需求来选择媒体内容，不同的媒体内容会满足人们不同的心理需求。这种理论在网络使用的研究上体现了重要的应用价值，也能很好地帮助我们理解网民为什么使用社交媒介进行网络交往，以及网民为什么选择这种形式进行网络交往。

二、技术接受模型

影响接受和使用信息技术的属性已经被研究了很多年。这个研究流派的一个主要贡献是对戴维斯的技术接受模型（technology acceptance model，TAM）的引入和适应。技术接受模型以理性行为理论（theory of reasoned action，TRA）为理论基础，吸收了期望理论和自我效能理论等相关理论中的合理内核，专门用来解释计算机的使用行为。技术接受模型是一种用来模拟用户如何接受并使用某种技术的信息系统理论（Davis，1989）。该模型认为，当某种新技术出现时，许多因素都会影响用户对如何以及何时使用它的决定，这些因素包括感知有用性（perceived usefulness）和感知易用性（perceived ease of use）。感知有用性是指个体认为某种特定的技术将提高他的工作绩效的程度，感知易用性则是指个体认为某种特定的技术可以毫不费力地被使用的程度。技术接受模型得到扩展的前提是，计算机的使用受到行为意图、信念和用户态度的影响。最初的技术接受模型认为，使用一项技术的倾向受到使用者对感知易用性和感知有用性的信念的显著影响。

有研究者（Shin，2007）以技术接受模型为概念框架，采用结构方程模型分析了消费者对移动互联网的态度。结果表明，用户对移动互联网的感知与他们的动机显著相关，尤其是感知到的质量和感知到的可用性对用户外部和内部动机的影响显著。吴晓波等人（2012）的研究也发现，感知价值（感知有用性、感知易用性等）和满意度对 3G 手机用户的继续使用意向具有重要作用，满意度是继续使用意向最强的预测因子。

随着研究的深化，技术接受模型引入了更多的内部和外部变量，内容更加丰富，形成了系统的模型体系（Venkatesh & Davis，2000），被广泛应用于对各种信息技术的接受研究，应用范围越来越广（Tan &

Chou，2008）。例如，有研究者（张国华，雷雳，2015）认为，技术接受模型可能有助于揭示青少年网络游戏成瘾的机制。在以往的理论和实证研究的基础上，他们提出了一个修正的青少年网络游戏成瘾的技术接受模型，以此描述青少年网络游戏成瘾的影响因素及其机制。在该模型中，有用感、易用感、品质感知和游戏体验是自变量，态度是中介变量，网络游戏成瘾是因变量。还有研究者（Hsu & Lu，2004）将社会影响和沉醉体验整合到技术接受模型中，以预测用户对网络游戏的接受程度。他们通过结构方程模型对这一理论进行了检验。结果表明，社会规范、对网络游戏的态度和沉醉体验解释了大约80％的网络游戏行为。图 2-1 显示的是移动媒介使用中的技术接受模型。

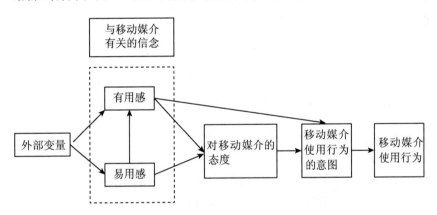

图 2-1　移动媒介使用中的技术接受模型

（摘自 Davis，Bagozzi，& Warshaw，1989）

除此以外，研究者在结合技术接受模型、计划行为理论、社会认知理论等相关理论的基础上，提出了技术接受和使用的综合模型（见图 2-2）（Venkatesh et al.，2003）。该模型认为个体的表现期望、努力期望、社会影响和促进条件可以通过行为意图影响个体的技术使用。同时这一影响还受到性别、年龄、经验和使用主动性的调节作用。表现期望类似于感知有用性，指的是个体对技术使用可以提高工作表现的预期；努力期望类似于感知易用性，指的是技术使用的容易度；社会影响指的是感知重要他人认为他们会使用新技术的程度；促进条件指的是个体认为技术性的基础设施的存在会帮助他们使用新技术的程度。

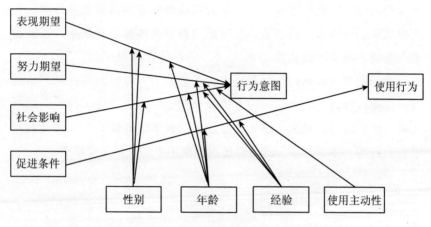

图 2-2　技术接受和使用的综合模型

（摘自雷雳，2016）

　　技术接受模型与其他采纳模型的一个共同缺点是，它们主要被用于研究以功利为目的的技术的采纳。例如，戴维斯（Davis，2003）等人修改了技术接受模型，纳入感知乐趣的内部动机，发现在一种功利背景下，技术的采纳与感知易用性显著相关。技术接受模型有两个限制：其一，由于原来的模式是一般和简约的，它并没有重视识别可能影响感知易用性和感知有用性的前因变量（Park，2010）；其二，尽管该模型在识别影响人的技术接受和使用的因素时是有用的，但该模型不能完全解释为什么人们接受并使用一种特定的技术。于是，后来很多研究者把技术接受模型与"用且满足"理论相结合，使这个模型的解释力更强（Park，2010；Luo，Remus，& Chea，2006；Joo & Sang，2013）。

　　有研究者（Luo，Remus，& Chea，2006）认为，个体的行为是由他的需要驱动的，最终目标导向的行为要满足个体的需要。内部动机在技术接受模型中得不到解决，这限制了技术接受模型在客户背景下被应用的能力。这个问题可以通过把"用且满足"理论整合进技术接受模型中来解决。信息技术的选择可能涉及多元化的内部动机，"用且满足"理论给技术接受模型提供了涉及这些内部动机方面的理论依据。例如，有研究者(Joo & Sang，2013)对技术接受模型和"用且满足"理论进行了整合，来探讨影响韩国智能手机的采纳和使用的因素。这项研究通过整合"用且满足"理论扩展了技术接受模型，并努力发展和验证了该模型。所以把技术接受模型和"用且满足"理论整合在一起。"用且满足"理论从消费者的观点提供了见解，拓宽了技术接受模型的视角。

以上几项研究把技术接受模型和"用且满足"理论有机结合在一起，相互弥补，有的探讨外部动机，有的探讨内部动机，从内外两个方面共同解释了个体对信息技术使用和手机采纳与使用的影响。

三、印象管理模型

印象管理是社会交往中普遍存在的个人试图控制别人看法的过程(Leary & Kowalski，1990)。大部分印象管理的研究主要集中于面对面的互动。不过，印象管理行为并不局限于面对面的社交互动，可以是以计算机为媒介的交往，也可以通过交换社交信息来形成和管理印象，并发展关系(Lea & Spears，1993；O'Sullivan，2000)。

有研究者(Becker & Stamp，2005)发现印象管理在聊天室里特别突出，所以他们首先对382名本科生使用聊天室的情况进行了调查。其次根据调查结果，对10名被试进行了深度访谈，并采用扎根理论的方法对其进行了系统分析，构建了印象管理模型。

该模型如图2-3所示，印象管理包含三种动机：社会接纳的愿望、关系发展和维持的愿望及自我认同实验的愿望。社会接纳的愿望是指在聊天文化中被社会接纳的愿望；关系发展和维持的愿望是指使用聊天室与已经认识的和在现实生活中从来没见过的人交流，来发展和保持关系，发展在线关系，升级靠面对面或电话交流维持的关系；自我认同实验的愿望是指在线构建理想自我。印象管理是尝试新自我认同的中心。

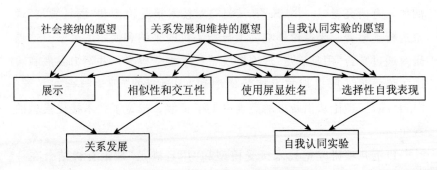

图 2-3　网络聊天室的印象管理模型

这三种动机组成了影响印象管理核心现象的必然条件。而社交媒介本身所提供的背景特点也会对行为策略产生影响，或许成为障碍。它们共同影响四种行动/互动策略：展示、相似性和交互性、使用屏显姓名和选择性自我表现。展示是指为了获得他人对自己积极的印象，表现自己对网络聊天文化的掌握，显得有经验、技巧纯熟，如使用网络流行语、表情符号等。相似性和交互性是指人们在网络聊天时喜欢寻找与自己相似的人进行交流，也容易被与自己的交流方式相似的人吸引，也就容易相互认可和激励。使用屏显姓名是指聊天时使用自己个性化的网名，一个网名揭露了使用者的人格和兴趣，可以表示个体的自我认同。选择性自我表现是指聊天时可能故意引导谈话内容，故意表现出某种个性，而这些可能是其现实生活中不具备的，目的是使自己更有吸引力。通过这些策略，聊天室的研究对象期望达到两个目标：关系发展和自我认同实验（Becker & Stamp，2005）。

印象管理模型（Becker & Stamp，2005）首次提出了这种观点，即社交媒介的使用动机会对其使用行为产生影响，用户的行为最终又会

影响到他的关系发展和自我认同实现。但是研究者是采用在线的深度
交流访谈法提出该模型的，还缺少实证的支持。我们（王伟，雷雳，
王兴超，2016）受到印象管理模型的启发，认为展示为使用者提供了
表露自我的机会，相似性和交互性则使网民与好友之间相互认可和激
励。所以，在印象管理模型的基础上，结合已有的实证研究，我们认
为移动社交媒介使用行为会影响青少年的友谊质量，还会通过网络自
我表露、网络社会支持的中介作用对青少年的友谊质量产生显著的间
接影响，同时网络自我表露和网络社会支持还具有链式中介作用。我
们用实证数据证明了我们的研究假设，得出了"移动社交媒介使用行
为通过网络社会支持的中介作用和网络自我表露、网络社会支持的链
式中介作用影响青少年友谊质量"的结论，在一定程度上验证了印象
管理模型的正确性。同时，我们所发现的链式中介作用又是对印象管
理模型的完善。

四、"富者更富"假说和"穷者变富"假说

"富者更富"假说也被称为社会促进理论，这种观点认为社会化良
好和外倾性的用户不仅在面对面交流中能够获得较多的社会支持，而
且在使用网络进行沟通交流时，也能够从中得到更多的益处
（Valkenburg，Schouten，& Peter，2005；Walther，1996）。即在现实
生活中有良好交往的人，在网络当中仍然会有很多的朋友，有良好的
网络关系。

"富者更富"是网络研究中提出的一种理论模型，主要描述的是网络
中新的节点更倾向于与那些具有较高连接度的"大"节点连接的现象
（Buchanan，2002）。"富者更富"理论模型认为，社交能力较强或社会化
程度较高的个体愿意通过互联网和他人进行交流，并且可以通过网络结
识更多的新朋友。已经拥有较高社会支持的个体可以运用网络沟通来加
强与他人的联系。相对于内倾者或社会支持有限的个体，拥有社会资本

较多的"富者"能扩大现有的社会网络规模和加强现有的人际关系，从而获得更高的社会卷入和心理健康水平。

这个理论模型得到了研究的支持，互联网的使用可以给外倾性个体带来更多的好处（Kraut et al.，2002）。在更多使用互联网的人群中，外倾性个体报告了自己主观幸福感的提升，包括孤独感的下降、消极情感的减少、压力的减小和自尊的提高。具有较高开放性的学生会花更多的时间在脸书上，在脸书上拥有更多的朋友（Skues，Williams，& Wise，2012）。彼得等人（Peter，Valkenburg，& Schouten，2005）的研究显示，外倾者在网络中的自我表露和在线交流均比内倾者多，这促使他们的在线友谊更快更好地形成。李（Lee，2009）的研究也支持了这一点，对于低龄的青少年来说，社交能力强的个休更喜欢使用网络跟朋友交流，反过来这种交流方式也增进了他们与朋友的亲密关系及其与学校的联系。

"穷者变富"假说也被称作社会补偿理论，一般作为与"富者更富"相对的理论假说，指的是现实生活中社交不足的个体拥有更广泛的在线社交网络（Valkenburg et al.，2005）。这种理论假设，内倾性、缺乏社会支持的个体能够从互联网使用中得到最大的益处。社会支持有限的个体可以运用新的交流机会建立人际关系、获得支持性的人际交往以及有用的信息（Valkenburg et al.，2005）。也就是说，很多人由于性格、家庭等原因在现实生活中的人际交往匮乏，但是有可能在网络交往中得到很大的改善。网络交往的匿名性让他们更加能够发挥自己的特长，交到更多的朋友。

很多关注网络交流和网络人际关系的研究支持了这种社会补偿假说。有研究发现，有社交焦虑的青少年可以在网络中更多地与陌生人交谈，内倾者更容易形成在线友谊关系（Gross，Juvonen，& Gable，2002；McKenna & Bargh，1999）。彼得等人（2005）的研究结果也显示，内倾性青少年更愿意通过在线交流来锻炼自己的社会沟通能力，这种动机同样可以提高他们在线友谊的数量。

这两种假说虽然都有相关研究结论的支持，但是仍然不足以全面解释青少年网络社交行为对他们产生的影响。以青少年的主观幸福感为例，网络交往产生的影响并不是直接的（Valkenburg & Peter，2007），网络交往行为的内容、类型，以及网络人际关系的质量等因素都可以调节网络社交使用和心理健康的关系。

五、取代假说和增进假说

（一）取代假说

取代假说（displacement hypothesis）建立在时间使用的"零和假定"上，认为每个人的时间都是有限的，使用互联网可能会阻碍青少年的社会性发展，因为在线时间占用了他们与家人和朋友面对面相处的时间，虚拟世界中的"弱联结"（weak tie）取代了真实生活中的"强联结"（strong tie）这一观点已经得到了证实（Kraut et al.，2002）。

取代假说认为，互联网驱动青少年与陌生人建立网络联系，而不是与他们的线下同伴建立友谊。网络联系是一种缺乏感情和承诺的弱联系，这使得青少年使用互联网通常会降低其现有的友谊质量（Valkenburg & Peter，2007）。同时，基于虚拟现实行为和家庭互联网使用的研究也支持了取代假说。虚拟现实行为会对个体人际关系交往的实质、手段和方法等产生显著的消极影响（Nikolaevich，2013）；个体在家里使用互联网的时间越多，与家人和朋友社交互动的时间就越少（Nie，Hillygus，& Erbring，2002）；随着青少年网络使用时间的增加，亲子冲突明显升高，亲子亲密度也明显下降（Mesch，2006）。一项关于取代假说的追踪研究探索了个体互联网使用、社会卷入及心理健康之间的关系。结果发现，个体使用网络的时间越多，与家人和当地社交圈的交流就越少，同时也感觉更加孤独和抑郁。此外，还有研究者使用日志研究的方法发现，个体使用网络的行为越多，与亲朋好友在一起的时间就越少（Nie et al.，2002）。对以色列青少年网络使用的研究结果显示，使用网络与家庭亲密程度呈显著负相关，与家庭冲突呈显著正相关（Mesch，2003）。这些研究都在一定程度上支持了取代假说，认为使用互联网会降低青少年现有的友谊质量。

当然也有研究质疑取代假说，认为要探究网络社交使用产生的影响，还应该关注网络交流沟通的质量等因素（Cummings，Butler，& Kraut，2002；Gross，Juvonen，& Gable，2002）。有研究者（Cummings et al.，2002）提出，对于维持亲密的社会关系来说，收发电子邮件等网络方式不如面对面交流和电话联系的方式有效，在寻求社会支持时，电子邮件通讯录上的名单列表远远比不上现实生活中的社交圈。这种结果可能是网络交流缺少社会线索和不可能进行身体接触等因素造成的。对此假说进行验证的研究结果显示，取代假说在解释青少年与父母的关系上是成立的，但是在解释青少年与朋友之间的交往关系上是不成立的。这与近年来青少年在社交网站上和已有好友的沟通有关（Lee，2009）。

总之，取代假说虽然得到了很多研究结果的支持，但是在解释一些现象时仍然需要谨慎。首先，取代假说并不足以解释网络使用对人际关系造成的所有消极后果，良好的人际关系有可能与使用网络时间的质量以及使用动机有关，与使用数量关系不大；其次，即便网络交流不如面对面交流有效，它也仍然可以作为面对面交流的一种补充方式，特别是对于那些距离较远不能见面的朋友来说，网络提供了一种更方便、更低成本的方式。尤其是随着网络技术和移动媒介的发展，网络交往的形式早已发生了改变。虽然网络交往不是对现实交往的取代，但是它弥补了我们现实交往的很多不足。

(二)增进假说

增进假说（increase hypothesis）认为网络的使用能够增进用户的社交联系，扩大他们的社交规模，增加与他人的亲密程度，维持既有的社会联结并与新朋友建立关系。这种积极的观点认为网络作为一种互动的媒体，能够突破时间和空间的限制来促进人与人之间的联系。网络空间中的匿名性和社会线索的缺少等特点能促使用户建立新的人际关系。但也应该看到，用户选择何种技术手段是另外一个问题，这个问题可以用"用且满足"理论进行解释，他选择某种媒介是为了满足某些需要和动机。对于青少年来说，他们有探索外部世界的兴趣，有和朋友联系的强烈需要。与同伴和他人进行沟通交流将成为他们使用网络的首要动机。

关于网络对人际关系和社会网络有积极影响的假设，已经被很多实证研究证实。一方面，使用互联网和社交媒介可以帮助个体维持与增强他们的现实社交网络和社会联系（Hampton & Wellman，2002）。另一方面，青少年的线上友谊会对其线下友谊产生重要的补偿作用。虽然线上和线下友谊之间存在差异，但是这两种友谊在亲密关系、自我表露和友谊质量等方面的差异均不显著（Buote，Wood，& Pratt，2009）。例如，对现实友谊不满意的青春期女孩就可以在网络上寻找友谊支持，在线友谊会起到良好的补偿作用（Zucchetti，Giannotta，& Rabaglietti，2013）。有研究者发现网络使用和家庭沟通、社交圈规模之间的消极关系不再显著了（Kraut et al.，2002），这与他们在 1998 年的研究结果不同。另外，他们还发现使用网络的个体增强了与家庭和朋友的交流，特别是对于青少年，网络的使用让他们获得了更多的社会支持。他们认为 1998 年和 2002 年研究结果不同的原因，可能是选择的被试的成熟程度、网络使用方式的改变以及互联网环境和服务的改变等。

有研究者（Wellman et al.，2001）认为，网络只是其他社交方式的辅助手段，对于维持既有的社交关系更有效。他们发现经常使用网络的个体更喜欢通过电子邮件联系朋友，而且这种网络联系方式并没有减少他们面对面接触和电话沟通的机会。针对青少年的很多研究结果均显示，即时通信只是作为一种附加的交流工具，并没有取代他们与朋友的电话联系（Gross et al.，2002；Lenhart，Madden，& Hitlin，2005；Lenhart，Rainie，& Lewis，2001）。网络使用，特别是网络交流能直接或间接地（通过增加和朋友交流的时间）提高友谊的质量（Valkenburg，Schouten，& Peter，2005；Valkenburg & Peter，2007）。青少年在即时通信中最常交流的伙伴都是学校里的好朋友，网络交流增加了朋友之间的亲密程度（Gross，2004）。

第二节　人际交互视角

一、以计算机为媒介的沟通能力模型

在介绍以计算机为媒介的沟通能力模型之前，我们需要先了解与之相关的另一个重要的理论，即沟通能力模型，该模型最早是由雅布施和利特尔约翰提出的（Jabusch & Littlejohn，1981）。这个模型的提出基于以下几个假设：①沟通是一种交易过程，人们在特定情境下使用信息来分享意义；②意义不仅包括参考维度，而且还包括情感、态度和人为因素；③共同意义的程度可以通过各种因素加以解释；④交易参与者的沟通能力是影响沟通成败的因素之一；⑤人们的沟通能力不同；⑥在某些情况下，人们往往比其他人更有能力。他们将沟通能力定义为"个人以负责任的方式参与交易的能力和意愿"，以最大限度地实现共同意义。当然，他们也意识到，无论参与者的能力如何，其他因素都可能限制消息交换产生的共同意义的数量。所以，他们确定了能力的几个方面，这些方面可以被纳入四个基本组成部分：过程理解、人际关系敏感性、沟通技巧和伦理责任。过程理解是指理解沟通活动的要素和动态的认知能力。人际关系敏感性是指能够准确地感知自己的内心感受、他人的意义和感觉，以及沟通情境的特殊要求。沟通技巧是指在沟通中为了达到目的而使用特定物理、概念操作或操作集合的能力。伦理责任是指一种态度集合，包括对所有参与者的幸福的关注以及愿意与其他参与者分担交易结果的责任。

后来，施皮茨贝格（Spitzberg，1989；2000；2009）对沟通能力模型进行了补充和完善，提出了多文化背景下的沟通能力模型，认为沟通能力是影响交流沟通效果的重要变量。沟通能力指的是在互动情境中有效发送和接收信息以促进交流和沟通的能力。这里提到的有效性指的是沟通者的目的可以达到的程度。有能力的沟通者会根据不同的情境、文化和条件来编辑和发送信息，所发送的信息是否适当是以信息接收者对该信息的理解和认识为标准的。因此，接收者的行为或反应可以为发送者确认自己是否被理解提供好的反馈。

沟通能力模型充分考虑到了影响沟通能力的各个因素以及如何对沟通的影响进行评价的问题。沟通能力现在被认为是沟通有效性与沟通适当性之间的一个连续体。沟通形式交互作用的结果可以通过沟通、背景、信息以及媒介得到预测（Spitzberg & Brian，2000）。在某一特定的沟通过程中，沟通能力由三种因素组成：动机（进行沟通之前的准备性愿望）、知识（知晓沟通装置与沟通进行时的行为活动）、技能（有能力应用关于沟通的装置与行为性的知识）。这三种因素对沟通结果的影响主要是通过三个中介变量实现的：背景因素、信息因素、媒介因素。

施皮茨贝格（Spitzberg，2000）的沟通能力模型主要是从媒体心理学的角度提出的，他不仅注意到了沟通者内部的心理过程与外显行为，而且还注意到了沟通者心理行为发生的外部环境。从这个模型中，沟通者可以了解到怎样才能有效地进行沟通。

施皮茨贝格（Spitzberg & Brian，2006）在沟通能力模型的基础上又提出了以计算机为媒介的沟通能力模型，并开发出了一套量表用于测量以计算机为媒介的沟通能力。以计算机为媒介的沟通能力模型包含了和以计算为媒介的沟通有关的动机、知识、技能、背景和沟通结果等因素（见图 2-4）。有研究者通过实证研究得出，和现实生活中的沟通相比，以计算机为媒介的沟通对有效沟通的能力要求有所提高，

这包括一定的语言文字读写能力、编码能力和对网络交流语言的熟悉
程度。

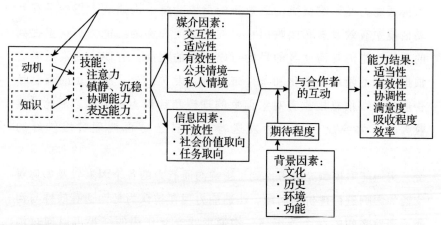

图 2-4   以计算机为媒介的沟通能力模型

（摘自雷雳，2016）[①]

二、网络沟通的人际理论

以计算机为媒介的沟通所形成的人际关系和人际交流一直都是众
多心理学家关注的问题。关于这方面的理论主要有纯人际关系理论和
超个人交流理论。

以计算机为媒介的沟通所形成的人际关系，已经成为现实生活中
人际关系的一个重要组成部分，但是互联网空间中所形成的人际关系
与面对面情境下所形成的人际关系又存在显著差异。以计算机为媒介
的沟通所形成的人际关系的明显特征是去个体化、社会认同减少、自我
认同增多、自我感加强（Dieth-Uhler & Bishop-Clark，2001；Riva &
Galimberti，1997）。

[①]   本书中的部分理论摘自雷雳主编的《互联网心理学》，该书包含更多有关互联网心理学的理论，
对网络社交或互联网心理学相关理论感兴趣的读者，可以阅读该书。

吉登斯(Giddens，1991)提出了纯人际关系理论，这一理论可以很好地解释在缺少社会线索与物理线索的条件下互联网所形成的亲密的人际关系。纯人际关系理论建立在信任感、自愿承诺、高度亲密感的基础上。吉登斯认为这样的人际关系是后传统社会主要的人际关系，具有以下特征：第一，纯人际关系不依赖社会经济生活，它以一种开放的形式不断地在反省的基础上得到建立；第二，承诺在纯人际关系中起核心作用，并且这种人际关系主要围绕亲密感展开，在这样的人际关系中，个人的自我认同感很容易得到确立。

超个人交流理论是由沃瑟尔(Walther，1996)提出并逐步改进和完善的一个理论。沃瑟尔认为以计算机为媒介的交流是一种超人际的交流。与面对面的交流相比，人们在以计算机为媒介的交流中更容易把交流对象理想化，更容易运用印象管理策略给对方留下好印象，从而更容易形成亲密关系。

沃瑟尔以传播中的四个要素构建了超个人交流理论。①信息接收者。信息接收者倾向于把交流对象理想化。由于在以计算机为媒介的交流过程中可得的线索非常少，因此信息接收者就会利用这些极其有限的线索对信息发送者的行为进行过度归因，从而忽视信息发送者的不足(如拼写错误、语法错误等)。②信息发送者。信息发送者会运用更多的印象管理手段进行最佳的自我呈现。沃瑟尔发现信息发送者会运用诸如时间调整、个性化语言、长短句选择等一系列的技术、语言与认知等策略来呈现一个最佳的自我(Walther，2007)。③传播通道。以计算机为媒介的交流由于可以延迟做出反应，信息发送者可以有充足的时间整理观点、组织语言，从而为"选择性自我呈现"提供前提条件。④反馈回路。面对面的交流中存在"行为确证"(Burgoon et al.，2000)，沃瑟尔认为这种效应在以计算机为媒介的交流中会被放大，计算机媒介使用者之间的关系因此会呈现螺旋上升的趋势(谢天，郑全全，2009)。

三、网络沟通的互动仪式理论

网络沟通的互动仪式理论是对柯林斯（Collins，2004）的传统沟通的互动仪式理论（interaction rituals theory，IRT）在互联网沟通中的拓展。首先我们简要回顾一下经典互动仪式理论。

在介绍经典互动仪式理论之前，我们先简要地了解另一个理论——冲突理论（conflict theory），该理论有助于我们更好地理解互动仪式理论。冲突理论是用来解决社会学中的微观和宏观问题的（Rössel & Collins，2001）。在冲突理论中，微观和宏观不代表社会现实的独立领域，但代表时空连续统一的社会现实部分。这种时空连续体从非常小的实体，如非语言交流或在互动情况下的眼睛接触，延伸到非常大的实体，如经济世界系统。连续体由三个变量组成：时间、空间和人/情境的数量。冲突理论以哲学和民族学方法为起点，它的主要焦点在于可观察的行为。互动仪式理论则是微观冲突理论。互动仪式理论试图为冲突社会学提供足够的微观生物学理论（Collins，1990）。它始于两种类型的仪式之间的区别：人为仪式（intentional rituals）和自然仪式（natural rituals）。标记为人为仪式的社会交往的类型对应长期仪式的常见用法，如宗教仪式或爱国节日。这些仪式旨在具有某种效果，而自然仪式不是有意地要具有效果。这些仪式类型被欧文·戈夫曼（Erving Goffman）称为互动或人际仪式。互动仪式的基本元素在每种交互情况下都有不同程度的存在。因此，每种互动在一定程度上都能够改变所涉及的个体的情绪，并产生和再现他们对某些文化符号的情感纽带。

柯林斯（1993）认为社会生活的核心是沟通过程中情绪能量的传递、社会成员聚合的促进和社会行为共同性的建立。柯林斯认为物理共临场①、注意的共同焦点、情绪分享和群体外成员的边界是沟通仪式的四种主要成分。当这四种成分有效结合后，情绪能量就可以在沟通中产生和传递。情绪能量可以让沟通者体验到效能感、群体认同和情感联结的一致性。此外，情绪能量也可以通过一些符号予以表征（如家庭合影、组织标志），这些符号可以唤起人们对集体经验的积极回忆，人们通过这些符号可以重温情绪能量。有研究者（Cottingham，2012）使用互动仪式理论来解释体育迷的群体沸腾以及体育迷之间团结的仪式性结果，从而促进人们对运动爱好者行为的理解。

柯林斯认为物理共临场是成功的互动仪式中对于建立注意的共同焦点的最重要的部分。人们的距离越远，沟通仪式的强度越弱。柯林斯认为以媒体为中介的沟通无法满足这一条件，为此他也不愿将互动仪式理论扩展到以媒体为中介的沟通中。然而有研究者（Horton & Wohl，1956）认为长时间接触虚拟形象可以令人们感觉像熟悉的朋友一样熟悉虚拟形象的特征，这种对虚拟形象的熟悉可以让人们对"虚拟"和"真实"、"远距"和"亲密"产生同样的看法。尽管柯林斯认为在以媒体为中介的沟通中，沟通仪式的效力会被削弱，但是有很多研究发现人们在网络沟通中存在突出的社会—情绪关系。为此博因斯和洛普瑞恩诺（Boyns & Loprieno，2014）在柯林斯的互动仪式理论的基础上结合网络沟通的类社会性特征，对互动仪式理论进行了扩展（见图 2-5）。

在这个理论中，临场感是人们对以媒体为中介的沟通和面对面沟通有着相同的感觉，即人们感受到的一种非媒体错觉。科技的发展，如 3D 技术、虚拟现实、多模式的网络沟通、即时视频沟通，可以使人们的非媒体错觉得以产生。此外，技术的发展可以使以媒体为中介的沟通者体验到被理解、相互联结和卷入与互动，即令他们体验到类社会临场感。人们在网络环境中的类社会临场感和非媒体错觉可以引

①　物理共临场：沟通中的个体共处于相同的物理环境中，即沟通者之间可以相互观察。

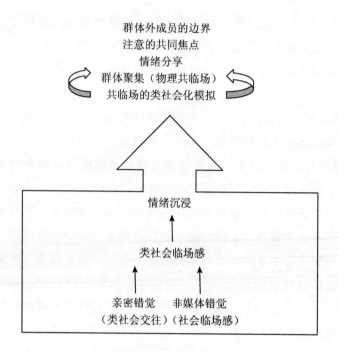

图 2-5　网络沟通的互动仪式理论

（摘自雷雳，2016）

发人们对网络环境的情感沉浸。人们对网络环境，如大型多人在线游戏的情感沉浸就是类社会临场感向情感共临场的转换。柯林斯的互动仪式理论认为，成功的沟通仪式是相互环绕、相互协调的，并将个体与外界(暂时)隔离，这一效果可以使沟通成员产生情感激励、统一化的体验。与此类似，博因斯和洛普瑞恩诺(2014)认为网络沟通中的沟通仪式可以长时间地循环迭代，促使沟通成员形成一致性，并产生和保持情绪能量。

此外，大量实证研究也发现网络沟通与面对面沟通的相似性以及网络沟通与面对面沟通之间的相互影响。网络沟通的互动仪式理论是对柯林斯经典互动仪式理论的拓展。由于网络沟通的互动仪式与面对面沟通的互动仪式有着相似的结果，即都可以产生情感能量，这一理论才得以发展(雷雳，2016)。

四、网络排斥作用理论

网络排斥是个体在网络沟通中体验到的一种疏离感。典型的网络排斥是个体的发言被其他成员忽视或其他成员以沉默的方式应对他们的发言。谢奇特曼(Schechtman，2008)通过整合心理学的社会排斥理论和媒体同步理论，提出了一个新的理论框架，以理解当虚拟团队的成员在网络环境中沉默时会发生什么。这个理论就是网络排斥作用理论。这个理论确定了在虚拟团队中影响排斥知觉的网络互动的四个因素：个体因素、媒体因素、信息因素、人际因素。该理论回答了有关网络排斥作用机制的三个问题：个体因素、媒体因素、信息因素、人际因素以及它们的交互作用是如何影响网络排斥的？个体在确认受到网络排斥后会有何反应？网络排斥感是如何影响虚拟团体的？下面分别从网络排斥的影响因素特征和影响后效两个角度对该模型进行阐述(见图 2-6)。

(一)网络排斥的影响因素特征
1. 信息特征

信息特征会影响个体的网络排斥体验。首先是信息的传播数量。如果某个体总是在网络沟通中获得大量信息，一旦这一现象停止，就说明该个体对他的同伴已不再重要。其次是信息的传播时机，也就是说在信息发出后，多久可以收到反馈会影响个体的网络排斥体验。最后是信息的传播内容，沟通信息中对某个体的否认或拒绝的内容会令其产生排斥体验。如果某个体没有收到一条面向所有人的信息，那么他也会产生排斥体验。

对此，该模型提出了三个假设：信息的传播数量会影响个体的网络排斥体验；信息的传播时机会影响个体的网络排斥体验；信息的传播内容会影响个体的网络排斥体验。

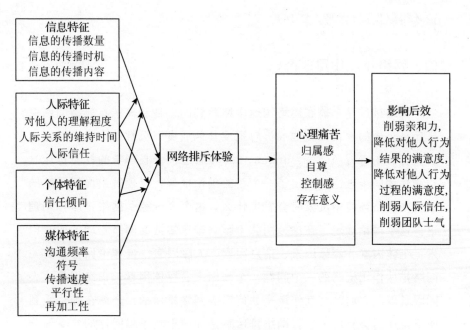

图 2-6　网络排斥作用模型

（摘自 Schechtman，2008）

2. 人际特征

　　人际特征是人际沟通中的重要因素，如人际信任。该模型假设，增加对沉默源的人际信任可以调节信息特征、媒体特征对网络排斥体验的作用，人际关系的维持时间以及人际关系的深度（对他人的理解程度）会影响个体的人际信任。对此，该模型假设，与沉默源人际关系的维持时间以及人际关系的深度会调节信息特征和媒体特征对网络排斥体验的作用。

3. 个体特征

　　个体特征会影响个体所感受到的网络排斥体验，如信任倾向。信任倾向水平高的个体会对他们的体验产生合理化解释，并降低他们所感受到的排斥体验。该模型假设，信任倾向会调节信息特征对网络排斥体验的作用，信任倾向会调节媒体特征对网络排斥体验的作用。

4. 媒体特征

(1)沟通频率

在大量的跨地域和跨时间的沟通中，人们将较低的沟通频率看成阻碍沟通的因素。因此该模型假设，低频沟通会使个体体验到更强的网络排斥。

(2)符号

在网络沟通中，符号指的是媒体允许的信息编码方式。根据媒体丰富性理论，高符号媒体指的是人们可以在该媒体中利用多种线索、语言进行沟通。该模型假设，通过高符号媒体传递的沉默比通过低符号媒体传递的沉默会使个体体验到更强的网络排斥。

(3)传播速度

传播速度是网络沟通媒体的一个重要特征。该模型假设，人们把网络沟通的快速反馈看得更重要。与高速信息反馈的网络沟通相比，个体在低速信息反馈的网络沟通中会体验到更强的网络排斥。

(4)平行性

平行性指的是媒体的广度，即同时传递有效信息的数量。该模型假设，个体在高平行性媒体的沉默中体验到的网络排斥会比在低平行性媒体的沉默中体验到的更强。

(5)再加工性

再加工性指的是在沟通中和沟通结束后人们可以对沟通的信息重新检查的可能性。对信息的再加工可以使个体加深对沟通信息的理解。该模型假设，在高再加工性的网络沟通中的沉默会使个体体验到更强的网络排斥。

(二)网络排斥的影响后效

威廉(William)认为网络排斥会削弱个体的四种心理需求——归属感、自尊、控制感和存在意义，进而使个体感受到一定的心理痛苦。网络排斥会使个体感到沮丧、产生愤怒和孤独感等诸多消极体验。该模型对网络排斥的影响后效进行了归纳，并假设个体因网络排斥导致的心理痛苦的增加会降低个体与其所在群体的亲和力、他们对团队中其他成员行为结果的满意度和对团队中其他成员行为过程的满意度，会削弱个体对团队中其他成员的人际信任和他们的团队士气。

五、共同建构模型

有研究者(Subrahmanyam & Šmahel，2011)将青少年的上网行为看成一个个体与媒体(网络)相互作用的整体，并用共同建构模型解释青少年与媒体的互动。共同建构模型最早由格林菲尔德(Greenfield，1984)提出并用来解释青少年的在线聊天行为。

用户在使用社交网站、即时通信工具、聊天室等在线社交平台时，实际上是与这些平台共同构建了整个互动环境(Subrahmanyam & Šmahel，2011)。有研究者(Greenfield & Yan，2006)认为互联网是一种包含了无穷级数应用程序的文化工具系统。在线环境也是文化空间，同样会建立规则，向其他用户传达该规则并要求其共同遵守。在线文化是动态的，呈周期性变化，用户会不断设定并传达新的规则。青少年不只是被动地受到在线环境的影响，在与其他人联系的同时也参与了在线环境的建构。青少年与在线文化之间是一种相互影响的关系(Subrahmanyam & Šmahel，2011)。

如果青少年用户参与了在线环境的建构，那么就可以认为他们的在线世界和离线世界是彼此联系的。相应地，数字世界也是他们发展的一个重要场所。因而青少年会通过在线行为来解决离线生活中遇到的问题和挑战，如性的发展，自我认同感、亲密感和人际关系的建立等。此外，青少年在线世界和离线世界之间的联系不仅体现在发展主题方面，而且还体现在青少年的行为、交往的对象和维持的关系等方面，甚至还包括问题行为。基于此，有研究者(Subrahmanyam & Šmahel，2011)认为青少年的身心发展与数字环境是密切联系的。青少年的在线行为与离线行为紧密相连，甚至在他们的主观经验中"真实"与"虚拟"是可以混为一谈的。由此研究者建议使用"物理/数字"和"离线/在线"来表示从在线世界到离线世界这一连续体的两端，避免使用"真实世界"与"虚拟世界"这种容易产生混淆的概念。青少年可以通过在线世界拓展他们的离线世界，同时在线的匿名性会令青少年摆脱各种限制，做出各种尝试，并以此补充青少年的自我认同(Subrahmanyam & Šmahel，2011)。

　　共同建构模型是对已有的媒体效应模型与"用且满足"理论的发展。媒体效应模型将用户的在线行为视为一种被动接受的过程。"用且满足"理论则认为用户的媒体使用行为是基于某种目的，并祈求获得满足的过程。共同建构模型则从互动共建的角度将用户视为一个可以影响媒体文化的具有能动性的个体，并认为媒体使用行为不单纯是一种需求满足的过程(Subrahmanyam & Šmahel，2011)。这一理论从动态、宏观的视角为深入理解青少年的网络行为提供了有力支持。

扫描拓展

常用互联网，抑郁会更少？

　　关于人们在网络交往情境中的心理与行为特点，我们可以从不同的视角来进行理论阐释。相关理论涉及的主题很广，每一种理论都有自己的出发点和立足点，每一种理论也都有自己的不足。

拓展阅读

心理学的新框架

　　框架可以帮助科学家去理解、描述和叙述他们所感兴趣的领域的思想。好的框架能够改变一个领域，提供新的动力。框架有三个重要的用途，可以从三个类比的角度思考：桥梁、地图和模型。框架可以作为桥梁，是指思想从一个领域转移到另一个领域，它可以通过创建一组概念或把一个领域的概念和另一个领域的概念联系起来的方式实现。框架可以作为地图，是指它帮助人们理解不同的思想之间有怎样的关系和在一幅更大的图画中每一种思想有怎样的位置。它通过主要的概念类别，也许是一种分类、一个图或表格来实现。框架可以作为模型，是指科学家使用特殊的观点去构想一个研究目标，以表示和分析所选择的各个方面。

英国诺丁汉大学的研究者（Milton，2010）提出了一个心理学新框架——PsyFrame，该框架以整个心理学为范围，以心理学思想为重点，内容详细，形式正式，目的是为已经存在的观察提供一种新的方式，而不需要从根本上改变原则和做法。PsyFrame的中心是研究对象与对对象进行研究的方法。PsyFrame有两个主要概念：区（zones）和观（views）。区代表研究对象，可以被认为是领域或系统。PsyFrame有六个主要区：环境、身体、知觉、记忆、状态和思维。每一个区都可以包含一些因素（如实体、子领域和子系统），这些因素可以与同一区内的其他因素相关，也可以和其他区内的因素相关。区可以汇集起来形成一个宏区。观代表方法，是指接触和研究对象的方法，包含六种因素：结构、过程、内容、发展、进化和比较。PsyFrame的基本理念是任何心理学思想，无论它是一种途径、一种现象、一个理论、一种方法还是一种干预，都可以通过以下三种方法被概念化：①用相关的方法选择和整合有关的领域；②定义适当的因素来填充选择的领域；③定义因素之间的关系。

能用 PsyFrame 来做什么？需要注意的是，PsyFrame 是一种思考心理学思想的结构化方式，心理学家花费大部分的时间来从事与思想相联系的工作；他们发现新的思想，理解或试着去理解思想，分析思想，创造思想，传授思想，使用思想去解决问题。因此，PsyFrame 可以帮助人们：①用一致的方法来看不同的思想；②从不同的角度来理解一种思想；③提取和总结一种思想的精髓；④检验和比较思想；⑤研究包含思想信息的知识库；⑥以新的方式来表达思想；⑦评估人们对思想的理解；⑧形成对思想的共同理解和明白如何使用它们。

第三章 网络社交的影响因素

批判性思考

1. 有的人在现实生活中沉默寡言，却与虚拟世界中的陌生人相聊甚欢，是什么原因让他们在虚拟和现实之间有如此大的反差？为什么有些人会和现实生活中的人无话可说，却在网络世界中敞开心扉？

2. 在社交媒介上，有的人喜欢上传自己的照片；有的人喜欢上传风景；还有的人喜欢"潜水"，默默地浏览着别人的一点一滴，却一言不发。哪些因素让我们的网络社交行为有如此大的差异？是人格，是环境，还是有一些我们还未考虑到的因素？

3. 在生活中有形形色色、功能各异的社交媒介，你为什么只钟情于某一种或某几种？哪些因素会影响我们对社交媒介的选择？

关键词

年龄；人格；害羞；自恋；自尊；民族文化；价值观；家庭环境

网络社交已经成为人们进行交往和自娱自乐的方式。在社交媒介上，我们可以做很多事情：可以通过互联网与朋友联系，也可以建立新的关系，还可以组织活动和打游戏。但是，不同的人采用的网络社交方式以及社交媒介是不一样的。而且，人们进行网络社交的时间和频率也有很大差异。本章将会讨论网络社交的影响因素。

有研究者（Rosengren，1974）认为，个体差异，如年龄、性别、人格特质等，会影响大众媒介的使用。对传统社交媒介的研究也发现，不同性别、人格特质的使用者在社交媒介上的行为方式，使用社交媒介的时间及频率等都存在差异，人格因素能够显著预测社交媒介的使用。基于此，本章将从人口学因素、人格因素和文化环境因素三个方面来论述网络社交的影响因素。

第一节　人口学因素

人口学因素是影响网络社交的重要因素之一。研究者在网络社交流行之初就开始关注网民在网络社交时的差异，即什么样的人群更偏好网络社交以及使用何种社交网络，不同性别、年龄的人在进行网络社交时，会有何不同之处。

一、性别

互联网已经开辟了许多新的途径，通过它，人们可以进行沟通和社交。在这里，社交媒介扮演了重要角色。研究者想知道，什么类型的人依赖网络社交这种媒介工具与他人互动（Correa，Hinsley，& Gil de Zúñiga，2010）。

性别是独立于人格因素而存在的，对网络社交的方式和内容的选择有显著影响。已有研究表明，在互联网使用的总量上不存在性别差异，但在互联网的使用动机和上网时间上存在性别差异。与女性相比，男性更可能是技术型用户，并且比女性更能接受互联网（Subrahmanyam & Šmahel，2011）。男性会更频繁地使用互联网，而且使用的时间更长（Soh et al.，2013），并且不会像女性那样频繁地见网友（Bonetti et al.，2010）。对中国学生的研究也发现，与女学生相比，男学生在互联网上花的时间更长（Li & Kirkup，2007）。

女性更有可能使用互联网来缓和社会交往，也更可能做出与她们的性别角色规范一致的行为，以促进关系的保持，而男性更有可能花时间在网上从事更多以任务为中心的活动，更可能做出与他们的性别角色规范一致的行为，以促进成就取向（Guadagno et al.，2011；Williams et al.，2009）。女性被发现有更多的关系导向，社会化更频繁（Harter et al.，1997；Jacobson & Rowe，1999）。无论是在现实环境还是虚拟环境，女性的社会关系都比男性的社会关系多（Bonetti et al.，2010；Cha，2010）。也许最有趣的性别差异就是，男性的关系状态能够预测他如何使用脸书，但女性不会。在承诺关系中的男性会花较少的时间查看女性的社交媒介主页，减少发布、观看或评论照片的时间。令人奇怪的是，女性是否处于承诺关系中却与她的脸书使用无关。应该指出的是，一般来说，没有在承诺关系中的人显然会更加关心通过他们的个人资料图片进行的自我呈现（Mcandrew & Jeong，2012）。

有研究者（Moore & McElroy，2012）还发现，女性在脸书上比男性花更多的时间，有更多数量的好友，发布更多的照片和关于自己的帖子。性别与使用频率之间存在显著负相关，女性虽然总体上花更多的时间在脸书上，但是访问自己的脸书网站的频率比男性更少。除此之外，女性在脸书上的活动频率要远远超过男性。与男性相比，女性对其他人的关系状况更感兴趣，更有兴趣了解其他女性的活动，男性却对其他男性的活动漠不关心。在使用个人资料照片作为印象管理工具和研究其他人的照片上，女性花的精力比男性更多（Mcandrew & Jeong，2012）。人们在自我推销活动中也存在性别差异（Mehdizadeh，2010）。例如，男性喜欢把自我推销的内容张贴在"关于我"的部分，而女性大多喜欢把展示自己的照片作为自我推销的一种手段。有研究者（Raacke & Bonds-Raacke，2008）还发现，与女性相比，男性更可能使用社交网站来约会和学习新事物。

有研究者（Muscanell & Guadagno，2012）研究了性别和人格对个体在线社交网站（如脸书）使用的影响。结果发现，男性报告使用社交网站是为了建立新的关系，而女性报告使用社交网络大多是为了保持关系。此外，低宜人性的女性往往比高宜人性的女性更多地使用社交网站的即时通信功能；与高开放性的男性相比，低开放性的男性在社交网站上玩更多的游戏。有研究者（Tifferet & Vilnai-Yavetz，2014）通过评估资料的组成和照片的呈现来研究脸书中自我表现的性别差异。该研究使用进化心理学来提出假设，发现男性的照片强调地位（如正式服装）和承担的风险（如室外背景），而女性的照片强调家庭关系（如家庭照片）和情感表达（如眼神的接触、微笑的强度）。有研究也发现，男性参与的信息表达比女性多，而女性参与的隐私控制比男性多。很显然，男性和女性都使用社交媒介，但原因不同。这些原因可能涉及性别角色期望的行为表现在关系取向中的性别差异。

有研究者将性别使用模式的差异归因于互联网体验，即女性进行网络社交是为了加强先前存在的友谊，并拒绝在线结交新的朋友，因为她们更有保护意识，并害怕在互联网上遇到坏人。也有研究者（Ang，2017）认为，互联网习惯强度对网络社交的影响更大，女性的互联网习惯强度比男性更大，所以她们更可能进行网络社交。总之，性别是影响网络社交的一个重要因素。不同性别的用户进行网络社交的行为方式是存在差异的，不同性别的用户的使用动机也不同。所以，我们在以后的研究中要考虑到用户的性别。

二、年龄

一项对美国网民的调查（Fox，2006）发现，20～30 岁的青年男女是最频繁的互联网使用者，这个年龄阶段的网民会花大量时间在线聊天、发送电子邮件、会见新朋友和玩在线游戏上。虽然年龄较大的互联网用户（50～64 岁）确实会使用互联网收发电子邮件、获得一般的政治新闻、检查天气，并为他们的工作做研究，但通常不会频繁地使用互联网（Howard，Rainie，& Jones，2001）。互联网使用更多的网民更倾向于进行网络社交和关系的建立（Thayer & Ray，2006）。由此可见，年龄是影响网民上网、进行网络社交的一个非常重要的因素。

有的老年人因与工作或学校无关的原因第一次上网，有的老年人被家人鼓励才第一次上网，还有的老年人因个人原因第一次上网。很少有老年人是因为受到朋友的鼓励才上网的。相比之下，年轻人则报告说，在做出上网的决定中，朋友比家庭成员有更大的影响。大多数老年人认为互联网是一个与家人保持联系的有用的工具。给家庭的重要成员发送电子邮件的在线老年人可能会说他们更频繁地与家庭成员交流，因为他们使用电子邮件。将近56％的在线老年人说，互联网已经改善了他们与家庭的关系（Howard，Rainie，& Jones，2001）。

在网络社交偏好和动机上存在显著的年龄差异。与中老年人相比，年轻人更倾向于与朋友和陌生人在线交流，在网络中进行交流沟通和建立关系会让他们感觉更加舒适，因为他们是在技术时代成长起来的（Thayer & Ray，2006）。很多美国学校鼓励学生进行网络社交，而且网络社交也已经融入年轻人的职业生活中。中老年人可能相对较慢地适应互联网所带来的交流沟通和关系建立的变化。年轻人登录脸书大多是为了与朋友联系，父母经常登录脸书大多却是为了监测青少年的行为（Brandtzaeg，Lüders，& Skjetne，2010；Cheung，Chiu，& Lee，2011）。父母进入孩子的脸书世界并不总是受欢迎的，即便脸书页面是公开的，也经常被青少年认为是私人的，这些青少年不想让父母成为他们的"朋友"（West，Lewis，& Currie，2009）。

在网络社交中，有一个强烈的总体偏好，那就是作为观察员，每个人都会花很多的时间来浏览同龄人的社交媒介主页，但这种趋势在老年人中并不明显。与年轻人相比，老年人对同性伙伴的兴趣较小，对家人的兴趣较大，年龄与家庭活动之间也存在显著的正相关，老年人会张贴与家人的照片，浏览亲戚的社交媒介主页（Mcandrew & Jeong，2012）。有研究者（Holt et al.，2013）探讨了新闻媒体关注和社交媒介使用对政治兴趣和参与的影响及年龄差异，把18～74岁的被试分成了四个组。结果发现，年轻人比老年人更频繁地使用社交媒介，比老年人更少地使用传统新闻媒体。对于某些形式的社交媒介使用，年龄差距更大，如阅读关于政治和时事的博客。

第二节　人格因素

人格是研究者已经研究了几十年的课题，是涉及个人的情感、态度和行为反应模式的特殊组合。人格特质被认为是可以预测个体如何进行网络社交的重要因素。

一、大五人格

随着对互联网使用的研究的增多，一些学者使用五因素模型研究人格特质对网络社交的影响（Moore & McElroy，2012；Correa，Hinsley，& Gil de Zúñiga，2010）。图普斯和克里斯特尔首次确定了人格分析中的五个因素，后来诺曼（Norman，1963）重复了这项工作。如今，人格结构的五因素模型被认为是正确的。五因素模型用于描述人格的五大领域或维度（Costa & McCrae，1992）。

五因素模型是一个人格模型，包含广泛层面上代表人格特质的五个因素：外倾性、神经质、开放性、宜人性和尽责性（Ehrenberg et al.，2008）。有研究者（Ross et al.，2009）根据脸书用户的自我报告测量了用户人格结构的五个因素。研究发现，虽然网民的人格和他们在脸书上的行为之间存在联系，但是这种联系并不强。有研究者（Amichai-Hamburger & Vinitzky，2010）在前人的基础上进行了研究，发现了不一样的结果。他们发现，外向的人朋友的数量较多，与内向的人相比，外向的人还会表现出更低的个人信息使用。在神经质上得分高的个体会更愿意分享脸书上的个人识别信息，并且更少可能使用私人信息。而在宜人性上得分高的个体则更少使用页面功能。也有研究

(Kuo & Tang，2014)发现，具有高外倾性、低宜人性和高开放性的用户倾向于在脸书上花更多的时间，有更多的朋友和照片。而低宜人性和低情绪稳定性的人更喜欢用脸书上的社交代替现实生活中的社交。

在控制了社会人口统计学和生活满意度两个变量之后，外倾性和开放性与社交媒介的使用呈正相关，情绪的稳定性则是一个消极的预测指标(Correa et al.，2010)。这些结果在不同的性别和年龄上是不同的。外向的男性和女性可能更经常使用社交媒介工具，而具有更大程度的情绪不稳定的男性则会更经常地使用社交媒介。外倾性和社交媒介的使用之间的关系在年轻人中尤为重要。人格对脸书上的朋友的实际数量、他们发帖的性质和不适当的脸书内容的后悔水平的变异量的解释，显著高于性别和使用脸书的经验(Moore & McElroy，2012)。也有研究(Michikyan，Subrahmanyam，& Dennis，2014)探讨了神经质、外倾性与在脸书上呈现真实的、理想的和虚假的自我之间的联系。结果发现，高神经质的年轻人报告他们在脸书上更大程度地呈现理想和虚假的自我，而那些低外倾性的年轻人则报告从事更多的网上自我探索行为。情绪不稳定的年轻人会策略性地显示自我，也许是为了寻求安慰，而那些自我怀疑的人会进一步探索在线自我。

塞德曼(Seidman，2013)研究了大五人格与使用脸书满足归属感和自我表现的需要之间的关系。结果发现，高宜人性和神经质是与归属感有关的行为和动机的最佳预测指标，外倾性与更频繁地使用脸书与他人沟通有关，自我表现的行为和动机的最佳预测指标是低自觉性和高神经质。神经质、宜人性和外倾性与表达一个人真实自我的倾向呈正相关，神经质还与理想和隐藏自我方面的表达呈正相关。有研究者(Krämer & Winter，2008)对德国的一个社交网站进行了内容分析，发现外向的成员倾向于不加限制地展示自己，因为他们选择了一些不太保守的图片。同时还发现，关于印象管理的自我效能感与虚拟好友的数量、资料详细的水平和个人照片的风格密切相关。

　　具有较高开放性的学生在脸书上会花更多的时间，在脸书上拥有更多的朋友(Skues，Williams，& Wise，2012)；而外倾性、神经质、自尊和自恋则与脸书的使用没有显著关系。有趣的是，孤独感水平较高的学生报告有更多的脸书好友。国内的研究也发现外倾性、神经质对互联网社交服务的使用偏好有直接而显著的正向预测作用；外倾性通过社会支持间接地预测互联网社交服务的使用偏好；外倾性、神经质还会通过社交焦虑间接地预测互联网社交服务的使用偏好。还有研究者(乔歆新，来水木，沈模卫，等，2007；沈勇，乔歆新，张云帆，等，2008；乔歆新，张锋，沈模卫，2009)对即时通信的使用行为进行了研究。结果发现，一种即时通信使用偏好的形成受多种动机的共同驱动，不同即时通信使用偏好的形成受不同动机的驱动，人格在其中起着调节作用。

　　除此之外，网民的人格特征还会影响他们在网络社交中选择具有哪种人格特征的人来进行互动。有研究者(Balmaceda，Godoy，& Schiaffino，2014)认为，相似—吸引范式或同质性能够预测人们倾向于与相似的人建立关系，这种范式能够在网络社交中得到验证。同时，有研究者(Balmaceda，Godoy，& Schiaffino，2014)认为人格稳定理论，即人格具有跨时间和跨情境的稳定性，可以在网络社交中得到验证。他们认为两个用户如果在同一个主题中发布了一些内容，用户之间就会产生一种关系，因为这个操作意味着这些用户有共同的想法或知识。有研究者(Balmaceda，Godoy，& Schiaffino，2014)获得了每个用户发布的所有帖子的文本，并且以唯一的文本加入了它们，以便为每个用户执行检测过程，并使用人格识别软件计算出用户的人格特征。分析的主要目标是考察在网络社交中用户的人格之间的关系模式。结果发现，具有某种人格特征的人倾向于与那个在人格层面上拥有和自己非常相似特征的人沟通(趋同性)。结果证明，情绪稳定的用户也会对开放性、宜人性和外倾性的人开放，宜人性个体喜欢与外向的个体交流互动，情绪稳定的个体则喜欢和宜人性个体交流。

由此可见，人格特质会影响网络社交用户选择和什么样的人进行交流互动。

综上所述，我们不难发现，人格因素是影响社交媒介使用的一个非常重要的因素。不同人格的用户在使用时间、使用频率和使用行为上都存在差异。当性别和人格因素相结合时也会出现很多不一样的结果。

二、害羞

害羞被定义为"在人际情境中的不适或抑制，会干扰一个人对人际交往或职业目标的追求"(Sheldon，2013)。害羞的青少年在新的社交环境中往往会紧张和焦虑，当他们认为自己被社会评估时，会感到困窘(Rubin，Coplan，& Bowker，2009)。害羞和社交焦虑的人会在社会交往中遇到困难，而且很容易出现排斥反应和内在的问题。那么，害羞的网民又是如何在互联网上进行互动的呢？

现有的研究发现，害羞的人往往选择技术沟通的形式来满足他们的归属需要。例如，社交焦虑者喜欢通过手机发短信，而不是打电话(Reid & Reid，2007)。因此有人预测，与报告低害羞水平的被试相比，高害羞水平的被试报告更多使用即时通信，以此来进行有意义的社交互动和满足归属需要(Cacioppo et al.，2006)。也有研究者(Bardi & Brady，2010)没有发现害羞和即时通信使用强度之间的直接关联，但是发现，害羞的人使用即时通信有多种动机，减少孤独感是其中最重要的动机。有研究者探索了害羞与非害羞青少年的在线和离线的同伴互动的内容。结果发现，害羞的被试比非害羞的同伴更多地使用在线的方式来表达负面情绪，传达关于与同伴负面交流的内容。而这种网络交流的使用是他们孤独的一个重要原因。所以，有研究就发现，害羞的脸书用户比非害羞用户的朋友数量更少，虽然他们在脸书上花更多的时间(Orr et al.，2009)。

有研究者(Baker & Oswald，2010)在一项关于害羞用户的脸书使用的研究中发现，高害羞水平的个体报告脸书的使用和友谊质量之间存在更强的关系。研究者认为，害羞的人通过脸书获得的信息可能是特别重要的，因为他们通过面对面接触对同伴的了解很少。也有研究(Sheldon，2013)发现，与不太害羞、不太孤独的学生相比，害羞和社交孤独的学生透露给与他们关系密切的脸书好友的信息更少。与不害羞的个体相比，害羞的学生有较少的脸书好友，以及较少的面对面(现实)的朋友。这可能是由于害羞的学生不能通过充分的自我表露来发展新的关系。他们不愿与其他人交流，因为他们担心不被支持，所以会产生焦虑。

我们对害羞与青少年移动社交媒介使用之间的关系进行了研究。结果发现，害羞与移动社交媒介的使用动机和使用行为呈显著负相关，害羞负向预测移动社交媒介使用行为，而且还会通过负向影响使用动机来间接地影响使用行为。也就是说，越害羞的青少年，他们的移动社交媒介使用行为越少，而且还通过降低使用动机来减少使用行为。这个结果与我们的研究假设"害羞能够直接正向预测青少年的移动社交媒介使用行为，并且能够通过使用动机的中介作用间接预测青少年的移动社交媒介使用行为"相反，我们假设越害羞的青少年，移动社交媒介使用行为越多，而结果却正好相反。这个结果也与很多传统互联网的研究结果稍有不同。传统研究(Hammick & Lee，2014；Dunn & Guadagno，2012；Saunders & Chester，2008)认为，由于互联网缺少视觉和听觉线索，与面对面讨论交流相比，害羞的人在网络上交流互动时会感受到更少的沟通焦虑，从而有更多的移动社交媒介使用行为。对于害羞的人来说，网络是一个更加理想的交往环境。在使用互联网时，害羞的人感觉更自信，互联网为他们提供了一个扩大社交网络的机制。与面对面互动相比，害羞的人更喜欢使用互联网(如社交媒介、即时通信、网络聊天室、电子邮件等)作为社交形式(Bardi & Brady，2010)。

但是，这个结果却从另一方面支持了"富者更富"假说。"富者更富"假说认为，在面对面的社交情境中能游刃有余的外向个体，也会使用计算机和互联网来进一步促进他们的社交机会（Schneider & Amichai-Hamburger，2009）。害羞的人即使是在网络环境中也缩手缩脚，不敢表露自己，不参与互动交流。很多研究也支持了这种观点。例如，有研究（Sheldon，2013）发现，与不害羞的学生相比，害羞的学生向他们的好友表露的信息更少，他们不能通过充分的自我表露来发展关系。他们不愿与别人交往，因为担心得不到支持。

害羞的青少年使用移动社交媒介少的另一个原因，也许是移动社交媒介大部分都是实名制，而且我们发现，大部分青少年的移动社交媒介好友都是周围熟悉的人。害羞的青少年在熟悉的好友、同学面前，即使是在虚拟的移动网络环境中，也不好意思去展示自我、发表意见、与好友互动。所以，害羞的人，即使是在虚拟的环境中，因为担心被人识别出来，也仍然不会变得从容。移动社交媒介给不害羞的青少年提供了一个展示交流的平台，让他们可以更方便地联系，所以不害羞的青少年的移动社交媒介使用动机更强，使用行为更多。在移动社交媒介中，"穷者变富"的可能性依然很小。

所有这些研究结果都说明了一个事实，即与面对面的互动相比，害羞和社交焦虑的个体在在线环境中维护他们的社会关系往往会感到更舒服，但前提条件是他们在虚拟环境中不被识别出来。我们的研究发现，即便青少年在虚拟环境中不被识别出来，也仍然不能很从容地进行社交活动。

三、自恋

自恋是一种典型的人格倾向，认为自己比别人好，不断地寻求他人的崇拜、敬仰，并且思维方式和行为总是以自我为中心。网络社交已经成为网民互动交流、建立自我认同和友谊、影响同伴的一个主要场所。自恋会如何影响网民进行网络社交呢？有研究者（Ryan & Xenos，2011）对大五人格、害羞、自恋、孤独感和脸书使用之间的关系进行了研究。结果发现，脸书用户可能更外向、更自恋，但他们有更强的家庭孤独感；脸书非用户更有责任心、更加害羞和孤独；害羞的人比不害羞的人在脸书上会花更多的时间，但是，害羞和脸书的使用频率之间并无显著关系。

有研究者（Buffardi & Campbell，2008）发现自恋和脸书的活动水平之间存在相关，认为与那些偶尔使用脸书的用户和非用户相比，频繁使用脸书的用户有更多的朋友、有更自恋的特质。还有研究者（Buffardi & Campbell，2008）分析了超过 130 名大学生的脸书资料和人格特质，发现自恋特质与脸书上的朋友数量和自我推销（self-promotion）水平显著相关。与高自尊和低自恋的个体相比，低自尊和高自恋的个体在脸书上从事更多的自我推销活动，在社交网站上平均花更多的时间（Mehdizadeh，2010）。研究者（Ljepava et al.，2013）还发现，社交网站的非用户和频繁使用的用户有不同的社会特征和个性特征。脸书非用户有较低的自我表露倾向，有更少的同伴参与社交网络和较高的内隐自恋特质。频繁使用脸书的用户的外显自恋得分更高，并且比非用户报告有更亲密的友谊。这表明，社交网络有助于在线和离线背景中朋友之间亲密感的建立。

我们的研究发现，自恋影响着青少年移动社交媒介的使用，越自恋的青少年，移动社交媒介使用行为越多，而且这种影响是通过使用动机的中介作用实现的。很多对社交网站与自恋的关系进行的研究都发现，在自恋和社交网站的使用之间存在正相关，使用者都相信自恋能够显著预测状态更新行为，使用者的自恋水平越高，他们通过状态更新来自我表现、描述自我的帖子和发照片的行为就会越多（Ryan & Xenos，2011；Mehdizadeh，2010；Bergman et al.，2011）。由此可见，无论是传统的社交网站还是移动社交媒介，都是自恋者的舞台，他们通过这个舞台来表现自己，来引起好友的关注，寻求别人的认可、尊重，从而满足自己的心理需要。此外，自恋的人更相信别人对他们的行为更感兴趣，他们也更想让别人能够充分地认识了解自己。所以，他们的使用动机更加强烈，使用行为也会更多。

　　自恋除了影响青少年的使用行为之外，还会影响青少年的使用频率。越自恋的青少年使用移动社交媒介的频率也会越高。这个结果也是可以理解的。自恋的人希望在任何场所都能得到别人的认可、尊重，他们会频繁使用移动社交媒介更新自己的状态等。而当他们更新完之后，又总是希望能得到别人的评价、点赞，期望能看到更多的评论、留言。因此，他们的使用频率自然就会比别人高，自恋与使用频率会显著相关。

　　这个结果与对传统社交网站的研究结果相同，对传统社交网站与使用频率的研究发现，自恋与社交网站的使用时间和登录频率呈正相关（Mehdizadeh，2010）。一项对新加坡的青少年进行的研究也发现，外倾性和自恋能够显著预测脸书的状态更新频率（Ong et al.，2011）。这说明，自恋的人无论在哪种场所、哪种环境中，都喜欢表现自我，喜欢被关注、被尊重的感觉，都希望自己是众人的焦点。

四、自尊

　　研究者已经开始对自尊在脸书使用中的作用产生了特别的兴趣。自尊是指人们奖励、支持、喜欢或肯定自己的程度。有研究者（Steinfield，Ellison，& Lampe，2008）对大学生进行了脸书使用的纵向研究，并考察了自尊等因素如何被纳入社会资本。社会资本一般是指与我们的社会关系有关的利益或资源。他们发现，与高自尊被试相比，低自尊被试的脸书使用和社会资本之间的相关更强。这是因为低自尊个体能够在脸书上与人沟通，但在实际生活中可能不那么容易能够做到。有研究（Tazghini & Siedlecki，2013）发现，自尊水平与从事不同的网上行为有联系。例如，低自尊个体更频繁地取消标记自己的照片，不知道如何接受来自个人的好友请求。质性分析表明，高自尊个体更可能报告脸书的一些积极方面，如能分享图片，还会报告哪些文章可能会令人讨厌或伤脑筋。

很多学者（Steinfield，Ellison，& Lampe，2008；Tazghini & Siedlecki，2013；Wang et al.，2012)都对自尊与社交媒介之间的关系进行了研究，发现自尊的高低会影响用户的社交媒介使用行为和使用内容。例如，有研究（Wang et al.，2012)发现高自尊的用户更喜欢评论别人的主页，低自尊个体更喜欢使用电子邮件交流，会更频繁地使用即时通信等（Phillips，Butt，& Blaszczynski，2006)。对自尊与网络成瘾之间关系的研究（Aydm & San，2011；Park，Kang，& Kim，2014)发现，自尊与青少年网络成瘾呈显著负相关，而自尊在同伴关系和病理性互联网使用之间起着中介作用。这些研究都说明，自尊与青少年的传统互联网使用行为之间关系密切。

有研究者（Zhang，Tang，& Leung，2011)通过对437名脸书使用者的在线调查发现，心理特质（即集体自尊、在线情感开放性、特征类沟通焦虑)是大部分脸书满足感的强烈预测因子。此外，满足感和这些心理特质能够显著地预测脸书的使用。有研究者（Soraya，2010)发现，高自恋和低自尊个体与更多的线上活动以及一些自我推销的内容有关系，并且性别差异会影响脸书使用者呈现的自我推销内容的类型。有研究者（Wang et al.，2012)研究了大五人格因素、自恋、自尊、感觉寻求和个人使用社交网站特定功能之间的关系，发现人格因素在如何使用社交网站上发挥了重要作用，外向个体更容易使用社交网站的交际功能，包括状态更新、评论和添加更多的朋友。神经质个体更喜欢使用状态更新功能，把它作为自我表达的一种方式。宜人性个体往往对他人的主页进行过多评论。高自尊个体更可能对别人的主页发表评论。自恋个体更容易在社交网站上上传他们有吸引力的照片，而且往往通过更频繁地更新状态来自我表现。

张国华、戴必兵和雷雳等人（2013)通过纵向追踪设计、运用多层线性模型考察了初中生病理性互联网使用的发展及其与同伴关系、自尊的关系。结果发现，自尊能够显著地负向预测病理性互联网使用，同学关系在自尊和病理性互联网使用的关系中起负向调节作用。

我们的研究结果发现，在移动互联网环境下，自尊与网络使用行为之间的关系仍然显著，青少年的自尊与移动社交媒介使用行为之间显著正相关。这个结果也支持了自尊与网络使用行为关系紧密的结论，证实了我们的研究假设。而且，我们还发现自尊不仅直接影响使用行为，而且还会通过影响使用动机来间接地影响使用行为。也就是说，高自尊的青少年使用移动社交媒介的动机会更强烈，从而使他们的使用行为增多。这也许是因为移动社交媒介是一种新兴技术，具有很多功能，可以让青少年有不同的体验。移动社交媒介为他们提供了一个平台，让他们在移动社交媒介的使用中感受到更多的被认可和被支持，所以增强了他们的使用动机，使他们出现更多的使用行为。

我们的研究还发现，移动社交媒介使用动机在害羞、自恋和自尊与移动社交媒介使用行为的关系中的中介效应是显著的。这表明不同人格特质的青少年，使用移动社交媒介的动机是不同的，而不同的使用动机会影响他们的使用行为，动机越强，使用行为也就越多。人格因素是一个相对稳定的因素，改变起来比较缓慢和困难，但是我们可以尝试着通过改变青少年的使用动机来改变他们的使用行为，从而使青少年能够合理、正确地使用移动社交媒介。

害羞、自恋和自尊这三个人格因素都会影响网络社交。综合以上的文献我们不难发现，这三个因素对网络社交的行为、动机以及使用的时间和频率都会产生影响。这些因素也会与人格、同伴关系等其他因素共同对网络社交产生交互影响。所以，我们有必要对害羞、自恋和自尊与网络社交的关系进行更加深入的研究。

第三节 文化环境因素

不同的民族，人们的思维方式、生活方式、风俗习惯、价值观、信仰等都有很大差异。不同民族的人会有不同的文化和行为习惯，他们在虚拟的网络社交中是否会受到所处文化的影响，表现出不同的偏好或行为呢？由于我们的家庭和社会环境的不同，思维方式和行为习惯也会不同，这些是否会在网络社交中有所表现呢？

一、民族文化与网络社交

很多跨文化的研究者早已开始关注民族文化与网络社交这个研究主题。例如，有研究者（Hargittai，2007）比较了聚友网的用户与脸书的用户之间的种族差异。结果发现，白人非西班牙裔学生比西班牙裔学生更多地使用脸书，而西班牙裔的学生则更偏好使用聚友网。在社交媒介的使用内容上也存在民族差异。例如，有研究者（Yu，Asur，& Huberman，2011）对中国的新浪微博和美国的推特进行了比较。结果发现，在中国，人们倾向于使用新浪微博来分享笑话、图像和视频，而且大部分的帖子都是转发的。这与研究者在推特上观察到的话题正好相反，推特上的话题主题大多与当前事件有关，而转发的影响并不大。传统的媒体来源对于在推特上引发话题至关重要。

霍夫斯塔德（1991）认为，民族差异可以通过民族文化来理解。他提出的文化维度模型确定和验证了国家文化差异的四个方面，其中一个就是个体主义与集体主义的区别。个体主义是低语境，而集体主义是高语境。在集体主义文化中，沟通的意义可以在情境的本质以及对话者之间的关系中找到，而不仅仅是言语本身。在这样的文化中，很多信息在消息的结构中是潜在的，并且假设听众理解说话者想要表达什么，而不需要直接说出来。在低语境或个体主义文化背景下，个体只能获得少量信息，更多依赖明确的、口头的信息，无须想象力或直觉(Triandis，1995)。这些文化强调自信、诚实，以避免误解或解释错误。

二、文化因素与网络社交

文化因素会影响用户在网络社交中的具体行为。例如，有研究者(Cho，2010)发现，韩国社交网络用户的线上好友数目更少但关系更近，其公共资料多为匿名，自我暴露频率低且私人化，并且更偏好使用非文本交流；美国社交网络用户相对有更多的线上好友、更多的自我暴露，并偏好使用文本交流。日本社交网络用户则倾向于用动物图片或卡通人物作为自己的头像，美国社交网络用户倾向于用个人照片作为自己的头像(Marcus & Krishnamurthi，2009)。我们对中国青少年的研究发现，青少年在移动社交媒介上较多使用动物、风景、人物照片以外的图像作为自己的头像，其次是卡通人物、明星照片、风景，而用动物、自己的照片和亲人的照片作为头像的青少年则很少。有研究(Chapman & Lahav，2008)还发现，在社交网站上，美国人更喜欢频繁地发布有关自己的信息，如个人照片、情绪、性取向、学校和工作岗位；法国人更喜欢讨论兴趣爱好；中国人更喜欢讨论生活方式或政治利益；韩国人则更喜欢与家人和朋友分享照片或查看他人的照片。因此，美国人在网络社交中的典型行为是分享照片、视频和音乐，评论朋友的网站，阅读新闻摘要；法国人的典型行为是浏览朋友的网站，添加显示自己的成就或创作的内容；中国人喜欢和他人分享资源；韩国人则是整合电子邮件和即时通信，浏览朋友的网站，看看他们在做什么。

已有研究(Witmer & Katzman，1997；Fusselll，Qiping，& Setlock，2008；Kayan，Fussell，& Setlock，2006)发现，文化因素确实影响了人们如何进行网络社交以及用户可用的视觉和语言线索。与个体主义、低语境和以任务为导向的文化相比，听觉和视觉线索对于集体主义、高语境和以关系为导向的文化的成员似乎更为重要。研究者（Kayan，Fussell，& Setlock，2006）对 78 位即时通信用户（28 名美国人、21 名印度人和 29 名东亚人）进行了问卷调查，来考察他们即时通信的在线习惯。结果发现，表情符号在不同文化中的重要程度不同。美国人对表情符号重要性的评分显著低于印度人，略低于东亚人。非语言线索对于高语境文化中的交流更加重要。这些表情符号是在网络社交中对非语言线索的替代。日本和美国表情符号的外观之间也存在区别。数据表明，使用这些非语言线索是高语境文化的基础，如日本人在自己博客的文章中非常依赖表情符号，与性别无关（Kavanagh，2010）。

随着计算机技术的使用，许多在线培训和教育计划越来越全球化。在线学习的全球化意味着高等教育机构和企业组织能为来自世界各地的学生和学习者提供课程和培训计划，会跨越国家和文化的界限。在线学习的全球化使得学生和教师在传播和分享知识方面更容易。不同文化背景的学生在在线学习环境中的社交互动风格也存在显著差异。例如，芬兰学生表现出更高水平的反思行为，并喜欢发表在线讨论摘要（Kim & Bonk，2002）；美国学生更加注重行动，喜欢在在线讨论中寻求和给予反馈意见；韩国学生倾向于分享更多的个人感受或与讨论有关的问题。美国学生是同伴导向，更喜欢与同龄人进行互动；韩国学生更多依赖在线环境中教师的指导（Liang & McQueen，1999）。韩国学生在网络环境中的参与和沟通受到教师参与的影响，美国学生在网络参与方面采取更多的主动行为。由此可见，在线学习中的网络社交存在显著的文化差异。

三、价值观和家庭环境与网络社交

价值观会影响网络社交。许多研究者考察了欧洲人与亚洲人之间的价值观和行为差异，调查了亚洲文化群体的差异。结果发现，两者在发帖行为上存在显著差异，中国学生的发帖数量最少；中国学生在课程上发布的在线帖子信息往往比东南亚学生少，而这两个小组所发布的信息又都比欧洲人少（Warden，Chen，& Caskey，2005）。相比之下，亚洲文化更强调学生的关系。家庭环境也会影响网络社交。例如，有研究者（Hargittai，2007）比较了不使用任何社交网站者和脸书用户之间的差异。结果显示，不与父母同住的学生比与父母同住的学生更多地使用脸书。

四、其他影响网络社交的因素

有研究者（Lin & Lu，2011）应用网络外部性与动机理论来解释人们为什么不断加入社交网站。结果表明，在影响人们持续使用社交网站的因素中，乐趣（enjoyment）是最有影响力的因素，其次是同伴的数量和实用性。同伴数量是影响女性继续打算使用社交网站的重要因素，但对男性不是。有研究（Ross et al.，2009）还发现，沟通动机会影响脸书的使用，不同的动机可能会影响使用工具的决定。

有研究者（Al-Saggaf & Nielsen，2014）对社交网站（如脸书）的女性使用者的孤独感和自我表露之间的关系进行了研究，将 616 名女性使用者的一半归类为"有联系的人"，另一半归类为"孤独的人"。结果显示，更多"孤独的人"表露自己的个人信息、关系信息和地址，而更多"有联系的人"表露他们的观点和他们的个人主页。

研究者（Cheung，Chiu，& Lee，2011）探讨了驱动学生使用在线社交网络（如脸书）的因素。他们研究了社会影响力、社会存在感和来自"用且满足"理论的核心价值对"我们—倾向"（we-intention）使用在线社交网络的相对影响。结果显示，社会存在感是"我们—倾向"使用在线社交网络的一个很强的决定因素，而"用且满足"理论的核心价值和社会相关因素也会对使用倾向产生显著影响。

还有人（Rau，Gao，& Ding，2008）认为，与其他在线社区不同，人们在社交网站上期望满足社会情感的需要，而不是信息的需要。所以，研究者假定人际亲密水平会影响社交网站的使用行为。结果显示，潜水者和发帖者之间在语言亲密水平和情感亲密水平上都存在显著差异。语言亲密水平和情感亲密水平与发帖频率呈正相关。差异分析结果显示，语言亲密和情感亲密有助于区分潜水和发帖的使用者群体。此外，还发现感知亲密性和发帖行为之间存在显著的性别差异。

通过对影响网络社交的因素进行文献综述，我们发现，影响网络社交的因素有很多，并且这些因素不是孤立存在的，而是相互作用的，共同影响网络社交。所以，影响网络社交的因素是复杂的，还需要大量研究来进行深入探讨。

拓展阅读

自拍与自恋

近年，伴随着移动互联网、移动智能设备的发展和社交网站的兴起，自拍作为一种典型的社交网站使用行为，已成为一个社会热点现象。自拍是指个体使用智能手机或网络摄像头给自己拍照并上传到社交网站或媒体，它既是一种照片分享的行为，又是一种自我呈现的方式（丁倩，张永欣，魏华，等，2016）。据一项非科学调查显示，47％的成年人承认发布过自拍，18～34 岁的成年人中有40％的人报告每周至少发布一次自拍。自拍在社交网站上的流行已经引起了公众的关注，并成为当前流行文化的一个方面。有研究（Sorokowski et al.，2015；Sorokowski et al.，2016）发现，自拍行为存在性别差异，与男性相比，女性更喜欢自拍，并且女性更喜欢发布自己和群体的自拍（但不喜欢发布伴侣的照片）。

人格是在线环境中人类行为的主要预测指标。那么，自拍反映了个体的哪些人格特质，我们又如何从自拍中判断他人的人格呢？有研究（Qiu et al.，2015）发现，个体在社交网站的自拍照与大五人格的宜人性、尽责性、神经质和开放性之间都存在显著相关。外倾性和宜人性能够显著地预测群体自拍的发布（Ji & Chock，2017）。具有表演型人格的男性上传自拍照的数量会更多（Sorokowski et al.，2016）。研究（Fox & Rooney，2015）还发现，黑暗三人格中的自恋和精神病态能够预测自拍发布的数量，而自恋和自我呈现能够预测对发布在社交网站上的自己的照片进行编辑的行为。研究者（Fox & Rooney，2015）认为，社交媒介上的自我呈现过程以及这些特质会影响网络社交中人际关系的发展。

自恋是黑暗三人格之一，很多研究探讨了自恋与自拍之间的关系。有研究（Ji & Chock，2017）发现，在控制了年龄和性别之后，自恋能够显著地预测发布个人自拍和编辑自拍的频率。年龄能够调节自恋与发布自拍的频率之间的关系。女性的自拍行为通常与自恋无关，男性的自恋则能够积极预测发布自己的自拍、伴侣自拍以及群体自拍。这个结果也就意味着女性无论自恋与否都喜欢自拍，但是只有自恋的男性自拍的数量和频率才会更多。因为自恋者更倾向于表现自己，寻求注意力，高度关注自己的外表，所以自恋的个体更有可能在社交媒体上发布他们的照片。研究（Bergman et al.，2011）还发现，自恋与自拍的数量显著相关，自恋的得分越高，发布的数量越多。但是，自恋与通常发布的自我推销或挑衅性的图片无关，与发布个人主页的图片显著相关。

第四章　网络社交与幸福感

批判性思考

1. 每个人心里都有一个关于幸福的定义，对幸福的定义不同是否注定了影响幸福的因素也会不一样？什么才是真正的幸福？

2. 网络社交让我们可以超越时空进行交流，让一些不善交流的人敢于表达自己。网络社交是不是对一些特殊人群的幸福感的影响会更大？

3. 老年人的幸福感与网络社交有怎样的关系？很多空巢老人是否可以通过社交媒介来与子女或其他人进行交流，借此来提高自己的幸福感？

关键词

幸福感；主观幸福感；心理幸福感；文化；人格；心理健康；网络成瘾；网络欺凌；网络虚拟幸福

幸福是一个古老而永恒的话题，所有人都在不懈地追寻。无论在国内还是国外，无论是古人还是今人，有关幸福的讨论从来都没有停止过。伊壁鸠鲁说："幸福生活是我们天生的善，我们的一切取舍都从快乐出发，我们的最终目标乃是得到快乐。"幸福，作为人生的目的和权利，具有恒久的意义。人们的一切行为无不是在追求幸福，无不受人们心目中所想象的幸福模式的影响。

随着社会的进步、生活水平的不断提高，人们对幸福的关注热情越来越高。人们似乎都在探寻着同样的问题：如何才能真正感受到幸福？为什么随着物质生活水平的提高，人们的幸福感却没有得到相应的提高？同时，由于科学技术的进步，我们对生活的体验变得和从前不一样。互联网的发展，尤其是网络社交的出现，改变了人与人之间的交往方式，改变了人们的生活习惯，它又会对网民的幸福产生怎样的影响？本章主要来回答这两个问题：一是幸福是什么；二是网络社交如何影响网民的幸福。

第一节　幸福概述

心理学对幸福的研究由来已久，但是争论不断。什么是幸福？西方学者和我国学者关于幸福的研究结果一致吗？关于幸福有哪些定义和理论？在这一节中，我们将对有关幸福的研究进行简要论述。

一、幸福的研究历史

(一)西方学者关于幸福的探讨

自 1967 年华纳·威尔逊(Wanner Wilson)发表了《自称幸福感的相关因素》以来，心理学对幸福的科学研究已经走过了五十多年的历程。在这五十多年中，关于幸福的研究硕果累累。有研究者(苗元江，2009)认为幸福研究兴起并得到广泛重视主要与以下因素有关：一是积极心理学的产生与发展，积极心理学关注人类的健康幸福与和谐发展，倡导"幸福革命"；二是第二次世界大战后，国际社会发展价值观发生了由物本到人本的转换，关注人的主观感受成为社会科学的重要研究主题；三是 20 世纪 60 年代开始的社会指标运动、生活质量运动极大地影响了社会科学理论的研究进程，幸福问题研究成为社会科学研究的热点问题。

幸福感的英文表达主要有 happiness、well-being、subjective well-being、psychological well-being 等。在现代心理学研究中，幸福感使用的是 well-being，反映出西方人对人类存在的思考取向，有幸福、健康、福利之意(苗元江，2009)。幸福的哲学源自快乐论和实现论。伊壁鸠鲁认为生命有限而欲求无限，人的欲望永远不会得到饱和的满足，唯有节制才能从精神上获得快乐与自足。所以，伊壁鸠鲁学派将幸福定义为"快乐即幸福"，追求快乐就是追求幸福。在他们看来，如果将追求幸福看作人生的"至善"的话，那么快乐就是幸福，就是至善。亚里士多德是实现论的代表，他用 eudaimonia(希腊文)表示"幸福"以区别于 happiness。他认为享乐主义的快乐是一种庸俗的理想，使人成为欲望的奴隶，幸福的人应该是将功能发挥至完善境界者，"优秀地"实现人的功能，也就是达人之性(苗元江，2009)。除此之外，苏格拉底、柏拉图、密尔和费尔巴哈等人都有关于幸福感的理论，从不同的角度对幸福进行了阐释，在这里我们就不一一介绍了。

(二)我国学者关于幸福的阐述

在中国古代伦理思想史上，关于什么是幸福的问题，解答不尽一致。既有《尚书·洪范》中的"五福"说，也有儒家的道德幸福论，还有道家的自然幸福论，更有《列子》的纵欲主义幸福论，以及以王充、吕坤为代表的命定、气运幸福说等。这些都是古代中国历史上具有代表性的幸福观念。近代学者梁漱溟在对东西方文化做了一番比较分析后认为，中国人有一种幸福感。他认为中国人很知足，享受眼前的生活，其物质生活始终是简单朴素的，精神生活也并不贫乏(严标宾，郑雪，邱林，2004)。

二、幸福感的概念

在心理学中，幸福感是指人类个体认识到自己的需要得到满足以及理想得到实现时产生的一种情绪状态，是由需要(包括动机、欲望、兴趣)、认知、情感等心理因素与外部诱因的交互作用形成的一种复杂的、多层次的心理状态(严标宾，郑雪，邱林，2004)。它指的是最佳的心理功能和体验(Ryan & Deci，2003)。有研究者(Ryan & Deci，

2003)对已有研究进行了回顾、总结，认为对幸福感的研究大体分为两种取向：一是涉及快乐感（享乐主义幸福感），即主观幸福感（subjective well-being，SWB）取向；二是涉及人类潜能（快乐说幸福感），即心理幸福感（psychological well-being，PWB）取向。因此，主观幸福感和心理幸福感成了幸福感研究中的惯用语，都从根本上影响着幸福感的主观评价（严标宾，郑雪，邱林，2004）。

主观幸福感专指评价者根据自定的标准对其生活质量的整体性评估，是衡量人们生活质量的一个重要的综合性心理指标，由生活满意度、积极情绪体验和消极情绪体验三个维度组成，具有主观性、整体性和稳定性的特点（Diener，1984）。主观幸福感出现于 20 世纪五六十年代，它的目的是量化人们的生活质量，研究者通常也会把生活满意度、积极情绪体验和消极情绪体验作为衡量主观幸福感的三个评价指标。心理幸福感出现于 20 世纪 80 年代，与主观幸福感取向关注生活满意度和快乐感等不同，心理幸福感取向主要探索人类发展的法则和存在的生命挑战等。心理幸福感认为幸福并不只是情感上的体验，而更应该关注潜能的实现———一种完善自己的活动（严标宾，郑雪，邱林，2004）。心理幸福感的指标体系则涉及自我接受、个人成长、生活目标、良好关系、环境控制、独立自主、自我实现、生命活力等维度（张陆，佐斌，2007）。

三、幸福感的理论研究

研究者从不同的理论视角对幸福感进行了探讨。在一个非常综合的层面上，多数理论可按其性质归为自下而上的理论和自上而下的理论。自下而上的理论基于这样的假设，即作为人类，我们都有基本的需求，如果我们的生活环境能够使这些需求得到满足，我们就会感到幸福。自上而下的理论特别关注个人的内在因素，其机制决定了个人如何以积极或消极的方式解释他的生活环境及经历的事件（段建华，

1996；吴明霞，2000；邹琼，佐斌，2004）。

虽然一些研究显示了自下而上过程的重要性，但是总体来说，人口变量与生活环境对总体幸福感的解释力普遍较弱。对主观幸福感自上而下的解释似乎更为成功。例如，性格经常被视为代表了个人的脾气，已经成为主观幸福感的预测因子。下面对近几年影响较大的幸福感理论模型进行简单介绍。

目标理论。该理论认为，幸福感源于对需要的满足及目标的实现。当然，这一目标只有与人的内部动机或需要相适应，才能真正提高主观幸福感，而且内部的价值目标（如利他性、亲和性等）比外部的目标（如金钱、地位、荣誉、美貌等）更能激起人的主观幸福感。另外，他们还认为只有目标与个人的生活背景（主要是文化背景）相适应，才能提高主观幸福感。目标和价值取向决定人的幸福感，是人们获得与维持幸福感的主要来源。个人目标与价值的差异导致了人们幸福感的不同。

判断理论。该理论认为，主观幸福感通过现实条件与某种标准的比较获得。它强调幸福是比较的结果，即幸福是相对的，取决于判断标准。由于判断标准的不同，产生了不同的理论，如社会比较理论、适应理论和自我理论等。社会比较理论将其他个体作为标准，如果自己优于别人，个体就会感到幸福。适应理论是把过去的生活作为判断标准，如果现在的生活优于过去，个体就会感到幸福。自我理论依赖自我概念这一标准，认为现实自我与理想自我之间的不一致会导致个体沮丧、抑郁，从而降低幸福感水平，以及自我和谐的人的幸福感水平较高。

动力平衡理论。该理论认为，每个人都有一套建立在稳定的个人特点之上的平衡机制，任何事件对主观幸福感都有三种可能的影响：使主观幸福感水平升高、降低或保持平衡。当生活事件处于平衡水平时，主观幸福感水平不变，一旦生活事件偏离正常水平，如变好或变坏，主观幸福感水平就会随之升高或降低。

人格特质理论。许多研究者认为人具有快乐的素质，即人的性格倾向于以积极的方式体验生活，幸福感就是在这一过程中产生的。

气质性乐观理论。该理论认为个人对未来的看法影响其环境，从而影响幸福感。乐观体现个人期望生活中对出现好结果的总体倾向，如果一个人期望好的结果，那么他将会朝着这个方向努力；但如果老想着失败，那么他将会偏离自己设置的目标，这一行为方式导致乐观者比悲观者更易实现目标，获得成功。除此之外，大量研究还发现，自尊也与幸福感相关。

多重差异理论。根据这一理论，当人们判断其满意度时，会将其自身与多种标准进行比较。这些标准可能包括过去的条件和他人或自身的期望。个人会评价当前的状态或条件与这些标准之间的差异。如果比较的标准高于个人现状，个人满意度就会降低；如果个人现状高于比较的标准，个人满意度就会上升。这样，根据多重差异理论，整体生活满意度的判断包括多种比较，这些比较可能涉及许多领域中的差别测量。在一些情况下，标准可能由自我比较形成，如将个人一些技能当前发挥的情况与过去进行比较。通常，标准在社会比较（将自身及所处环境与他人比较）的过程中形成。社会比较是一个相对复杂的过程，受许多因素或条件的影响。至少从短期来看，社会比较的确会影响主观幸福感。对主观幸福感影响更持久的社会比较信息可能会影响目标的建立与改变。多重差异理论与早期的社会比较理论很相似。但是，社会比较理论关注的是与他人的比较，而多重差异理论更强调与标准的比较。

除此之外，还有调节—缓和模型，该模型认为生活满意度的重要预测指标是人格和文化的交互作用。活动理论认为主观幸福感源于活动本身而非活动目标的达成。状态理论又叫从下到上的理论，认为幸福等于各个快乐因素的简单相加（段建华，1996；吴明霞，2000；李儒林，张进辅，梁新刚，2003；邹琼，佐斌，2004；苗元江，2007）。

四、幸福感的影响因素

对于幸福感的影响因素，多数研究者都倾向于将它们分为两大类：外部因素和内部因素。下面，我们就对这两类影响因素加以介绍。

(一)外部因素

1. 文化因素

在探讨幸福感的影响因素时，文化因素是每一个研究者都会首先想到的。这是因为个体对自己的幸福感做出判断时，不可避免地会带上文化的烙印，而且不同的文化对其判断的影响是不同的(李儒林，张进辅，梁新刚，2003)。邱林和郑雪(2006)考察了不同生态文化中个体文化取向与主观幸福感的关系，通过对 10 个个体主义文化国家和 10 个集体主义文化国家的调查发现，个体主义文化取向是不同文化中影响幸福感的重要因素，个体主义文化取向与生态文化相一致是主观幸福感的重要来源。对中学生生活满意度的一项跨文化研究(田丽丽，刘旺，Rich Gilman，2005)发现，在爱尔兰、美国、高加索、以色列、中国五国中，爱尔兰学生的家庭满意度最高，中国学生的朋友和学校满意度最高，而以色列学生的生活环境满意度最低及自我满意度最高。对这个结果的解释进一步说明了文化在幸福感中所起的作用。

2. 环境因素

美国心理学家布朗芬布伦纳提出的生态系统理论认为，发展是人与环境的复合函数，人类的发展会受到环境因素与生物因素的共同作用，但该理论更注重强调人、社会环境和物理环境三者之间的关系。布朗芬布伦纳指出，我们要明确个人经历的问题其实是生活中的问题，通过对环境的分析，发现不同层次的环境会产生不同程度的影响，要在环境中寻找发展、实现发展(李瑶，2012；刘杰，孟会敏，

2009）。布朗芬布伦纳将该系统分为 4 个层次，由小到大分别是微系统、中间系统、外层系统和宏系统。该理论指出了环境对人的心理发展有着重要作用，那么环境对人的幸福感又有怎样的影响呢？

　　家庭环境一直以来都是影响幸福感的主要因素，因为家庭成员之间的彼此信任、尊重、相互理解能促进子女在亲密和谐的家庭氛围中体验幸福感，学会热爱生活（任志宏，叶一舵，2006）。家庭成员之间的关系、父母教养方式、亲子关系、婚姻质量和来自家庭成员的社会支持等因素都会对个体的幸福感产生重要影响（Katz，2009；Brannan et al.，2012）。学校是我们在家庭之外的重要活动场所，学校环境也就成了影响学生幸福感的一个重要因素。同学之间和师生之间的关系、学习负担、学业成绩、班级环境、班级气氛和学校氛围等因素都会影响学生的幸福感（王静，2011；郝翌钧，2014；Rodríguez-Fernández et al.，2016；Tiliouine，2015）。除此之外，学校的生活质量也会对教师的幸福感产生影响，有研究（Cenkseven-Onder & Sari，2009）发现，教师的地位、课程、学校管理和工作压力应对方式等都能够显著预测教师的幸福感。社会环境同样会影响个体的幸福感。对以色列青少年的研究（Shamai & Kimhi，2006）发现，以色列青少年的生活满意度受到战争和恐怖主义威胁的影响，生活在边境地区的青少年的生活满意度明显低于生活在中心地区的青少年。对于老年人来说，物理环境和社会环境都会影响他们的幸福感，能够让老年人安全活动和愉快的物理环境、能够允许与家人和朋友保持联系的社会环境都会让老年人感到幸福（Elo，Saarnio，& Isola，2011）。

3. 经济因素

　　人们积累的物质财富越多，会越幸福吗？是不是家庭经济收入越高，家庭成员就会越幸福呢？目前为止，经济状况对幸福感的影响还没有定论。一些学者认为收入与幸福感呈正相关，因为较高的收入会带来更多的物质享受等。严标宾、郑雪和邱林的研究发现，家庭收入会影响大学生的主观幸福感，家庭经济收入低的大学生的生活满意度低于家庭经济收入高的大学生，从而影响主观幸福感。富裕国家的人比贫穷国家的人感到更幸福，在同一国家，富裕的人比贫穷的人感到更幸福（Diener & Biswas-Diener，2002）。经济收入是影响幸福感的重要因素，国家经济的快速增长也会导致人们生活满意度的快速提高（Sacks，Stevenson，& Wolfers，2010）。但是，另一些学者认为收入与幸福感之间并没有直接关系，两者之间的关系会受很多因素的影响。例如，李青青（2011）对深圳市民的研究发现，收入的绝对值对幸福感的影响并没有人们想象中的那么强烈，但收入满意度与幸福感的相关性却非常显著。樊丹花（2013）也发现，收入以个体状况和社会状况为中间变量作用于主观幸福感的间接影响大于其本身的直接影响，因此，我们应该更多关注收入对主观幸福感的间接效用，从而获得更多的幸福感。也就是说，收入增加只有与人们的物质生活质量的提高相关联，才能提高幸福感。当收入增加时，人们的物质愿望也可能会上涨，有时比收入上涨得更快。如果人们期望得到更多的物质财富，因此需要更多的钱来满足，那么即便收入增加，幸福感水平可能也会不变甚至下降（Diener，Tay，& Oishi，2013）。

除文化、环境和经济因素之外，影响幸福感的外部因素还包括生活事件、社会支持等。当生活事件处于正常水平时，幸福感水平不变；一旦生活事件偏离正常水平，如变好或变坏，幸福感水平就会随之升高或降低。具有良好社会支持的个体会有较高的幸福感水平、生活满意度，较多的积极情感和较少的消极情感（任志洪，叶一舵，2006）。

（二）内部因素

1. 人格因素

人格因素是幸福感最可靠、最有力的预测指标之一（Diener，1984）。从上到下的人格特质理论认为，人们具有以积极的方式体验生活的性格倾向，有快乐的素质（任志洪，叶一舵，2006）。大量实证研究（Deneve & Cooper，1998；Steel，Schmidt，& Shultz，2008；

Richard & Diener，2009)也都发现，人格能够显著影响幸福感。当人格特质根据大五因素分组时，神经质是生活满意度、幸福感和消极影响的最强预测因素。外倾性和宜人性同样可以很好地预测积极情感(Deneve & Cooper，1998)。陈志霞和李启明(2014)对不同年龄群体的研究也发现，大五人格与主观幸福感显著相关，神经质和开放性能显著预测主观幸福感，而外倾性、尽责性和宜人性对主观幸福感的预测存在年龄差异，年龄在大五人格与主观幸福感之间起显著的调节作用。主观幸福感主要依赖人格特质，人格特质甚至可以预测10年后的主观幸福感(Jr Costa & McCrae，1980)。此外，自尊也是影响幸福感的一个重要人格因素。大量研究(陈丽娜，张建新，2004；张雯，郑日昌，2004；刘旺，2005)发现，自尊与生活满意度显著相关，自尊高的个体，其生活满意度也会比较高。也有研究(徐维东，吴明证，邱扶东，2005；张林，徐强，2007)发现，在高外显自尊个体中，内隐自尊越高，其主观幸福感水平越高；在低外显自尊个体中，内隐自尊不影响个体的主观幸福感。由此可以看出，人格因素能够影响个体的幸福感，虽然研究结论还存在差异，但我们仍然不能忽视人格因素对幸福感的作用。

2. 心理健康因素

美国天文学家柯蒂斯认为幸福的首要条件在于健康，洛克也认为健全的精神寓于健康的身体，所以健康对于人们所感知到的幸福来说非常重要。关于心理健康与幸福感之间关系的研究，有研究者(刘启刚，2008；任杰，许浩川，刘毅，等，2009；梁明辉，张黎，2012；宋广文，何云凤，丁琳，等，2013)对不同群体进行了大量研究。结果都发现，心理健康与幸福感呈显著相关，心理问题越严重，幸福感水平越低。心理健康对幸福感的影响中还存在很多中介因素，如心理弹性、社会支持和人格特点等。

除人格和心理健康因素外，个体的自我效能感、应对方式和归因方式等因素也会影响其幸福感。研究表明，自我效能感与幸福感存在显著相关，一般自我效能感和应对方式是影响幸福感的重要变量（佟月华，2004）。对大学生的研究（余鹏，宿淑华，李丽，2005）还发现，归因方式和自我效能感都能够显著预测幸福感，高自我效能感水平学生的主观幸福感要高于低自我效能感水平的学生。

通过对幸福感文献的梳理我们可以看出，影响幸福感的因素多种多样，既包括内部因素也包括外部因素。随着互联网的发展，尤其是网络社交的日益普及，虚拟世界中的社会交往是否会影响网民的幸福感呢？互联网的使用、网络中的社会交往是否会让我们感觉更加幸福呢？这是一个值得我们思考和研究的问题。

拓展阅读

幸福悖论

金钱与幸福的关系如何？有了钱就一定会幸福吗？是不是经济收入越高就会越幸福？很多人都对这些问题充满困惑，想知道答案。人们普遍认为，幸福与财富和收入密切相关，但是在生活中，很多人又在感叹，生活越来越好了，但是好像越来越不幸福了。在改革开放的这几十年中，人民的物质生活水平和人均国民生产总值大规模提高，但国民平均幸福指数却有所下降。这种现象被称为幸福悖论（the paradox of happiness），也叫作幸福收入悖论（happiness-income paradox）或伊斯特林悖论（the Easterlin paradox）。它是由美国南加州大学经济学教授理查德·伊斯特林（Richard Easterlin）于 1974 年提出的。简单地讲，幸福悖论就是指在某个时间点，幸福指数与收入直接相关，但随着时间的推移，当收入增加时幸福指数并不会增加（Easterlin，1974；1995）。幸福悖论是根据纵向的时间序列数据分析得出的，即幸福指数随时间而变化的情况。关于时间点的结论基于国家之间和国家内部幸福指数与收入的横向比较；关于时间序列的结论很大程度上取决于发达国家的经验。后来，伊斯特林等人（Easterlin &

Angelescu, 2009)将时间序列覆盖面扩大到 37 个国家(17 个发达国家、9 个发展中国家和 11 个转型国家),结果发现,幸福指数和经济的增长没有关系。

幸福悖论在经济学家中引起了广泛争论,争议持续了数十年。对于如何解释幸福悖论也有着不同的观点。有研究者(Ma & Zhang, 2014)认为,我们可以从由空间聚合或数据分组而导致的生态相关性、参考类别的变化以及混合变量的角度来解释幸福悖论。当考虑生态相关性和第三变量效应时,争议就能得到解决,长期比较与生态相关性有关,但也与参考类别的变化有关。也有研究者(Pugno, 2005)从心理学的角度进行了解释。与经济学相反,心理学强调密切的人际关系对幸福至关重要。研究者认为,关系是人类的基本需求。

人们不禁会问,随着时间的推移、收入的增长,幸福指数不仅没有增加,甚至还在下降,那为什么还要继续努力挣钱呢?人们为什么坚持花时间和精力去挣钱而不是改善人际关系呢?心理学家认为,如果在婴儿期不能满足关系的需要,会使很大一部分人不能去感受、理解和欣赏别人,并对他人的情感投入较少。欲望理论认为,幸福感取决于收入欲望与实际收入之间的差距,而不仅仅是实际收入。如果保持收入欲望不变而增加实际收入,那么人们的幸福感水平就会提高。但是,由于人们对增加的收入会表现出较快适应的倾向,其收入欲望会随着收入的增加而不断增强,从而大大减损收入增加导致的幸福感的增强,使得现实的幸福水平总是低于预期水平(李静,郭永玉,2011)。

李静和郭永玉(2011)认为,我国也存在幸福悖论。产生的主要原因是经济社会转型使人们对收入的竞争意识不断增强,导致整体的社会幸福陷入了一种“囚徒困境”;由制度的不健全导致的收入竞争过程的不公平,影响了人们对贫富差距的归因认知,进而降低了国民幸福感水平。破解我国幸福悖论的方法主要有加强宏观调控，合理调整收入分配；完善社会流动机制，创造公平的竞争环境；提升弱势群体的人力资本和心理资本。

第二节 互联网与幸福感的相关研究

近年来，对幸福感的研究越来越多地受到关注，不仅体现在学术文献中，而且还体现在新闻报道和政府报告中。那么，互联网的出现，尤其是移动互联网的普及和移动智能设备的发展，会给我们的幸福感带来什么样的影响呢？

一、网络使用与幸福感

网络使用与幸福感之间存在紧密的联系。一项对老年人的研究（Berkowsky，2015）发现，使用互联网的老年人比不使用者有着更高的心理健康水平和幸福感水平，而社会整合和社会支持在网络使用和心理健康、幸福感之间起着中介作用。也就是说，互联网的使用让老年人得到了更多的社会支持和社会整合，从而让他们的心理更健康，感觉更幸福。有研究者（Chen，2012）根据心理幸福感的得分把大学生分成较高组、正常组、较低组和非常低组四类。结果发现，心理幸福感与在线娱乐、性别无关，较高水平的问题网络使用会增加较低水平心理幸福感的可能性，减小较高水平心理幸福感的可能性。而较高组被试更可能有较高水平的以社交为目的的网络使用，较低组被试则没有。对中国大学生的研究（Li，Shi，& Dang，2014）也发现，网络交往满足了心理需要，可以提高个体的社会自我效能感，让个体体验到更高水平的主观幸福感。同时，满足心理需求的在线交流也会影响个体的"羞怯"状态，降低他们的社会自我效能感水平，导致更低水平的主观幸福感。还有研究（Kang，2007；Shaw & Gant，2002；Kraut et al.，2002）发现，网络聊天会减少孤独感和抑郁，增强幸福感，提高社会支持和自尊。更多的网络使用会导致更好的沟通和更多的社会参与，从而增强幸福感。

互联网不再是只有少数人使用的一种先进技术，已经成为供专业程序员、休闲冲浪者、儿童等多类型用户使用的一种普遍工具。一般的调查数据都是关于互联网使用的广泛模式，而对互联网的具体使用、个体人格维度、情绪变量和社交互动之间的关系却涉及很少。有研究（Mitchell et al.，2011）发现，互联网使用的具体类型，包括游戏和娱乐使用，能够预测知觉到的社会支持、内向和幸福感，互联网的恶作剧相关使用（如不付款下载、欺诈、窥探等）与低水平的幸福感和社会支持相关。申琦、廖圣清和秦悦（2014）对上海大学生的网络使用、社会支持和主观幸福感的研究发现，不同的网络使用行为对大学生的主观幸福感会产生复杂的影响。其中，电脑上网获取信息能正向预测大学生的主观幸福感；电脑上网娱乐能负向预测大学生的主观幸福感；手机上网交友能正向预测大学生的主观幸福感；而网络使用（电脑网络和手机网络使用的时间、频次）对大学生的主观幸福感没有预测作用。对小学儿童的研究也得到了相同的结果，儿童的信息获取行为可以正向预测其一年后的主观幸福感，而网络交往和网络娱乐活动的预测作用不显著。网络积极体验在儿童的信息获取行为和主观幸福感之间起中介作用，信息获取活动可以使儿童产生网络积极体验，进而提升儿童的主观幸福感水平（余阳，2016）。

浏览网页的时间与孤独感呈正相关，与生活满意度呈负相关（Stepanikova，Nie，& He，2010）。也就是说，网民浏览网页的时间越长，越会觉得孤独，对生活的满意度也会更低。但也有研究（Ando et al.，2004）认为，同步和异步互联网工具的使用增加了网络关系的数量。如果网络异性朋友的数量增加，使用同步工具可以提高生活满意度。随着熟人和同性网友数量的增加，同步网络工具的使用还可以增强其社会效能感。

关于互联网与幸福感之间的关系，不同的研究得到了不同的结果。原因有很多，其中之一是概念界定不统一，如主观幸福感与网络幸福感虽然都属于幸福感，但是其内涵有很大区别，所以与网络使用的关系是完全不一样的。此外，网络使用与幸福感的关系也会因年龄的不同而异。对于老年人来说，互联网更多是一种工具，一种与家人、朋友和外界接触的工具，所以互联网的使用能够给老年人的生活带来快乐，让他们感到更幸福。但互联网对于青少年、儿童的意义则与老年人不同，互联网是青少年、儿童探索世界、认识世界的一个窗口，但同时也会给他们带来不同的体验，适度地使用互联网对青少年、儿童是有好处的。网络行为能够对青少年的总体主观幸福感、生活满意度、消极情感做出预测，但预测力较弱（严标宾，黄曼娜，丘碧群，等，2006）。自控能力较弱的青少年、儿童很容易陷入网络成瘾的深渊。网络成瘾不仅会毁掉他们的幸福，而且会给家庭带来灾难。当然，更主要的原因在于，网络使用与幸福感的关系复杂，我们不能简单地说网络使用正向或负向影响幸福感，两者之间可能存在很多中介或调解变量，还需要更多的研究来加以验证。

扫描拓展

父母爱晒娃，孩子特崩溃？

二、网络成瘾与幸福感

互联网是一种技术工具，使我们的生活更方便，已经成为我们生活中不可缺少的一部分，其用户数量每天都有较快的增长。随着网络的普及和网络技术的飞速发展，网络成瘾、病理性互联网使用或过度的网络使用引起了社会各界的广泛关注。过度的网络使用又会对使用者的幸福感带来什么样的影响呢？研究发现，网络使用程度可显著正向预测负性情感，并显著负向预测生活满意度（陈昱，张卫，胡谏萍，等，2011）。过度使用网络的大学生比正常使用网络的大学生表现出更消极的生理后果、行为后果、经济后果、心理—社会后果，对生活更不满意、更容易产生消极情感，其幸福感水平更低(刘文俐，周世杰，2014)。过度的网络使用也会对面对面的交流产生负面影响，减少与朋友和家庭成员在一起的时间，从而降低心理幸福感水平(Kraut et al.，1998)。网络成瘾与总体幸福感呈负相关，即网络成瘾越严重，总体幸福感就越低，成瘾者的总体幸福感水平低于非成瘾者(宋建根，许艳，李源晖，等，2014)。对大学生的研究(Cardak，2013)也发现，学生的网络成瘾水平越高，心理幸福感水平越低，网络成瘾负向影响心理幸福感。

对高水平社交焦虑的个体进行的研究发现，与低水平社交焦虑的个体相比，高水平社交焦虑的个体报告当他们进行网络社交时有更强的舒适感和较深入的自我表露。但是，频繁进行网络交往的个体的社交焦虑水平与低生活质量和高抑郁呈正相关。社交焦虑的个体倾向于使用网络交往代替面对面的交往，但是，频繁的网络交往使他们的幸福感水平更低(Weidman et al.，2012)。对高中生的研究(徐彤，2016)也发现，高中生的病理性网络使用与生活满意度存在显著的负相关。高职生的网络成瘾同样能显著负向预测生活满意度，网络成瘾的程度越严重，生活满意度越低(黄庆斌，2012)。与普通互联网用户相比，病理性网络使用的青少年更容易出现身心症状，包括缺乏体力、生理功能障碍、免疫力下降、情绪症状、行为症状和社会适应问题，而且他们的生活满意度也会更低(Hui et al.，2011)。这也就告诉我们，无论什么人，无论使用哪种网络，只要过度地使用网络都会降低幸福感水平。因为互联网的过度使用会减少网民与家庭成员之间的交流、沟通，缩小社交圈，使他们的抑郁和孤独感提高，幸福感水平降低(Kraut et al.，1998)。

网络成瘾除了直接对幸福感产生影响外，还会通过一些中介变量间接影响幸福感。有研究者(杨宏飞，薛尚洁，2008)认为，大学生网络成瘾对幸福感的影响存在两条途径：一是直接对幸福感产生负面影响；二是通过拼搏精神和平常心这两个中介因素产生负面影响，表现为通过减弱拼搏精神和平常心来降低幸福感水平。梁宁建等人（2006）认为，网络成瘾水平越高，所获得的社会支持越少，对社会支持的利用度也越低，这是造成幸福感水平降低的主要原因，社会支持在网络成瘾和幸福感之间起着中介作用。还有研究者发现，网络成瘾能够负向预测主观生命力和主观幸福感，而主观生命力在网络成瘾和主观幸福感之间起着中介作用。除此之外，性别在网络成瘾与幸福感之间也起着非常重要的作用，虽然男性的网络成瘾水平显著高于女性，但是女性的网络成瘾与幸福感之间的关系更紧密（Lachmann et al.，2016）。也就是说，虽然女性的网络成瘾水平不高，但是它对她们幸福感的消极影响却很大。互联网的过度使用多与大五人格特质有关，其中最主要的就是尽责性。网络成瘾能够通过尽责性的中介作用来间接影响生活满意度（Rakic-Bajic & Hedrih，2012）。

三、网络欺凌与幸福感

在许多国家和地区，校园欺凌一直都是一个较为严重的问题。已有研究表明，欺凌行为会给受欺凌者、欺凌实施者的心理健康带来一系列负面影响，包括抑郁与焦虑水平的提高、自尊和生活满意度的降低等（Gruber & Fineran，2007；Due et al.，2005）。近年来，随着网络对日常生活的影响越来越深，一种新型的欺凌形式，即网络欺凌开始出现，越来越多的青少年利用电子设备欺凌同伴，如通过移动电话、电子邮件、网页等媒介给对方发送骚扰信息。网络欺凌是指由群体或个体使用电子沟通媒介发出的，多次重复性地伤害难以自我保护的个体的攻击行为（Smith et al.，2008）。网络欺凌具有攻击性、目的性和重复性，并且使受害者难以防御（雷雳，李征，谢笑春，等，2015）。随着网络的普及率越来越高，网络欺凌的发生率也越来越高，网络欺凌对幸福感的影响也得到了大量研究的证实。

网络欺凌在青少年早期阶段（11～14岁）最为盛行，对青少年的影响也最大(Ševčíková & Šmahel,2009)。有证据表明网络欺凌还有其他风险，包括自尊、学业成就和幸福感的损害。青少年的暴力行为，无论是携带武器还是其他身体攻击等行为都会降低其生活满意度(Valois et al.，2001)。网络欺凌的受害者会感觉自己不被同伴群体接受，从而产生孤独感和社会隔离感。受害者随之而来的社会退缩行为，还可能导致自尊水平降低和抑郁情绪的产生。暴露于所有形式的现实欺凌和网络欺凌的儿童与不具有此类经验的同龄人相比，对朋友的满意度较低，而暴露于身体和网络欺凌的儿童也表现出对家人的不满(Bilić，Flander，& Rafajac，2014)。大量实证研究都发现，无论是大学生还是学龄期儿童，网络欺凌的受害者更容易出现生活满意度降低，抑郁、焦虑、头痛、腹痛、失眠、行为困难和酒精依赖等症状(Perren et al.，2010；Gradinger et al.，2009；Juvonen & Gross，2008；Sourander et al.，2010；Mitchell et al.，2007；You，Lee，& Kim，2016)，这些问题最后都会导致幸福感水平的降低。除了对儿童、青少年网络欺凌的研究之外，有研究发现，工作场所也存在网络欺凌的现象，而且工作场所中的网络欺凌同样会影响生活满意度(Brotheridge，2006；Visinskaite，2015)。所以，无论在什么环境中，无论是欺凌者还是被欺凌者，网络欺凌都会对幸福感产生消极的影响。

四、网络虚拟幸福

随着互联网的普及，对互联网的研究涉及了人们生活的方方面面，研究者提出了一个新的概念——网络幸福感。约翰(John，2009)的需要—满足观认为，个体之所以会使用某种网络功能，做出某种网络行为，是因为某些在现实生活中被忽视的潜在的需要在网上被唤醒并得到了满足。这些需要包括成就感、控制感、亲密感、归属感、自我探索的需要，它们被满足后个体所产生的感受被称为网络幸福感

（李桂颖，周宗奎，平凡，2012）。网络幸福感是从网络生活中体验到的幸福感，所以也被称为网络虚拟幸福感。被称为虚拟幸福感并非指这种幸福的心理体验是虚拟的，而是指这种幸福感源于虚拟的网络空间，是在虚拟环境中体验到的（梁晓燕，高志旭，渠立松，2015）。网络虚拟幸福感与现实幸福感有着共同的现实基础，都是一种心理体验，但是两者的体验对象不同，体验方式不同（王卉，2006）。

网络幸福感和网络使用偏好类型存在显著正相关，其中与休闲娱乐偏好的相关最高，休闲娱乐偏好对网络幸福感有正向预测作用，游戏偏好对网络幸福感中的便利感、活力感、自由感因子有预测作用（李桂颖，周宗奎，平凡，2012）。性别、成长环境、学习成绩都不会对青少年的网络幸福感产生影响，但是上网时长会影响到青少年与他人的积极关系，也会对网络心理幸福感产生一定的影响（王思思，2012）。网络幸福感在大学生中有着性别差异和年级差异。有研究（梁艳，2008）发现，男性大学生网络使用者的虚拟幸福感水平显著高于女性大学生网络使用者；一年级和二年级大学生在虚拟幸福感总分和消极情感、生活满意度维度得分上的差异显著，一年级大学生的得分明显低于二年级大学生；而且，大学生得到的在线社会支持率越高，虚拟幸福感体验就会越强。

第三节　网络社交与幸福感的相关研究

互联网改变了我们的生活方式、沟通方式和信息查询方式。在过去的一段时间里，研究者开始关注新媒介（如互联网、手机、社交网络）和传统媒介（如电视、音乐、电影、杂志）的使用对网民健康和幸福感的影响。尤其是近几年，随着移动智能设备和移动互联网的发展和普及，移动网络社交已经成为人们生活的一部分。那么，网络社交和幸福感之间又会有怎样的关系呢？"幸福感"可以被看作一个抽象的、完全个性化的概念，其含义似乎在不断变化。因此，很难来操作化和测量。但无论如何测量，社交媒介和幸福感之间似乎都有着密切的联系。

　　然而，网络社交与幸福感的关系迄今为止还没有得出一致的结论。我们在第二章中介绍过两个理论：取代假说和增进假说。取代假说认为，花在社交媒介上的时间多，花在其他事情上的时间自然就会少，这意味着网络社交用户已经在网络环境中花了大量时间而不是在现实情境中，他们的主观幸福感将会受到损害。网络社交用户用弱联系取代了强联系，这意味着互联网使用者与陌生人建立联系，取代了保持与现实好友的联系，这种网络联系会降低使用者的友谊质量和幸福感水平。增进假说认为某些社交媒介可以促进他人的使用。具体来说，使用电子邮件或即时通信可能会改善面对面的互动，并提升用户的幸福感（Wang & Wang, 2011）。

一、青少年的网络社交与幸福感

　　成长在新世纪的青少年进入了数码变革的时代。新的社交媒介为青少年提供了前所未有的娱乐渠道，并且在白天或晚上几乎可以随时与朋友（和家人）联系。因此，有些人把新世纪的青少年称为"不断接触"（constant contact）的一代人。网络社交已经成为青少年生活的必需品，近些年的大量研究也发现，网络社交在青少年的发展中起着非常重要的作用，它与青少年的心理健康和幸福感有着紧密的联系。

　　网络社交对青少年期男孩、女孩的幸福感的影响是不一样的。有研究者（Wang & Wang, 2011）发现，网络社交与主观幸福感之间存在显著正相关，而且男孩从网络社交中获得的益处要比女孩多。这是因为，与女孩相比，男孩在网络环境中比在现实环境中趋向于更广泛和更深入的自我表露。自我表露被认为是对个人的人际关系和幸福感有积极影响的重要因素（Schouten, Valkenburg, & Peter, 2007; Berndt, 2002）。在现实环境中，与女孩相比，男孩通常面临更多的阻碍。在网络环境中，如果可能导致沟通不安（如音频/视频提示）的因素被删除，男孩将有可能更好地表露自己。

网络社交对青少年幸福感的影响机制非常复杂，除了直接影响幸福感之外，还会通过一些中介变量和调节变量来间接影响幸福感。张永欣等人（2017）对中国青少年社交网站使用的研究发现，社交网站使用会通过消极的社会比较的中介作用间接影响青少年的幸福感，这种间接效应会受到社交焦虑的调节。也就是说，与低社交焦虑的青少年相比，高社交焦虑青少年的社交网站使用会诱发更多的消极的社会比较，这对青少年幸福感的危害更大。有研究者（Apaolaza et al.，2013）考察了西班牙青少年使用西班牙社交网站 Tuenti 对心理幸福感的影响。结果发现，青少年使用 Tuenti 的强度与社交网站上的社交程度呈正相关，而在 Tuenti 上的社交与青少年感知到的幸福感呈显著正相关。这种关系不是直接的，而是通过自尊、孤独感这两个中介变量来间接产生的。对社交网站与青少年的幸福感和社会自尊关系的研究（Valkenburg，Peter，& Schouten，2006）也发现，青少年使用这些网站的频率对社会自尊、幸福感有间接影响。

社交网站的朋友数量、青少年收到的关于他们个人资料反馈的频率和语气（积极/消极）都会影响幸福感。积极的反馈会提高青少年的社会自尊和幸福感水平，消极的反馈则会降低社会自尊和幸福感水平。对以色列青少年的研究（Ziv & Kiassi，2016）发现，脸书的使用与心理幸福感呈正相关，对于心理承受力低的使用者而言，这种关系特别强烈。也就是说，心理承受力在社交媒介使用与心理幸福感之间起着调节作用，对心理承受力较低的青少年来说，脸书的使用能够提高他们的幸福感水平。脸书情感依赖与青少年的心理幸福感呈显著负相关，脸书情感依赖负向影响青少年的总体心理幸福感，对青少年的自主权、生活目的和与他人的积极关系的影响更为显著。高水平自我效能感并不能减少脸书情感依赖对青少年心理幸福感的负面影响（Naeemi & Tamam，2016）。由此可见，社交媒介的使用与青少年的幸福感之间有着紧密的关系，而且两者的关系会受到很多因素的影响。

二、大学生的网络社交与幸福感

大学生是进行网络社交非常频繁的一个群体，网络社交又会给这个群体造成什么样的影响呢？对于普通大学生来说，网络社交可以满足他们的某种心理需求，从而提升个人的社会自我效能感，进而提高主观幸福感(Li，Shi，& Dang，2014)。因为互联网不受时空的限制，所以网络社交可以让大学生与远距离的亲朋好友保持联系，同时社交媒介所具有的状态更新功能也为大学生提供了情感表露的平台，所有这些都提高了大学生的生活满意度和社会支持(Manago，Taylor，& Greenfield，2012)。杨洋(2012)考察了大学生的校园社交网站使用与幸福感的关系。结果发现，校园社交网站使用与幸福感水平呈正相关，可以通过一定程度上提高社交网站的使用程度、扩大网络人际圈、增强自我信息暴露来提高个体的幸福感水平。社交媒介上好友的数量与感知到的社会支持呈正相关，反过来又减轻了压力和身体疾病，增强了幸福感(Nabi，Prestin，& So，2013)。社交媒介朋友数量的积极影响是通过社交关系对自尊的积极影响产生的(Gonzales & Hancock，2010)。

也有证据表明，网络社交并不总是对幸福感产生积极的影响。社交媒介上(脸书)朋友的数量有时还可能阻碍学习适应，在社交媒介(脸书)上花大量时间还会导致自尊水平的降低(Kalpidou，Costin，& Morris，2011)。社交媒介的成瘾使用会降低大学生的自尊水平，并通过自尊的中介作用间接影响大学生的生活满意度(Hawi & Samaha，2016)。由此可见，网络社交对幸福感的影响受到很多因素的影响，两者之间的关系并不是一成不变的。网络社交对男女大学生的影响也是不一样的，女大学生由于心理需要满足获得的社会自我效能感水平要低于男生，主观幸福感水平也更低（Li et al. , 2014）。网络社交对大一学生和高年级学生的影响也不一样。大一学生在网络社交上的情感联系更加强烈，并且在网络社交上要花更多时间。社交媒介上（脸书）朋友的数量与一年级学生的情绪和学习适应呈显著负相关，但与高年级学生的社会适应和学校依赖呈正相关（Kalpidou et al. , 2011）。

虽然社交媒介使用的一些影响可能是普遍的，但个人受社交媒介使用影响的程度可能因文化而异。这些文化差异可能导致网络社交的动机、依赖和多样性的差异。例如，在一个等级分明的文化中，社会地位和连通性可能会对幸福感和满意度起到更重要的作用。对韩美两国大学生的研究（Choi, 2014）发现，网络社交被认为通过感知到的社会支持和自尊两个变量来间接影响心理幸福感。对在日本的中国留学生进行的研究（Guo, Li, & Ito, 2014）发现，社交网站的使用强度无法预测个体感知的社会资本和心理幸福感。社交网站使用的影响会随它的服务功能的不同而不同。社交网站被用于社交和信息功能会提高个体感知社会资本和感知生活满意度的水平，而社交网站的娱乐休闲功能则无法预测感知的社会资本，但会增加个体孤独感的水平。所以，该研究认为个体使用社交网站来随时获得信息和联系，有益于他们社交网络的构建和心理幸福感的提升。对在美国的韩国留学生和中国留学生的研究发现，与其他被试相比，使用脸书的学生表现出较小的文化适应压力和更高水平的心理幸福感。而传统社交网站的使用则与文化适应压力正相关。其中个体差异如人格、在美国的时间长短、学业成就压力和英语能力都具有一定的解释力（Park, Song, & Lee, 2014）。

三、普通网民的网络社交与幸福感

对普通网民的研究（Lee, Noh, & Koo, 2013）发现，孤独感会对幸福感产生直接的消极影响，但对自我表露却有着积极影响。社会支持正向影响幸福感，社会支持在自我表露和幸福感之间起着完全中介作用。该结果意味着，即使孤独的人的幸福感水平很低，也可以通过使用社交网站而提高，包括自我表现和来自朋友的社会支持。有研究者(Nabi, Prestin, & So, 2013)认为人际社会支持会影响压力水平，进而影响躯体疾病的程度和心理幸福感。他们的研究还发现，脸书的好友数量会让用户知觉到更多的社会支持，从而减轻压力，并与较少的躯体疾病和更大的幸福感相关。梁栋青(2011)发现，网络社会支持是主观幸福感的一个重要影响因素。网络社交拓宽了网民的社交网络，提供了更多的网络社会支持，从而提高了网民的幸福感。对社交媒介使用、面对面沟通、社交孤立、连通性和主观幸福感之间的关系的研究(Ahn & Shin, 2013)表明，一方面，连通性不是避免社交孤立，在社交媒介使用对主观幸福感的影响中起中介作用。另一方面，连通性和避免社交孤立在面对面沟通对主观幸福感的影响中也起中介作用。网络真实性对主观幸福感的三个指标(生活满意度、积极情绪体验和消极情绪体验)会产生积极的影响。社交网站使用的有益影响并不是所有用户都能平等获得的。幸福感水平低的被试更不太可能感受到社交网站上的真实性，并从真实性中受益(Reinecke & Trepte, 2014)。

也有一些研究者认为缺乏非语言线索和身体接触是网络社交中的潜在问题。在线互动无法提供足够的与个人有关的深度或情感支持，导致幸福感水平整体降低(Green et al., 2005)。有研究者(Best, Manktelow, & Taylor, 2014)对以往的研究进行总结后发现，使用网络社交的积极影响主要是自尊、社会支持增强，社会资本增加和自我表露机会增多；消极影响主要是伤害曝光、社会孤立、抑郁和网络欺凌增多。但是，大多数研究认为在线社交技术对幸福感有混合影响或无影响。有研究(Garcia & Sikström, 2013)比较了包含"幸福"这个词的文章和不包含这个词的文章，其中哪些词最常见。结果表明，让人们感到幸福的东西不是物质的，而是人与人的关系。尤其是对于那些患有孤独症的成年人来说，互联网给他们提供了与外界接触的平台，和人沟通的机会。使用社交媒介进行网络社交的孤独症患者比不使用社交媒介进行网络社交的孤独症患者感到更幸福，生活满意度更高（Ward，2016）。

综上所述，我们可以看到网络社交与幸福感之间是积极的、正向的关系，适度地使用社交媒介会提高使用者的幸福感。当然，网络社交与幸福感之间的关系也是复杂的，还受很多因素的影响，这些还需要进一步研究。

第五章　网络社交与心理健康

批判性思考

1. 你有网络社交成瘾或社交媒介使用成瘾吗？每天都要无数次查看自己的微信、QQ、微博等社交媒介，如果不看总觉得心里空荡荡的，甚至会焦虑或紧张，这是一种病吗？

2. 移动互联网和移动智能设备的出现，让我们可以随时随地和别人取得联系，无时无刻不被周围的人和信息包围着，这些会让我们更孤独还是更不孤独？当我们随时随地能和别人取得联系时，我们真的就不会孤独了吗？

3. 互联网、网络社交与抑郁之间会存在联系吗？互联网、社交网站的使用是会让我们更抑郁，还是会缓解我们的抑郁症状？

关键词

网络使用；社交媒介；心理健康；社交网站成瘾；自尊；孤独感；抑郁；消极情绪

健康是幸福人生的基础，而心理健康和生理健康是人类健康的"两翼"（俞国良，董妍，2012）。那么，什么是心理健康呢？世界卫生组织在 2001 年就指出，心理健康是一种健康或幸福的状态，在这种状态下，个体可以实现自我、能够应对正常的生活压力、工作富有成效和成果，以及有能力对社会做出贡献。一些研究者已经将网络社交与几种精神疾病相关联，包括抑郁症、孤独感、焦虑症等。因此，我们在探讨网络社交与心理健康的关系时，要同时考虑网络社交与孤独感、抑郁等消极情感的关系。

第一节 网络社交与心理健康概述

随着网络的不断普及，网络行为已成为用户日常行为的重要组成部分，并对其心理活动产生深刻的影响。以网络为背景考察网民心理健康的实证研究在逐年增多。网络社交已经成为人们现实社会交往的重要补充，那么虚拟的社会交往又会对网民的心理健康产生哪些影响呢？

一、心理健康

国内外对心理健康的研究由来已久，心理健康逐渐成为学术研究的主题。心理健康的研究主要包括独生子女的心理健康问题、学生群体的心理健康问题、特殊群体的心理健康问题、职业群体的心理健康问题以及网民群体的心理健康问题五个方面(俞国良，董妍，2012)。除此之外，留守儿童和留守妇女的心理健康问题正在被越来越多的心理学和教育学研究者关注。研究者从不同的视角采用不同的方法来探讨心理健康问题，心理健康研究呈现出对象多元化、方法多样化、内容丰富化的特点，心理障碍的神经机制研究、心身交互作用的机制研究、药物与网络成瘾的机制研究、心理健康服务体系的机制研究成为热点。随着心理健康研究的不断深化，研究者开始关注心理健康教育问题。如何加强心理健康教育工作，防患于未然，这也许是未来我们更需要做的事情。

二、网络使用与心理健康

互联网的使用变得无处不在，对许多人来说，互联网是日常生活中必不可少的一部分。互联网与心理健康的关系问题一直都是研究者关注的重点（Yau，Potenza，& White，2013；Taylor & Jobson，2002）。一般认为，使用互联网对网民的心理健康既有积极影响，也有消极影响。有研究发现，互联网的使用能够增强网民的幸福感，提高他们的友谊质量，提高他们的积极情绪体验（Kraut & Burke，2015；雷雳，王伟，2015）。对刚丧失亲人等的网民来说，互联网给他们提供了一个平台，让他们可以在社交网站等虚拟空间中寄托哀思、表达丧失的感受、获得社会支持等，以此来帮助他们应对悲伤，更快地从消极情绪中走出来（Williams & Merten，2009；Carroll & Katie，2010）。此外，互联网的使用也能够增强网民的社会适应能力，让网民更快地适应新的环境（Deandrea et al.，2012）。总之，这些研究认为互联网的使用能够增多用户的积极情绪，减少消极情绪，更快地适应新生活，从而促进他们的心理健康。

但是，有研究（Kelleci，2008）指出，电脑游戏、网络浏览会让儿童和青少年疏远他们的社会生活，互联网的使用和电脑游戏会对儿童和青少年的心理健康产生消极影响。张峰等人（2006）的研究发现，互联网的使用与社会—心理健康之间的关系会受到使用动机的影响。当使用动机为信息获取时，互联网的使用有助于社会—心理健康的提高，而基于人际情感的使用动机则会导致互联网的病理性使用，从而对社会—心理健康产生负面影响。大量研究（Ming，2013；吴春华，张亮，谢守付，等，2010；Barthakur & Sharma，2012）发现，互联网的病理性使用或网络成瘾会降低心理健康水平，对使用者的心理健康产生消极影响。过度使用网络对心理健康有害（吴春华，张亮，谢守付，等，2010）。与普通人相比，依赖互联网的个体往往表现出外倾性程度更低，精神病性程度更高，网络成瘾障碍常常会与心理症状和人格特质同时出现（Xiuqin，2010）。此外，随着移动通信技术和智能手机的发展，使用手机上网早已成为大多数人的习惯。但是，越来越多的人也因此成为"低头族"，手机网络成瘾或依赖的问题也越来越多。手机网络依赖能够对心理和谐产生负面影响，而网络社会支持在中间起着非常关键的作用(刘沛汝，姜永志，白晓丽，2014)。手机网络依赖既可以通过网络社会支持对心理和谐产生影响，还可以通过网络社会支持缓冲手机依赖对心理和谐产生的影响，对个体起保护作用。由此我们不难看出，互联网对心理健康的影响关键在于使用者的动机和使用时间，网络的过度使用会对使用者的心理健康产生消极影响，而这也提醒我们健康上网的重要性。

三、网络社交与心理健康

网络社交已经成为日常生活的一个组成部分，尤其对年轻人而言。在过去的时间里，网络社交使人们在沟通和互动方面发生了深刻的变化。然而，这些变化是否可能影响人类的某些正常行为甚至引发心理问题呢？一些研究(Bessière & Pressman，2010；Jelenchick et al.，2013；Tandoc，Ferrucci，& Duffy，2015)表明，社交网站(如脸书)的长期使用可能与抑郁症有关。另外一些研究者指出，某些网络社交活动可能与低自尊有关，尤其是对儿童和青少年而言。其他研究则呈现相反的结果，它们发现网络社交对自尊具有积极影响。由于网络社交是一种相对较新的现象，许多有关其对心理健康的潜在影响的问题仍未有统一的答案。

(一)社交网站的使用与心理健康

在过去的时间里，社交网站飞速发展，已深刻地改变了人们的交流和沟通模式。有研究者(Farahani et al.，2011)调查了伊朗学生的心理健康指数与脸书使用之间的关系，发现使用脸书网站的个人(与非用户相比)有更多的焦虑和压力。怀特等人(Wright et al.，2013)也发现，当脸书使用增多时，大学生的抑郁症状也会随之增加。个体的在线时间越长，情绪越低落(Similarly，Sagioglou，& Greitemeyer，2014)。用户在脸书、脸书投资以及主动和被动使用上花的时间还与更多的社会比较相关，高水平的社会比较能够预测更低水平的自尊

（Zuo，2014）。社交网站上的社会比较也能够预测孕妇的抑郁水平（Coyne，Mcdaniel，& Stockdale，2017）。

也有一些研究得出了相反的结果，认为社交网站的使用对心理健康具有积极作用。例如，有研究者（Asbury & Hall，2013）认为，脸书的使用构成了对大学生的社会支持，与低频用户相比，频繁使用社交网站的脸书的用户具有较高的社会支持水平，社交网站使用的频率也与心理健康和感知到的家人关系有关。脸书使用者在自恋、自尊和外倾性上显著高于非使用者，而且他们还具有较高的社会支持、生活满意度和主观幸福感，非使用者的抑郁症状得分更高（Brailovskaia & Margraf，2016）。社交网站对灾后重建同样重要，25～65岁的成年人在灾难发生后的几年中，使用社交网站对他们的心理健康和生活质量有积极作用。社交网站可能是应对破坏性自然灾害的心理建设的重要工具，即便不能改善，也有助于维持社会关系和心理健康（Masedu et al.，2014）。

社交网站使用与心理健康之间的关系还会因人而异，因使用目的不同而异。有研究发现，在社交网站上花的时间越多，抑郁水平越高。对于初显期的成人来说，社交网站的简单使用会导致更高的抑郁水平，但是对普通的年轻人来说，这种关系不成立。对于普通的年轻人和异性恋者，社交网站的使用与自杀意念之间存在显著正相关。虽然同性恋和异性恋青少年都以同等的比例使用社交网站，但同性恋青少年表示，他们更多地使用网站进行自我认同和社交交流。使用社交网站进行一般自我认同的表达或探索能够预测消极的心理健康结果，而使用社交网站进行性自我认同的表达或探索则能够预测积极的心理健康结果（Ceglarek & Ward，2016）。

（二）社交网站成瘾与心理健康

社交网站是与人交流的最有力的方式之一，个体通过它与他人分享感受、想法和作品。社交网站对建立人际关系既有积极影响，也有消极影响。社交网站成瘾与网络成瘾很相似，社交网站成瘾本身就是一种心理障碍（Pantic，2014），会有很多躯体症状，如焦虑、失眠、孤独等，会影响他们的学习、工作、家庭关系和社会关系等（Naik，Dutta，& Sutradhar，2015）。这是一个世界性的问题，青少年是其主要的受害者。有研究（Naik，Dutta，& Sutradhar，2015）发现，过度使用社交网站或社交网站成瘾可能会导致用户的心理创伤和其他心理障碍。对高中生的研究（Hanprathet et al.，2015）发现，高中生的脸书成瘾与行为异常、一般心理健康状况、躯体症状、焦虑与失眠、社会功能障碍和严重抑郁有关。脸书依赖与较差的睡眠质量有关系（Wolniczak et al.，2013）。因此，有关部门必须引导青少年健康使用社交网站，关注社交网站成瘾对青少年心理健康的影响，并通过在风险群体中筛选存在社交网站成瘾和心理健康问题的个体，制定适当的公共卫生政策。

（三）网络社交与自尊

自尊是自我知觉的一种表现，是对自我的评价与接纳。人们总是根据多种信息来评价自己，从而形成不同水平的自尊（俞国良，2015）。很多作者把自尊定义为"自我评价的组成部分，是珍重、赞成或喜欢自己的程度"（Robinson，Shaver，& Wrightsman，1992；Gerber，2001）。俞国良（2015）把自尊定义为"个体基于自我评价产生和形成的一种自重、自爱，并要求受到他人、群体和社会尊重的情绪体验"。它是发展和保持精神健康及整体生活质量的重要因素（Trzesniewski et al.，2006；Sowislo & Orth，2013）。低自尊与许多精神疾病的发病机制有关，包括抑郁症、饮食失调和成瘾（Zhang et al.，2012；Mann et al.，2004）。网络社交又会对自尊产生哪些潜在的影响呢？

有些研究发现，网络社交与自尊之间存在消极关系。例如，有研究者（Heine et al.，2008）认为，脸书和其他社交网站会潜在地影响临时的自尊状态。社交网站旨在通过"发帖"和"状态更新"，与其他人分享有关自我的信息，包括喜好、爱好和个人情绪。这些信息可以让人们意识到自己的缺点，会降低他们的自尊水平。社交网站（如脸书）使用得越频繁，他们的自尊水平往往会越低，这是由于我们总是在社交媒介中进行上行社会比较（Vogel et al.，2014）。当网民在网络社交中看到别人有着高社交网络和健康的上网习惯时，个体的自尊和相关的自我评价会更低（Vogel et al.，2014）。还有研究者（Valkenburg，Peter，& Schouten，2006）发现，当个体在网络社交中不能得到频繁的反馈或者得到的都是消极反馈时，个体的自尊和幸福感水平会降低。有研究者（刘庆奇，牛更枫，范翠英，等，2017）还发现，社交网站的被动性使用虽然不能直接预测自尊，但能通过上行社会比较间接地负向预测自尊。客体自我意识理论认为，任何导致自我成为意识的对象或客体（而不是主体）的刺激都会导致自我印象的减弱。典型的社交网站用户很可能每天都会多次访问自己的个人资料主页，在此期间他会查看自己已经发布的照片等。所有这些事件，特别是根据从其他用户的个人资料获得的类似数据，可能导致他短期或长期的自尊降低（Pantic，2014）。

有些研究者认为，网络社交行为可能会提高个体的自尊。有研究者（Gonzales & Hancock，2011）提出了网络社交行为的超人模型。该模型强调，网络社交相对于面对面沟通的优点在于，使用户能够更有效地优化对他人的自我呈现。研究者认为，在使用在线平台时，主体有更多的时间选择、强调和呈现他的个性、性格和气质等方面，这些方面将被网络社交用户更好地看待。这与传统的面对面互动正好相反，在传统的面对面互动中，个体没有足够的时间和机会选择性地呈现自己的积极特征。基于该模型，研究者（Gonzales & Hancock，2011）假定，这种在社交网站上的选择性自我呈现和增加的关系形成将对自我评估和自尊产生积极的影响。牛更枫等人（2015）也发现，社交网站中积极和真实的自我呈现均与自尊显著正相关，积极的自我呈现能够显著预测自尊，真实的自我呈现不仅能够直接显著预测自尊，还能够通过社会支持的部分中介效应对其产生影响。除自我呈现外，有关社交网站主页的积极反馈同样能够提高青少年的自尊和幸福感（Valkenburg，Peter，& Schouten，2006）。此外，查看自己的社交网站主页还可以提高使用者的内隐自尊（Toma，2013）。

网络社交与心理健康之间的关系受到很多因素的影响，我们无法得出一致的结论。这也正好说明网络社交与心理健康之间有更多的可能性，我们不能说网络社交对网民的心理健康是好还是坏，关键在于网民如何进行网络社交。

拓展阅读

大学生网络心理健康教育

心理健康，指一种良好的心理或精神状态，我国围绕着心理健康开展的教育被称为心理健康教育（林崇德，2012）。心理健康教育首先应是一种教育理念，是渗透在所有教育活动中的一种教育信念和态度；其次是由一系列具体的教育活动构成的教育工作（张雷，2004）。林崇德（2012）认为，心理和谐是心理健康教育的指导思想，也是心理健康教育的目的。大学生心理健康教育在我国越来越受到高校和社会各界的高度重视，大学生心理健康教育研究已经成为我国心理学研究的一项重要课题（姚本先，陆璐，2007）。很多学者都对大学生心理健康教育的现状、理论、途径、课程体系建构和发展趋势等方面进行了大量研究。例如，俞国良教授及其团队对心理健康教育开展了一系列研究，主要采用访谈法和问卷法探讨了社会转型期我国高校大学生心理健康教育工作的现状、特点与发展趋势，大学生、专兼职教师和教育管理者对心理健康教育的认知与评价以及师资队伍建设等问题（俞国良，王浩，2017；俞国良，赵凤青，罗晓路，2017；俞国良，王浩，赵凤青，2017）。

互联网的普及给高校心理健康教育既带来了机遇，也带来了挑战，使得网络心理健康教育成为学术界研究的新课题。很多学者开始探讨网络环境下大学生心理健康教育的新模式、新理念以及网络心理健康教育与现实心理健康教育的区别等问题。那么，什么是网络心理健康教育？早期傅荣(2001)认为网络心理教育包括网上心理培养、网上心理训练、网上心理辅导、网上心理咨询、网上心理测验、网上心理诊断、网上心理治疗等。魏荣等人指出，网络心理健康教育是指心理健康教育工作者运用网络技术及相关功能，以多种方式帮助来访者解决心理问题，提高其心理素质水平的过程。这些学者都是从工具的视角来界定网络心理健康教育的。有研究者(李强，2001)认为，网络本身应成为心理健康教育的重要对象和内容。网络心理健康教育是信息网络技术发展的产物，但网络心理健康教育与现实心理健康教育的区别不仅在于是否采用了信息网络技术，网络心理健康教育是在现实心理健康教育基础上发展起来的(姜巧玲，胡凯，2011)。所以，沈晓梅(2013)认为，网络心理健康教育是指心理健康教育工作者综合运用多种教育方法，帮助大学生分析心理困惑、解决心理问题，从而科学把握网络，客观认识自我，促进心理成长的过程。

　　网络心理健康教育不仅是现实心理健康教育在网络上的拓展和延伸，而且是一种全新的心理健康教育模式和理念，是心理健康教育发展和创新的一种新趋势(姜巧玲，胡凯，2011)。开展网络心理健康教育有积极的意义和必要性。其积极意义就在于，开展网络心理健康教育是大学生心理发展的现实需要，也是对传统心理健康教育的有力补充，更是创新大学生心理健康教育的有效路径(王佳利，2016)。所以，有研究者(杨虎民，魏萌，2012)提出了建立网络化心理健康教育档案、开设网络心理健康教育课程、建立心理健康教育的校园网站和积极开展网络心理咨询的网络化心理健康教育模式。也有研究者(王佳利，2016)认为，应该以积极心理学理念为指引，通过构建大学生网络心理健康教育的积极模式，打造大学生新型的网络心理健康教育工作队伍，强化大学生网络心理健康教育阵地建设，完善大学生网络心理自助互助体系等策略，开展大学生网络心理健康教育。网络化心理健康教育模式还需要进一步探讨和完善。强化网络心理健康教育的基础理论研究，构建网络心理健康教育的理论和实践运作体系，是网络心理健康教育的研究趋势（姜巧玲，胡凯，2011）。

第二节　网络社交与孤独感的相关研究

孤独感是人类普遍的情绪体验（蒋艳菊，李艺敏，李新旺，2005）。近年来国内外心理学家对孤独感开展了广泛的研究，并取得了大量的研究成果。本节首先对孤独感进行了简要概述，然后对国内外网络的使用，特别是网络社交行为与孤独感关系的相关研究进行梳理，尝试回答网络使用、网络交往与孤独感的关系问题。

一、孤独感概述

孤独感是现代人普遍存在的一种消极的情绪体验，也是衡量心理健康水平和生活质量的重要指标。孤独感是一种主观自觉与社会隔离而只身孤立的心理状态（朱智贤，1989），是指个体感知到自身的社会人际关系缺失而引起的一种主观心理体验，常伴有寂寞、孤立、无助、抑郁等不良情绪反应和难耐的精神空虚（李晓巍，邹泓，刘艳，2014）。

孤独感源于感知到的社会关系和社会支持的不足（Bekhet，Zauszniewski，& Nakhla，2008）。大量研究发现，社会支持、同伴接纳、人际适应、友谊质量和教养方式等因素都会对孤独感产生影响（田录梅，张文新，陈光辉，2014；侯舒艨，袁晓娇，刘杨，等，2011；刘俊升，周颖，李丹，2013）。孤独感也会对个体产生负面影响，有研究（Hawkley & Cacioppo，2010)发现，孤独感可以改变人们的心理过程，影响生理功能，降低睡眠质量，增加发病率和死亡率。此外，孤独感还与抑郁、自杀意念、网络成瘾和自我和谐等有紧密联系（张锦涛，刘勤学，邓林园，等，2011；李小玲，唐海波，明庆森，张花，2014；李欢欢，骆晓君，王湘，2012）。随着互联网的普及，越来越多的研究者开始关注网络使用行为与孤独感之间的关系。研究者想知道互联网的使用使孤独的人不孤独，还是更加孤独。

二、网络使用与孤独感

孤独感是心理健康发展的一个重要标志。幼年时的孤独感被认为是低生活健康状况的预测指标。一些理论认为，互联网的使用与更低水平的孤独感和幸福感有关，而其他理论则认为互联网的使用会增加孤独感。一方面，互联网提供了与同学、家人或有共同兴趣的陌生人联系的充足的机会。此外，匿名性和不同步沟通的可能性也可能会促进亲密关系的发展（Valkenburg & Peter，2011）。另一方面，互联网的使用可能会减少线下的互动，而网络当中发展的都是一些肤浅的关系和弱的社会联系（Subrahmanyan & Lin，2007）。取代假说认为，网络社交会影响青少年现实生活中的人际交往，青少年有可能会用网络中的友谊代替现实社会中的友谊，他们用网络中的弱人际联结取代了真实生活中的强人际联结。网络社交使他们逃避现实，不去与现实中的人交往，而一味地沉迷于网络。这也是青少年网络成瘾的原因之一。

(一)网络使用与儿童、青少年的孤独感

儿童、青少年互联网的使用非常普遍，而他们的网络使用是否会对孤独感造成影响呢？沈彩霞、刘儒德和王丹（2013）的研究发现，网上信息获取活动能够显著预测儿童孤独感的降低，而在网上社会交往及休闲娱乐活动对儿童孤独感的影响中，人格特征起到了调节作用。具体来说就是，对于高神经质的儿童，社会交往活动的参与程度显著

地负向预测孤独感，而对于低外倾性（即内向）的儿童，休闲娱乐活动的参与程度显著地正向预测孤独感。有研究者（Appel et al.，2012）还检验了青少年知觉到的父母—青少年的交往关系质量对互联网使用与孤独感之间关系的影响。回归分析表明，与互联网相关的交往质量决定了更广泛的互联网使用与更多的孤独感相关。与父母频繁电话交谈的学生报告有更满意、更亲密和更支持的父母关系，但那些使用社交网站与家长沟通的学生则报告有更高水平的孤独感、焦虑依恋以及亲子关系冲突（Gentzler et al.，2011）。

(二)网络使用与老年人的孤独感

互联网对于老年人的意义与儿童、青少年不同。互联网使用能够使老年人与其他人保持联系。例如，在促进与家人和好友保持定期联系上，电子邮件比亲自或电话沟通更有效（Wellman，2006）。大量研究表明，信息和交流技术的使用有助于老年人保持与在线和离线好友的联系。互联网的使用也可以减少地理距离对老年人的影响，分散的家庭越来越多地使用互联网作为维持代际联系的主要渠道（Climo，2001）。老年人列出的互联网使用的好处主要包括：连贯性、满意度、实用性和积极的学习体验（Gatto & Tak，2007）。所有这些都表明，互联网的使用可以让老年人的生活更加充实，可以降低孤独感水平。有研究（Cotten，Anderson，& Mccullough，2013）发现，在控制了老年人的朋友和家人数量、身体/情绪上的社会限制和年龄后，上网频率每上升 1 分，孤独感分数就会下降 0.147 分。

此外，孤独感还与网络使用的具体内容紧密相关。研究（Stepanikova，Nie，& He，2010）发现，浏览网页的时间与孤独感呈正相关，与生活满意度呈负相关。使用互联网进行娱乐活动以及使用互联网获取娱乐信息的人，在孤独感上的得分更高，网络自我效能感水平高的个体更喜欢使用互联网进行娱乐活动（Whitty & Mclaughlin，2007）。当老年人更多地利用互联网作为沟通工具时，网络使用与更低水平的社会孤独感有关。相比之下，当老年人更多地利用互联网寻找新人，与陌生人交流时，网络使用与更高水平的情感孤独有关(Sum et al.，2008)。也有研究(陈爽，周奕欣，王可欣，等，2016)发现，聊天工具、网络视频、网络游戏与购物网站的使用时间均与孤独感呈显著正相关。也就是说，更多地使用聊天工具、观看网络视频、玩网络游戏、浏览购物网站的个体体验到的孤独感更强。

　　总之，网络使用与孤独感的关系非常复杂，一个人孤独感的强弱会影响他对网络的选择及其使用情况，反过来，网络的使用也会对网民的孤独感产生影响，两者之间是相互影响的关系。网络使用与孤独感的关系的复杂之处还在于，不同的研究有不同的结果，以上研究就证明了这一点。这也许和研究中所使用的研究工具、数据的收集方式等有关，但更重要的一点是，在网络使用和孤独感之间可能还有很多变量需要我们在以后的研究中考虑，这些变量也许会改变两者之间的关系。

三、网络社交与孤独感

　　网络社交与孤独感之间的关系得到了大量的研究，但是在网络社交增加和降低孤独感水平这两种不同的影响方面还没有得到一致的结论。有研究者(Valkenburg & Peter，2007)认为，网络社交行为会导致个体孤独感水平的上升。因为网络中弱的人际联系代替了现实生活中强的人际联系，所以会加剧个体的孤独感。有研究者(Ong，Chang，& Wang，2011)对网络聊天使用组与非使用组进行了比较研究发现，与不使用网络聊天的被试相比，使用网络聊天的被试在与家人关系上表现出更高水平的孤独感。这是因为在线聊天减少了与家人在一起的时间。还有研究(Hu，2009)发现，在线聊天后的孤独感水平上升，远远高于面对面交流。对于具有高特质孤独感的人，网络社交条件下的孤独感水平明显高于面对面沟通条件。也有研究者(Shaw & Gant，2002；Bonetti，Campbell，& Gilmore，2010)认为，网络社交是对现实交往的补充和拓展，网络社交能够满足社交互动、自我表露和自我认同探索的关键需求，所以网络社交可以降低孤独感水平。对网络游戏的研究（Visser，Antheunis，& Schouten，2013）发现，玩网络游戏与青少年的社交能力和孤独感没有直接关系，但是有间接关系，玩网络游戏时会更换很多不同的交往对象，这样会使他们的社交能力提高、孤独感水平降低。

网络社交与孤独感之间的关系之所以复杂，还在于两者之间的关系受很多因素的影响。亲子之间的网络交流质量会影响青少年的网络社交与孤独感之间的关系（Appel et al.，2012）。此外，网络社交态度也很重要，正向的网络社交态度可以直接促进网络信任，进而影响并提升现实的人际信任，降低社交焦虑和孤独感水平；网络社交态度对孤独感有直接作用；现实的人际信任的提升可以直接降低孤独感水平（金鑫，李岩梅，李小舒，等，2017）。黎亚军、高燕和王耘（2013）发现，与交往对象的熟悉度在网络社交与孤独感的关系中起到调节作用，对于交往对象主要是陌生的青少年个体，网络社交与孤独感的相关不显著；而对于交往对象主要是熟悉的青少年个体，网络社交对孤独感具有显著的负向预测作用，进一步分析表明网络社交还会通过同伴关系的完全中介作用影响孤独感。也就是说，网络社交会影响同伴关系，而同伴关系又会影响孤独感。网络社交可以通过高质量的网络关系来减轻社交孤独感，而且参与在线聊天的个体还因为更容易在线保持浪漫的关系而降低孤独感水平（Ong，Chang，& Wang，2011）。对于害羞的人来说，使用即时通信的动机有很多，但主要动机就是减少孤独感（Bardi & Brady，2010）。

网络社交可以增加或减少孤独感，孤独感也会影响网络社交行为。有研究者（Bonetti，Campbell，& Gilmore，2010）发现，儿童和青少年的孤独感、社会焦虑与网络交往存在显著相关，孤独的儿童和青少年比不孤独的儿童和青少年会在网络中更频繁地谈论个人和亲密的话题。在遇见陌生人时，前者会更频繁地使用网络交往来补偿他们较弱的社会技巧。由此可见，网络社交会影响儿童和青少年的孤独感，反过来孤独的儿童和青少年的网络社交行为也会更频繁。

(一)脸书使用与孤独感

有研究者(Jin，2013)对孤独的个体如何使用和感知脸书进行了探讨。结果发现，孤独感水平高的个体在脸书上的朋友更少，脸书好友和离线好友的重叠更少。孤独感与沟通行为呈负相关，但与表露行为的相关并不显著。孤独个体的积极的自我表露往往较少，而消极的自我表露较多。虽然孤独的个体认为脸书有利于自我表露和社会联系，但是与其他人相比，他们脸书使用的满意度更低。有研究者(Morahan-Martin & Schumacher，2003)还发现，与其他人相比，孤独的个体使用互联网和电子邮件更多，更有可能利用互联网获得情感支持。孤独的个体的社交行为在网上被加强，而孤独的个体更可能报告交到网友。孤独的个体更可能使用互联网来调节负面情绪，并报告说互联网的使用干扰了他们的日常工作。

那么，脸书的使用会对孤独感产生什么样的影响呢？有研究者(Deters & Mehl，2013)采用实验法对在脸书上发布状态更新与孤独感的关系进行了研究。结果发现，用实验诱导增加状态更新行为会减少孤独感，而孤独感的减少是由于被试感觉到每天与朋友的联系更多了，而发帖对孤独感的影响与朋友直接的反馈相独立。还有研究者(Lou et al.，2012)研究了大一新生脸书使用和孤独感之间的相互关系。结果发现，脸书的使用强度对孤独感产生积极的影响，但脸书的使用动机没有对孤独感产生任何影响，然而孤独感既不影响脸书的强度也不影响脸书的使用动机。

一项对脸书的使用与孤独感之间关系的元分析研究(Song et al.，2014)探讨了两个主要问题：①使用脸书是增加了还是减少了孤独感？②谁是因谁是果，是脸书让它的用户孤独(或更少孤独)，还是孤独的人(或更少孤独的人)才使用脸书？研究者在使用脸书和孤独感之间的正相关关系中观察到显著的总体平均效应。也就是说，脸书的使用和孤独感之间确实存在正相关关系，即脸书使用越多，孤独感越强。在因果研究中，结果显示，害羞和缺乏社会支持导致孤独感，进而又导致了脸书的使用。孤独的人可能会从互联网社交应用如脸书上获益。然而，还需要更多的研究来考察使用脸书的实际影响。

（二）其他社交网站使用与孤独感

除了脸书之外，国内外还有很多社交网站，它们和孤独感的关系如何呢？有研究者（Brandtzeag，2012）对社交网站使用者和非使用者进行了比较。结果发现，社交网站使用者（尤其是男性）比非使用者更加孤独。我国学者（周宗奎，刘庆奇，杨秀娟，等，2017；徐欢欢，孙晓军，周宗奎，等，2017）对社交网站的研究发现，社交网站的使用与孤独感呈显著负相关，虽然社交网站的使用对孤独感没有直接的预测作用，但是可以通过影响线上积极反馈和友谊质量来间接负向影响孤独感。此外，社交网站上真实的自我表达也与孤独感呈显著正相关，社交网站上真实的自我表达通过自我概念清晰性的中介作用对孤独感产生正向影响。社交网站上的沉浸体验同样可以预测孤独感，沉浸体验维度中的愉悦体验和专注可以负向预测孤独感，愉悦体验和行为意识融合可以负向预测情感孤独，远程临境感维度可以负向预测孤独程度。由此可见，社交网站对孤独感的影响主要在于使用者在社交网站上的行为，行为不同，对孤独感的影响也不一样。所以，我们不能简单地说社交网站是正向还是负向预测孤独感，关键在于我们如何使用社交网站。

有研究者（Garden ＆ Rettew，2006）对网络聊天室的使用与生活满意度、孤独感进行了研究。结果发现，花在聊天室的时间与孤独感呈正相关，但与生活满意度只有微弱的负相关。马利艳和雷雳（2008）对初中生生活事件、即时通信和孤独感之间的关系进行了考察。结果发现，生活事件带来的主观压力能够显著正向预测孤独感，即时通信能够显著负向预测孤独感，客观压力不能预测孤独感，但是能够通过即时通信间接地影响个体的孤独感水平。

研究者采用不同的方法从不同的角度探讨了网络社交与孤独感的关系，并得出了不同的结论。网络社交对孤独感的影响一直都是网络心理学研究者关注的问题。从整体来看，有关两者关系的研究经历了如下变化：从最初认为孤独感是互联网使用的结果到之后研究表明孤独个体更倾向于使用互联网，再到认为两者是相互影响的关系（周宗奎，王超群，2015）。有关网络社交与孤独感之间的关系还有很多内容值得探讨，也会有更多的研究者关注这一领域。

第三节　网络社交与抑郁的相关研究

抑郁是一种常见的消极情绪。互联网的出现会给抑郁带来怎样的影响呢？网络社交与抑郁之间又会有着怎样的联系？网络社交是会降低我们的抑郁水平，还是会提高我们的抑郁水平？大量研究者已经开始关注网络社交对抑郁产生的影响。

一、抑郁概述

抑郁是一种易发的情感障碍，是最常见的精神卫生障碍之一，影响着人们的健康（Liu et al.，2016）。抑郁症也是中国重大的公共健康问题，中国成年人的患病率为5.9%～30.39%，在青少年、老人、妇女和病人中尤为严重（Chou & Chi，2005；Jiang et al.，2015；Lei et al.，2016；Lee et al.，2004）。抑郁不仅会给个体带来极大的心理痛苦，而且会导致很多间接的不良后果，包括增加物质的使用率、焦虑，严重危害个体的人际关系、社会功能和生活质量，还会增加个体自杀的风险（Association，2013；Maalouf，Atwi，& Brent，2011）。抑郁也会对个人和社会造成严重的经济负担，因此，探索可能有助于减少或增加抑郁的因素具有理论和现实意义（Wang et al.，2017）。

国内外对抑郁的研究由来已久，大部分研究主要探讨导致抑郁的影响因素是什么。大量研究发现，影响抑郁的因素有很多，针对不同年龄的个体影响因素是不同的。例如，与父母相关的一些因素（如父母冲突、父母支持和亲子关系等）、与同伴相关的因素（如友谊质量、友谊支持和同伴依恋等）以及其他一些因素（如网络成瘾、社会支持和学校氛围等）都会对青少年的抑郁产生影响（王明忠，范翠英，周宗奎，等，2014；许有云，2014；任志洪，江光荣，叶一舵，2011；Armsden et al.，1990；Fröjd et al.，2008）。影响老年人抑郁的因素主要包括家庭支持、朋友支持、生命态度和健康状况等（唐丹，姜凯迪，2015；Alpass & Neville，2003）。对导致抑郁的因素的探讨有助于我们更好地降低抑郁的风险。

二、网络使用与抑郁

(一)普通网络使用与抑郁

现代的人们使用互联网作为娱乐、社交和信息收集的平台的时间快速增多。那么，网络使用与抑郁之间又有着怎样的关系呢？以前的研究已经开始探索抑郁与网络使用之间的联系，研究结果往往相互矛盾。有研究表明，网络使用和抑郁之间呈 U 形曲线关系，高低两端的抑郁风险增加（Hyde，Mezulis，& Abramson，2008）。另一项研究提出了一个倒 U 形曲线关系，较低和较高使用频率的互联网用户不太可能报告重大的痛苦和抑郁情绪（Mathers et al.，2009）。也有研究发现，互联网使用和抑郁之间没有关系（Royer，Keller，& Heidrich，2009）。导致研究结果不同的原因有很多，其中一个原因是使用不同的量表和工具来定义和测量网络使用。另外，使用人群和使用目的不同，同样会导致两者之间关系的不同。网络使用与抑郁之间存在复杂的关系，会受到很多变量的影响，主要体现在以下几个方面。

首先，从网络使用的人群来看，对老年人的研究（Cotton et al.，2012；2014)发现，互联网的使用增加了老年人的社会支持、社会接触、社会联系以及由于联系而产生的满意度。互联网的使用让退休的老年人的心理幸福感提高，并且减少了社会隔离感、孤独感和抑郁。尤其是对那些独居的老年人，网络的使用对他们抑郁的减少作用更大（Cotten，2009；Cotten，Anderson，& McCullough，2013；Cotten et al.，2014）。由于老年人往往面临活动的局制，互联网能够克服社会和空间的界限，对老年人比年轻人更重要（Cotten，2009）。与老年人不同，青少年处于无处不在的网络曝光之中，青少年的网络使用与抑郁之间的关系与老年人也不一样。有研究者（Moreno et al.，2012）采用经验抽样法对青少年进行了研究，结果表明，网络使用与抑郁之间呈 U 形曲线关系。但也有研究（Lim et al.，2017）发现，每天网络使用的时间越长、越频繁，抑郁的风险就会越高。互联网的吸引力导致许多年轻人喜欢与电脑保持联系，而不是与家长和同龄人互动。这可能会逐渐减少参与家庭和其他群体的愉快经历，最终可能会导致孤立和抑郁（Sajjadian et al.，2017）。

其次，从网络使用的目的来看，根据不同的网络活动，有研究者（Selfhout et al.，2009）把网络使用分为以交往为目的的网络使用和以非交往为目的的网络使用，不同的网络行为类型对幸福感、抑郁的影响也不同。网络冲浪就是以非交往为目的在互联网上浏览网站。而即时通信是指发信息给别人，邀请别人在线交谈，是一个以交往为目的的网络使用。一些研究者认为，在工业化国家，随着在个体和家人、同伴之间物理距离的增加，与同伴正常的面对面互动越来越少，即时通信提供了一个很好的跨越距离的桥梁（Wolak et al.，2003）。因此，即时通信成为青少年与他人交流的媒介，它也因此与更少的抑郁和社交焦虑有关。对大一新生的研究也发现，增加即时通信的时间与更少的抑郁有关，而增加上网冲浪的时间则会导致更多的抑郁（Morgan & Cotten，2003）。对于那些感知到低友谊质量的青少年来说，以沟通为目的的网络使用能够预测更少的抑郁，而以非交往为目的网络使用则预测更多的抑郁和社交焦虑（Selfhout et al.，2009）。所以，我们会看到，网络使用与抑郁之间的关系非常复杂，它还和我们的使用目的、动机有关，不同的使用动机会使我们产生不同的情绪体验。

(二)网络成瘾与抑郁

近几年，有大量的学者开始关注网络成瘾与抑郁之间的关系。有学者发现，抑郁对网络成瘾有显著的预测作用。而网络成瘾对抑郁也具有显著的预测作用，对于青少年来说，网络成瘾和抑郁之间存在显著的双向而非单向预测关系(荀寿温，黄峥，郭菲，等，2013)。如果网络的使用是为了提高社会支持(例如，使用脸书是为了和远距离的家人交流)，也许会对心理健康有益。相反，过度的网络交往或网络成瘾行为，会减少传统的面对面互动的时间，这可能是出现抑郁的重要原因之一(Banjanin，Dimitrijevic，& Pantic，2015)。

张林等人(2009)对中学生的研究发现，网络成瘾与抑郁之间存在显著正相关，成瘾组与未成瘾组的抑郁因子得分的差异显著。赵笑颜等人(2012)对兰州大学生的研究也得到了类似的结果。他们发现，在上网目的多为玩游戏的学生中抑郁的检出率最高。由此，我们不难看出，在我国的大学生和中学生中，网络成瘾与抑郁之间存在紧密的关系，网络成瘾会对学生的抑郁产生不良影响。在网络成瘾的青少年中抑郁和自杀意念的得分最高，也就是说网络成瘾的青少年更容易抑郁，自杀的念头也更多(Kim et al.，2006)。对国外青少年的研究(Fischer et al.，2012；Park et al.，2013；Sajjadian et al.，2017)也发现，抑郁与青少年互联网使用的持续时间显著相关，与具有常规互联网使用的学生相比，病理性互联网使用的学生显示出更高的抑郁率，以及更多的故意的自我伤害和自杀行为。病理性互联网使用、抑郁症状、双相障碍症状和自杀意念之间存在复杂的交互关系，因此在评估青少年期间必须共同评估这些条件(Park et al.，2013)。

我们来看一下网络成瘾和抑郁之间的关系会受到哪些因素的影响。有研究者(Yang et al.，2014)发现，生活事件在网络成瘾和青少年抑郁之间起着完全的中介作用。网络成瘾的青少年会体验到更多的来自现实世界的学习、同伴和家庭的生活事件的压力。而这些生活事件所带来的压力让青少年感觉更加抑郁。这些研究结果告诉我们，网络成瘾和抑郁之间存在复杂的关系，而且两者之间的关系还会受到很多中介和调节变量的影响，如生活事件。我们的研究还处在对两者之间关系探讨的初级阶段，接下来要做的是如何进行干预。例如，根据杨等人(Yang et al.，2014)的研究结果，我们可以通过减少青少年的应激生活事件、为他们提供更多的社会支持、多关心他们等方式来减少青少年的抑郁。还有研究者(Chang et al.，2015)发现，知觉到较低的父母依恋水平的青少年更容易上网成瘾、网络欺凌、吸烟和抑郁，而报告有较高水平的父母限制调解(parental restrictive mediation)的青少年则更少体验到网络成瘾或从事网络欺凌，网络成瘾与网络欺凌、抑郁存在显著相关。

通过对文献的梳理，我们能够看到网络成瘾和抑郁之间存在紧密的联系。到底是网络成瘾导致网民抑郁，还是抑郁的网民更容易网络成瘾需要更多的研究来证明。有研究者(Banjanin，Dimitrijevic，& Pantic，2015)指出，他们的研究只是证明了网络使用和抑郁之间相关的存在和强度，但不能证明因果关系。他们也认为，网络使用会导致抑郁，而抑郁的个体也会花更多的时间上网。这个观点与学者的观点不谋而合。也许两者互为因果，这为我们对网络成瘾和抑郁的心理干预提出了一个新的思路，同时也提出了更高的要求。

三、网络社交与抑郁

网络社交是网络时代的基础应用之一，它改变了人们交流沟通的方式。网络社交与抑郁的关系也得到了很多研究者的关注。互联网的应用非常广泛。有研究者(Bessière & Pressman，2010)发现，与健康相关的网络使用会增加抑郁，使用互联网与朋友和家人进行沟通则可以减少抑郁。原因在于，网络社交可以维持和加强网民的社会联系，给网民提供更多的社会支持，从而减少抑郁。对大一新生的研究也发现，尚未形成高品质的校园友谊的大一新生与远方的朋友进行网络社交可以起到代偿作用。网络社交不仅可以减少有低质量现实友谊的学生的抑郁和焦虑，而且当抑郁时，低质量现实友谊的学生会更频繁地通过电脑与远方的朋友交流。因此，在大学的最初几个月，一个重要的任务可能是学习如何利用计算机和其他在线技术获取关系支持，而脱离关系可能会损害心理健康，不利于高校的适应（Ranney & Troop-Gordon，2012）。

（一）社交网站使用与抑郁

社交网站是进行网络社交的重要平台，社交网站的使用会如何影响抑郁呢？有研究者（Pantic et al.，2012）认为，在脸书和其他社交平台上花的时间与抑郁症状呈正相关。一方面是因为个体社交网站上的人际联系与传统的面对面的交往相比，可能缺少必要的质量。另一方面是因为网络使用者常常感觉到他们社交网站上的好友更加幸福和成功。在网络交往中，尤其是在社交网站背景中，人们倾向于夸大自己，掩盖其潜在的错误或缺点。所以，经常查看社交网站上好友近况的网民，更加容易感到自卑、抑郁。此外，社会比较在脸书使用与抑郁之间也起着非常重要的作用。有研究者（Nguyen，2014）发现，对于男性来说，在脸书上进行无方向社交比较和上行社会比较在脸书使用时间与抑郁症状之间起着中介作用。但是如果控制了性别的影响，抑郁症状与脸书行为之间并不存在联系（Simoncic，2012）。有研究者（Wright et al.，2013）探讨了社交网站脸书和面对面的支持网络对大学生抑郁症的影响。研究者使用关系健康沟通能力模型作为研究沟通能力对社会支持网络的满意度和抑郁症影响的框架。此外，他们还考察了人际动机对沟通能力等的影响。结果显示，人际动机提高了面对面和以计算机为中介的沟通能力，增加了面对面支持和脸书支持的社会支持满意度，并降低了抑郁的分数。

还有研究者（Jelenchick et al.，2013）采用经验抽样法来研究社交媒介的使用是否会导致青少年抑郁，即一种被称为"脸书抑郁"的状态。结果显示，在年龄较大的青少年样本中，社交网站使用与临床抑郁之间并不存在相关关系。但是，也有研究（Tandoc, Ferrucci, & Duffy, 2015）发现，脸书使用是否会影响抑郁，关键在于脸书的使用是否会激发使用者的嫉妒，嫉妒是社交网站使用与抑郁之间的中介变量。当控制了脸书嫉妒，脸书使用实际上可以减轻抑郁症状。脸书的使用是否影响抑郁受到很多因素的影响，当脸书的使用激发了我们的某些不良情绪，如嫉妒时，则使用者会更加抑郁。所以，脸书中的社会比较也至关重要。

我国学者也对社交网站使用与青少年的抑郁的关系进行了研究，并取得了一定的成果。有研究者（丁倩，张永欣，张晨艳，等，2016）发现，社交网站使用并不直接影响抑郁，存在三条间接路径：社交网站使用通过社会比较和自我概念清晰性的链式中介作用影响抑郁；社交网站使用通过社会比较的单独中介效应影响抑郁；社交网站使用通过自我概念清晰性的单独中介效应影响抑郁。但是，除了社会比较和自我概念清晰性的中介作用之外，闫景蕾等人（2016）还发现，在社交网站使用强度对抑郁的影响中，线上社会资本也起着非常重要的中介作用。与外国研究者相同的是，我国研究者（牛更枫，孙晓军，周宗奎，等，2016）也发现，在社交网站使用对抑郁的影响中，上行社会比较、自尊、社交焦虑、线上积极反馈和积极自我呈现等因素都起着非常重要的中介作用。对中介作用的分析说明，社交网站使用对抑郁的影响路径是复杂的，社交网站之所以会影响抑郁，是因为社交网站的使用会引起一系列的连锁反应，所以我们应该重视社交网站的使用。

（二）社交媒介使用与抑郁

在互联网的早期，学者担心在线社交互动不会转化为缓解压力和降低心理健康问题风险的支持类型（Turow & Kavanaugh, 1996）。最初的调查发现，网上花费时间的多少与孤独感和抑郁有关（Kraut et al., 1998），这就是"互联网悖论"，即原本用来促进人际沟通的互联网，其使用的增加却与被试同家庭成员、好友同伴的交流沟通的减少，社交圈的缩小以及抑郁和孤独感水平的提高有关。但后来的研究表明，随着时间的推移，互联网的负面影响减弱，对心理健康有积极的影响（Kraut et al.，2002）。社交媒介使用过少或者过多都会对抑郁产生消极影响，适当的使用则有利于减少抑郁。

移动互联网已经成为一种趋势，走进了大部分人的生活，以移动互联网为基础的移动社交媒介也成了人们的一种生活方式和习惯。移动社交媒介的使用如何影响抑郁也得到了很多研究者的关注。很多年轻人报告，通过促进个人关系和增加获得社会支持的手段，手机使用对抑郁症的缓解有积极的促进作用（Thomée et al.，2010）。然而，社会支持理论认为通过手机进行的沟通可能无法培养减轻压力、导致积极的心理结果的强社会联系（Cohen et al.，1985）。传统的面对面的互动涉及丰富的多方面的信息渠道，网络社交则会丢失很多信息，所以高水平的手机使用与更多的抑郁症状相关（Augner & Hacker，2012；Bickham，Hswen，& Rich，2015）。我们也对移动社交媒介的过度使用与青少年抑郁之间的关系进行了研究（王伟，李哲，雷雳，等，2017）。结果发现，移动社交媒介的过度使用与抑郁之间呈显著正相关，而且过度使用还会通过影响睡眠质量间接影响青少年的抑郁。

但是，到目前为止，关于移动社交媒介的正常使用对抑郁症的影响，我们了解甚少。大部分研究者更关注过度使用或成瘾行为等对抑郁的影响，所以在未来的研究中我们应该关注移动社交媒介的正常使用与抑郁之间的关系。

第四节 网络社交与其他消极情绪的相关研究

一、网络使用与消极情绪的关系

除了孤独感、抑郁之外，消极情绪还包括很多，如焦虑、无聊感和痛苦等。与第一代数码土著相比，第二代数码土著的网络识别和网络焦虑的得分更低，网络识别和网络焦虑都与网络使用呈显著相关（Joiner et al.，2012）。而问题网络使用与孤独感、约会焦虑的三个方面（交往焦虑、不受欢迎焦虑和生理症状）都存在显著相关（Odaci & Kalkan，2010）。在不同情境中，网络使用与消极情绪的关系也不同。

第一，在正常社交情境中，有研究者（Sagioglou & Greitemeyer，2014）采用社会心理学的方法探讨了使用脸书对情绪的直接影响。他们通过三个研究发现，脸书上的活动会对人的情绪状态产生消极影响，在脸书上活动的时间越长，消极情绪就会越多。与控制组相比，脸书上的活动会导致情绪恶化。进一步研究表明，这种影响是以使用者感觉没有做任何有意义的事情为中介的。问题是使用脸书有这样多的消极结果，为什么还有这么多人每天继续使用脸书？研究者认为，这可能是因为人们犯了情感预测错误，他们希望使用脸书之后会感觉更好，而事实上是感觉更糟。

第二，在急性厌恶情境中，有研究者（Gross，2009）采用实验法研究了与一个不认识的同龄人进行网络交往是否有利于从急性厌恶的社会排斥影响中恢复，并检验与年轻的成年人相比，这样做是否可能对青少年更好。结果发现，与陌生的同伴即时通信比孤独地打游戏能更大可能地恢复自尊，先前被排斥的青少年和年轻的成年人都能感知到关系的价值。网络交往还能使青少年更大地减少负面影响，但是对年轻的成年人则不会。青少年将即时通信作为缓解情绪的一种手段。对于青少年，即时通信是一种合法的、可用的并且可自由选择的工具，用于与同龄人沟通来宣泄负面情绪，并使个体得到他人的支持和建议。对处于忧伤情绪状态的青少年的研究（Dolev-Cohen & Barak，2013）发现，通过即时通信工具进行沟通能够显著提高忧伤青少年的幸福感。被试的内、外向水平能够调节他们感知到的情绪缓解的程度，内向的被试从即时通信中获得的益处要多于外向的被试。

第三，在社交媒介给用户带来益处的同时，它所带来的黑暗面也引起了研究者的关注，其中网络欺凌是一个热点问题。有研究者(Brown，Demaray，& Secord，2014)通过调查网络伤害与社会情绪结果之间的关系发现，网络伤害和社会情绪结果之间的关系随性别的不同而不同，女孩体验到的痛苦远远多于男孩。有研究者(Bevan et al.，2012)对脸书上被解除好友关系与消极情绪和认知反应进行了研究。结果发现，当被试知道谁与他们解除了好友关系时，当他们认为他们被解除好友关系是与脸书有关的原因，而脸书的好友请求又是被试发起时，他们会有更多的反思和消极情绪。

总之，网络与使用者的消极情绪之间存在紧密的联系。两者之间的关系受到很多因素的影响，包括所处的情境、人格等因素。网络对使用者消极情绪的影响存在复杂性和多元性，还需要很多实证研究来进行深入探讨。

扫描拓展

网上吐吐槽，心情就变好？

二、总结与展望

互联网的出现给我们的生活带来了很多改变，在给我们带来便利的同时也给我们的健康带来了很大的影响。互联网给我们带来了大量的信息，让我们随时随地掌握和了解对自己心理健康有利的内容，但同时，网络的过度使用又会给我们的心理健康带来消极影响。虽然已经有很多学者开始关注互联网、网络社交与心理健康之间的关系，并且已取得了大量的研究成果，但是仍然有一些需要进一步研究之处。

第一，互联网、网络社交与心理健康之间存在复杂的关系，还需要大量的实证研究来证明，以及需要考察网络社交与心理健康之间的中介和调节变量，未来对互联网、网络社交与心理健康之间关系的研究还有很长的路要走。除此之外，网络社交、心理健康和身体健康三者之间的关系也是一个值得研究的课题。在网络社交与身体健康的关系中，心理健康起着怎样的作用？心理健康会影响身体健康早已是不争的事实，那么，网络社交是否会通过影响网民的心理健康而间接地影响身体健康，还需要大量的实证研究来加以验证。身体健康是否又会影响心理健康，三者之间的关系会受到哪些因素的影响还需要我们进一步研究。

第二，随着移动通信技术和智能手机的发展，移动社交媒介正悄悄地改变着人们的生活方式和行为习惯。已有研究（王伟，王兴超，雷雳，等，2017）发现，移动社交媒介的使用与青少年的友谊质量存在显著正相关，并且会影响青少年的友谊质量。那么，移动社交媒介的使用是否会影响青少年的心理健康和身体健康？移动社交媒介的使用对其他人群的健康又会有怎样的影响？在移动社交媒介的使用和健康之间是否会存在中介或调节变量，如友谊质量、社会支持、孤独感、幸福感等因素？对这些问题的研究有利于我们更好地了解网络社交与心理健康的关系。

第三，未来需要开展互联网、网络社交与健康的本土化研究。中国已成为一个网络使用的大国。但是，我国对互联网心理学的研究数量和质量都有待提高。通过对文献的梳理，我们不难发现，对互联网、网络社交与身体健康或心理健康的研究大部分都来自国外，我国学者对此进行的研究并不多。除此之外，在线心理咨询的理论和实证研究在国外已经进行得如火如荼，但是在我国还处于起步阶段。中国是典型的东方文化，我们使用互联网的目的和行为都与西方国家不同，在我国互联网与健康的关系是否也会和西方国家不同呢？我们可以研究在中国的文化环境下，网络心理咨询的优势以及网络社交与健康之间的关系。

互联网、网络社交与健康之间存在紧密的联系，互联网的过度使用会对网民的健康造成很大的影响。所以，健康上网也是互联网心理学一直都关注的问题。在未来，我们需要在实证研究的基础上提出健康上网的对策。总之，互联网、网络社交对身心健康的影响还有很多需要研究和解决的问题。探讨互联网、网络社交对身心健康的影响有利于我们正确地看待互联网和网络社交，也能够帮助我们正确、健康地使用互联网。

第六章 网络社交与人际关系

批判性思考

1. 低头族越来越多，手机正变成"手铐"，这对人际关系的形成、发展、维持和破裂会产生怎样的影响？手机会改变情侣之间的交往方式吗？它又会给情侣带来怎样的困扰呢？

2. 父母该不该使用社交媒介来监控孩子或窥探孩子的隐私？父母通过社交媒介来监控孩子是为了关心孩子还是为了满足自己的控制欲？

3. 有些人每天总是花费大量的时间通过社交媒介来刷朋友的动态，这是真的关心朋友吗？刷朋友的动态会满足我们的哪些心理需要呢？有些人把大量的时间浪费在关心别人的生活上，自己的生活却一塌糊涂，这是为什么？

关键词

人际关系；同伴关系；亲子关系；浪漫关系；友谊质量；心理健康；工作绩效；社交媒介的过度使用

第一节 人际关系概述

人际关系是社会心理学中十分重要的研究主题。人作为社会性的动物，人生的情感和意义、成功和失败、幸福和痛苦无不与人际关系密切关联（金盛华，2010）。人际关系问题是大多数人都会遇到的，不分年龄与性别。

一、人际关系的概念

　　人际关系是指人与人之间通过交往形成的相互之间的情感联系。这种联系是交往所产生的情感积淀，是人与人之间相对稳定的情感纽带(金盛华，2010)。俞国良(2015)认为，人际关系是指人与人在相互交往过程中所形成的心理关系，包括认知、情感和行为三种心理成分。这两种定义都强调人际关系是在交往、互动的过程中形成的。人际关系的研究自提出后就一直都受到心理学研究者的广泛关注，在最近几年更是跨越不同的学科蓬勃发展。人际交往是个体社会需要的重要组成部分，在人际交往的过程中形成了各种人际关系(沃建中，林崇德，马红中，等，2001)。通过对已有文献的查阅，我们发现现代人的人际关系主要包括陌生人关系、同伴关系、家庭人际关系、师生人际关系、网络人际关系和男女之间的亲密关系(浪漫关系)等几个方面。

二、人际关系的相关理论及测量

　　人际关系的研究由来已久，人际关系的思想、理论观点可以追溯到古希腊时代。有关人际关系的理论有很多，在很多社会心理学的书中都有详细介绍。例如，俞国良的《社会心理学(第 3 版)》就系统地介绍了人际关系的各种理论。在该书中，作者从三个方面对人际关系理论进行了总结，其中有人际关系的研究、西方的人际关系理论和苏联的人际关系理论。人际关系的研究主要包括人际关系行为模式的研究、人际关系结构的研究和霍桑试验三部分；西方的人际关系理论主要包括人际交往理论、人际反应特质理论和人际激励理论；苏联的人际关系理论主要包括人际关系层次理论和人际关系活动中介理论。这些理论从不同的视角对人际关系的不同方面进行了理论阐述，与心理学的其他理论一样，这些理论都有自己的侧重点，从某种角度来说它们都有其存在的价值。我们在本书中不再详细论述人际关系的这些理论，感兴趣的读者可以查阅俞国良的《社会心理学(第3版)》。

关于人际关系的测量，有四种比较传统的被大家广泛认可的方法：社会测量法、参照测量法、贝尔斯测量法和人际关系测验。这几种方法在大多社会心理学书中都可以找到，所以我们在本书中就不一一介绍了。除上述四种测量方法之外，国内外研究者也编制了针对不同群体的测量人际关系的量表，如沃建中等人(2001)编制了人际关系量表，从异性关系、同性关系、父母关系、教师关系、陌生人关系五个方面对中学生的人际关系状况和发展特点进行测量。该量表具有良好的信效度，也被其他研究者认可和采纳。除此之外，有研究者还编制了人际信任量表(汪向东，王希林，马弘，1999)、人际关系综合诊断量表(郑日昌，1994)和人际关系与健康倾向量表(金盛华，徐文艳，金永宏，1999)等。这些量表都有较好的信效度，并得到了大量实证研究的支持。由此可见，对于人际关系的测量，除沿用传统的方法之外，研究者还会根据不同的研究需要开发新的测量工具，使人际关系的测量呈现多元化的趋势。

三、人际关系的作用

心理学家对人际关系感兴趣，是因为人际关系会影响一个人的个性发展、身心健康、生活幸福和事业成功(金盛华，2010)。良好的人际关系对一个人的生活至关重要，下面我们从几个方面进行简要论述。

(一)人际关系与心理健康

我国著名心理学家丁瓒说过，人类的心理适应，最重要的是对人际关系的适应，所以人类的心理病态主要是因人际关系失调而来的(金盛华，2010)。人们的人际关系与身体健康和心理健康是密切关联、相互影响的，人际关系高度影响身体健康和心理健康，但其对心理健康的影响，比之对身体健康的影响更大（金盛华，徐文艳，金永宏，1999）。对大学生的研究发现，大学生的心理问题越来越多，而其中近五成是人际关系紧张造成的，所以改善在校大学生的人际关系有助于提高其心理健康水平（朱君，赵雯，刘增训，等，2013；雪晴，2003；杜天娇，于娜，郭武军，2007）。因此，很多研究者认为，对大学生进行团体辅导、人际关系训练，有助于改善大学生的人际关系，进而促进心理健康（宋大力，袁红波，2011；欧阳文珍，2000）。

青少年同样会有焦虑、抑郁等消极情绪，良好的人际关系对他们来说也是重要的，能够使他们保持心理健康。人际关系的质量是影响青少年抑郁情绪的一个重要因素。没有朋友可以倾诉的青少年在抑郁自评量表上的得分要远远高于有朋友可以倾诉的青少年（Okada，Suzue，& Jitsunari，2010）。研究者发现，四种类型的人际关系（异性关系、同性关系、亲子关系、师生关系）都能够显著负向预测青少年的抑郁情绪，自尊在其中起中介作用（党清秀，李英，张宝山，2016）。中学生的人际关系也能够预测他们的社会适应，教师与亲密同伴对青少年的社会适应具有积极作用（曾荣，张冲，邹泓，2010）。

研究表明，处于不愉快关系中的个体具有较高的皮质醇反应性（表示较高的应激）；人格变量（高宽恕、低特质愤怒）能够预测生理健康；人格变量和关系变量（对伴侣高度的爱和喜爱、高愉快关系）能够预测心理健康（Berry & Worthington，2001）。高质量的亲子关系能够预测青少年在向成年过渡期间会有较高的自尊和较少的抑郁症状，以及较高的年轻人亲密关系质量（Johnson & Galambos，2014）。所以，人际关系不仅会影响个体的心理健康，而且还会影响个体其他关系的建立。

(二)人际关系与幸福感

良好的人际关系能使人们活得更长久、更快乐，生理和心理更健康。当人际关系和谐融洽时，个体的心情就平静、舒畅；当人际关系不和谐或发生矛盾时，个体就会感到紧张、焦虑或孤独、寂寞(张灵，郑雪，严标宾，等，2007)。人际关系满意度能显著预测大学生的主观幸福感，人际关系越好，主观幸福感越强，正向的情绪体验越多(刘会驰，吴明霞，2011；张海涛，苏苓，王美芳，2010；Oh & Park，2011)。对人际关系满意的大学生，其自尊水平和自我概念清醒度更高，会有更多的积极情绪和更少的消极情绪，抑郁、焦虑和压力的症状也会更少(Wu，2013)。人际关系还在情绪调节策略、宽恕对幸福感的影响中起中介作用(刘会驰，吴明霞，2011；龚玲，王鑫强，齐晓栋，2013)。社交技巧与心理幸福感的所有指标呈正相关，也与他人的积极关系有关(Segrin & Taylor，2007)。除了大学生之外，大量研究采用不同的方法证明了在中小学和幼儿园教师、老人、青少年、白领青年等不同的群体中，人际关系对其幸福感的积极影响(Han et al.，2014；邢全超，王丽萍，徐巧鑫，等，2010；吴鲁平，谈杰，2009；夏俊丽，2007；吴超，2008)。

(三)人际关系与工作绩效

人是每个企业组织中最基本的因素。在企业内部，有效的人际关系，和谐、良好的人际关系环境，能够提高员工的积极性，从而使员工提高工作绩效(古尚平，2002；向华，2015)。20世纪二三十年代的霍桑试验早已证明，劳动生产率的提高或降低取决于人际活动的积极性，由企业中人与人之间的关系决定(俞国良，2015)。满意的工作关系对员工的工作绩效和工作满意度有显著的正向影响(许科，王明辉，刘永芳，2008)。李鹏(2016)对企业内部知识型员工的研究还发现，人际关系对员工的工作绩效有显著影响，心理契约在企业内部知识型员工的人际关系对工作绩效的影响中起中介作用。对护士的研究发现，提供同情心是工作绩效和心理健康的有效预测指标，而人际关系质量可以调节提供同情心与工作绩效和心理健康的关系，在工作场所建立高质量的人际关系，可以加强提供同情心的积极作用(Chu，2017)。

人际关系除了对心理健康、幸福感和工作绩效产生影响外，还会影响个体的心理发展（Miyake，1978；Golombok，2010）、社会责任感（黄四林，韩明跃，张梅，2016）、自我和谐（杨颖，鲁小周，2015）和道德思维方式（封周奇，白学军，陈叶梓，2014）等方面。所以，良好人际关系的建立，是幸福生活的基础。

四、中国人的人际关系

人际关系的形成和发展离不开现实的社会条件，同时它又深受文化传统的影响。人际关系的许多方面都深深地刻上了文化传统的印迹（王晓霞，2000）。自20世纪迄今，已有不少华人学者从中国文化的独特方面来对中国人的人际关系进行研究。梁建和王重鸣（2001）通过回顾以往的研究，提出中国背景下的人际关系模式由于受到儒家文化的影响而呈现出一种因人而异的差序性，中国人表现出了一种集体取向与个体取向相统一的特点。

杨中芳（1999）提出，中国人的人际关系可以被分解为既定成分和交往成分。既定成分是指两人在某时点通过交往所建立的社会既定联系；交往成分是指关系双方在互动过程中所得到的经验，并进一步划分为情感成分和工具成分。刘嘉庆等人（2005）以杨中芳构建的理论模型为蓝本，采用实证的研究方法进行研究。结果发现，在不同的生活情境中，被试均依据情感程度对关系进行分类。翟学伟（1993）用本土的概念建构了中国人的人际关系的基本模式。他认为，中国人的人际关系的本土概念是人缘、人情和人伦。人缘是指命中注定的或前定的人际关系，人情是指由血缘关系和伦理思想而延伸的人际交换行为，人伦是指人与人之间的规范和秩序。三者构成的三位一体成为中国人的人际关系的特质。

随着社会的发展和时代的变迁，中国人的人际关系特点也发生了变化。赵德华（2005）认为，由于当代中国社会的多元化，多层次的人际关系打破了传统社会人与人之间较为单一且利益冲突不甚明显的关系，人际关系在交往的形式和内容上都出现了多元化的特征。

第二节　网络社交与人际关系的相关研究

互联网的使用对人际关系的影响已经引起了研究者的关注。大量研究表明，互联网的使用对人际关系是有害的。然而，随着互联网功能的快速发展，互联网在最近几年为进行人际交往提供了更多的渠道，这使得研究者认为，互联网的使用可以增强人际关系（Lai & Gwung，2013）。有研究者（Lai & Gwung，2013）探讨了互联网的使用对现实和网络人际关系的影响。结果发现，互联网中关于社会交往和信息寻求的使用能够积极影响各种人际关系（如同伴关系、师生关系、亲子关系等）。在线玩游戏可以增强与网友之间的关系，但不利于师生关系。出人意料的是，观看视频能够积极影响同伴关系和亲子关系。玩网络游戏越多，男学生的师生关系会越差，反而与网友的关系会越好。

一、社交网站的使用与人际关系

随着社交网站作为人际交往平台和交流互动工具的广泛使用，许多研究开始探讨社交网站的使用对社会资本、社会连接等人际关系变量的影响（周宗奎，刘庆奇，杨秀娟，等，2017）。大量研究发现，社交网站的使用有助于增加社会资本、强化社会联系，对人际关系的维持和发展有重要意义（Steinfield，Ellison，& Lampe，2008；Ellison，Steinfield，& Lampe，2007；Grieve et al.，2013；周宗奎，刘庆奇，杨秀娟，等，2017）。研究者认为，社会资本和关系建立的新形式将会在社交网站中出现，因为像照片目录和搜索这样的功能可以支持与他人的在线联系（Resnick，2001）。社交网站会增加用户维持弱联系的数量，因为它的可靠性非常利于维护这些联系（Donath & Boyd，2004）。

社交网站可以提供在线环境中发展和维护社会联系的机会，可以作为发展和维持关系的社交媒介。来自社交网站的社会联系与面对面的社会联系是有所不同的，社交网站的使用为离线环境中的连接提供了一种替代形式的社交联系。社交网站连通性的效用对于在传统环境中与其他人无法或不愿意连接的个人的社会联系具有特殊的影响（Grieve et al.，2013）。例如，对于在面对面互动中体验到较强社交焦虑的个体，社交网站可以作为社会联系和支持的宝贵资源。有研究者（Ellison，Steinfield，& Lampe，2007）发现，社交网站用户通过社交网站维持已建立的社会联系、发展关系以及人际沟通。更有研究者（Alloway & Alloway，2012）发现，脸书上的某些活动（如检查好友的状态更新）和优兔上的某些活动（告诉一个朋友观看视频）能够预测个体在工作记忆测试中的表现，而且脸书的使用与社会联系显著相关。

很多人都认为，在线社交网络主要是年轻人的专属（Spies，Shapiro，& Margolin，2014），所以年轻人应该会在社交网站上获益更多。但是，有研究发现，老年人在社交网站中获得的社会联系并不比年轻人少，老年人对脸书的态度更积极，在脸书上获得的社会联系也更多（Sinclair & Grieve，2017；Grieve & Kemp，2015）。除年龄、态度之外，人格也是通过社交网站的使用强化社会联系的一个重要影响因素。研究者发现，高水平的外倾性、开放性和情绪稳定性与更强的脸书社会联系有关（Grieve & Kemp，2015）。这也许是因为，高外倾性、开放性和情绪稳定性的个体有更好的压力容忍和更低的情绪反应性，所以他们更有能力贡献社会资本，也更有可能获得社会资本。这一结果也进一步支持了增进假说。这个假说认为，外向的个体使用在线环境来增强现有的社交网络（Valkenburg，Schouten，& Peter，2005）。

但是，也有研究（Jenkins-Guarnieri，Wright，& Hudiburgh，2012）发现，脸书的使用与人际关系的发起能力存在负相关。研究者（Subrahmanyam et al.，2008）认为，建立人际关系和发展亲密关系是社交网站使用的两个主要目标。研究结果显示，被试经常使用互联网，特别是社交网站，与朋友和家人联系。因此，被试的在线和离线网络之间有重叠。然而，该重叠是不完美的。该模式认为，初显期成人可以使用不同的网络环境加强他们的离线联系。对韩国脸书使用者的社交网站沉醉感、社交网站上的自我表露和事后人际关系的改变进行的研究发现，社交网站沉醉感与社交网站上的自我表露增加有着密切联系，对事后人际关系改变有积极影响（Kwak，Choi，& Lee，2014）。这个结果表明当社交网站沉醉感作为内部动机与社交网站上的自我表露作为外部动机整合在一起时，人际关系会发生积极改变。

　　人际关系与社交网站之间的关系比较复杂，可能会受到很多其他因素的影响。例如，有研究者发现，社交网站对使用者人际关系的影响会受到社交技巧的影响，社交网站的使用对低社交技巧人士的亲密社会联系的影响更大（Rothschild，2015）。自尊和生活满意度也与社会资本密切相关，自尊能够调节脸书的使用强度与社会资本之间的关系。与高自尊者相比，低自尊的年轻人能够通过使用脸书获得更多的社会资本（Steinfield，Ellison，& Lampe，2008；Ellison，Steinfield，& Lampe，2007）。纵向研究还发现，第一年使用社交网站的强度能够预测第二年的社会资本（Steinfield，Ellison，& Lampe，2008）。这也许是因为，脸书的适宜性有助于减少低自尊的学生在形成大型异构网络时的障碍，这些网络则是弥合社会资本的来源。

二、网络社交与同伴关系

(一)同伴关系概述

　　同伴关系主要是指同龄人之间或心理发展水平相当的个体之间在交往过程中建立和发展起来的一种人际关系。同伴关系在儿童、青少年的发展中具有成人无法取代的独特作用和重要的适应价值（邹泓，1998）。同伴关系随孩子的年龄而发生改变，年龄不同，同伴关系服务的目的也不同。发生在儿童的同伴群体和友谊关系建立过程中的事情会影响孩子其他方面的发展。儿童的同伴关系和友谊质量与发展和适应的多个方面相关，包括他们在校的学业成绩（Gifford-Smith & Brownell，2003）。周宗奎等人（2015）通过对同伴关系的追踪研究发现，社会技能、攻击和受欺负行为、社交退缩行为都会影响儿童、青少年的同伴关系，而同伴关系也会影响个体的心理社会适应（孤独感、社交自我知觉）。同伴关系既是儿童社会性发展的重要背景，也是社会性发展的主要内容（周宗奎等，2015）。

（二）网络社交对同伴关系的影响

随着互联网技术的发展、社交媒介技术的出现，同伴之间的交往形式发生了巨大改变。同伴关系与上网时间和总体的互联网使用情况显著相关（Gera & Kaur，2014）。社交网站是年轻人中非常流行和重要的沟通媒介。今天，社交网站在许多国家已经成为青年人同伴社交的重要工具。研究表明，青少年通过社交网站，如脸书与他们日常离线的社会生活相联系，即年轻人用他们的网上个人资料进行沟通和保持与现有朋友或他们已经认识的某些人的联系，而不是在线结识新朋友（Moreau et al.，2012；Ellison，Steinfield，& Lampe，2007）。

对许多学生来说，在线交流在促进同伴关系中发挥重要作用。对聋哑儿童的研究发现，网络社交让他们感觉更自由。基于文本的网络交流能够促进学龄期学生形成同伴关系。教师也可以利用社交媒介来提高学生的社交技巧和加强友谊（Toe & Paatsch，2012）。有研究者（Moreau et al.，2012）采用半结构化访谈法探讨了青少年脸书的使用与父母和同伴的关系。结果发现，青少年使用脸书不是为了建立新的亲密关系，而是为了保持现实生活中的同伴关系；青少年期的问题出现在青少年与父母的关系和自我形象方面。对青少年而言，社交媒介是一个用于扩展日常关系和沟通的传播媒介，是一个社交体验的地方。在这里，青少年体验竞争、嫉妒和社会支持，以及积极的或消极的自我形象。在在线的同伴交往中，青少年使用"社会信息搜索"，即围绕使用社交网站来发现更多关于某人与用户分享一些离线连接的信息的一系列行为。还不断有人呼吁，要超越对"在线"和"离线"两个二元社交世界的讨论，探讨如何把两种沟通渠道更好地整合进青少年的日常同伴互动中(Ellison, Steinfield, & Lampe, 2011)。

有研究者(Sun et al., 2013)对新加坡的男性少年犯进行了访谈，以了解在线沟通在他们同伴互动中的作用。结果显示，脸书是少年犯在线同伴互动的主要工具。然而，鉴于少年犯的特殊背景，在线社交网络呈现的问题可能会不利于他们努力改造。这些问题包括延长非结构化和无监督的同伴社交的时间和机会、同伴支持的违法行为和在在线空间中必须显示的群体忠诚的压力。即使在改造变好后，青少年试图使自己远离不良的同伴也会受到在线社交网络持久性的挑战。

建立同伴关系对儿童、青少年是一个非常重要的发展任务。随着互联网技术的发展、社交媒介的出现，同伴之间的互动方式发生了变化，这也为儿童、青少年建立同伴关系提供了机遇和挑战。如何利用新兴的网络技术来发展同伴关系？社交媒介给同伴关系带来了怎样的影响？移动社交媒介的出现对同伴关系的发展是有利的还是有弊的？目前，对这些问题的研究还很少，心理学研究者需要更多关注。

三、网络社交与亲子关系

(一)亲子关系概述

亲子关系是父母与子女之间的关系，是以血缘和共同生活为基础，以抚养、教养、赡养为基本内容的自然关系和生活关系的统一体(雷雳，王争艳，李宏利，2001)，是家庭中父母与子女互动所构成的人际关系(王云峰，冯维，2006)。亲子关系是个体一生中最早接触到的关系，是影响儿童未来同伴关系发展的重要源泉之一，包含亲子之间的关爱、情感和沟通(王云峰，冯维，2006)。大量研究发现，亲子关系可以影响儿童、青少年的心理发展(Rutter, 2010；吴旻，刘争光，梁丽婵，2016)、冒险行为（田录梅，2017）、心理健康（Morgan et al.，2012；陈丽娜，张明，2006）和主观幸福感（柴唤友，孙晓军，牛更枫，等，2016；Sobolewski & Amato，2007)等方面。

亲子关系会受到新的共同话题、相互参与活动、在线信息表露以及交流情感等一系列因素的积极影响。更深的互信、更小的代际差距和更少的父母监管的行为可以增加亲子之间的亲密度。在社交网站上，个体之间是平等的，社会地位线索的减少推动了父母和孩子之间的相互沟通，互联网已经成为家长和孩子之间沟通的新手段（Hsueh et al.，2010）。同时，研究者发现了两个新的预测亲密关系的因素：网络表露和透明度（Goh & Lee，2009）。这是研究亲密关系的新视角，即使没有父母和子女之间的现实互动，亲密关系也仍然可以增强。很多研究者认为，作为父母与子女额外的一种交流互动方式，网络社交这种交流模式更加积极（Ko，2007）。总体来说，互联网已经成为家庭成员相互联系以及相互陪伴的新途径。

(二)网络社交对亲子关系的影响

父母与子女之间沟通不足或沟通不良对家庭关系和其他亲密关系都会产生不利影响（Palazzolo，Roberto，& Babin，2010）。作为一种新的交流工具，互联网给我们的生活方式带来了巨大变化。它为人们与他人的交流提供了一种快捷、便利的方式，同时，也有助于克服交流沟通中时空的阻碍。这种便利使人们更愿意与他人建立新的关系，也鼓励人们保持现有的关系，如亲子关系。社交网站、即时通信和其他形式的网络社交改变了年轻人与其父母之间的交流沟通，为家庭关系带来了有趣的沟通挑战。父母不仅使用这些新技术与孩子沟通，而且在网上监控他们的行为，并使他们在与陌生人互动时远离危险，其中一些可以看作侵入式预防措施（Boyd，2008；Subrahmanyam & Greenfield，2008）。有研究发现，把父母作为社交网络好友的孩子不太可能成为网络欺凌的受害者，社交网站上的亲子联系具有特定的保护作用，这是由于孩子通过友谊机制向父母表露信息而产生的

(Mesch，2016)。年轻人可以将这些技术用于各种目的，如与他们在地域上分开的父母保持联系，或建立自己与父母之间的代际边界。

一部分研究者认为将父母作为社交网站上的"朋友"可能会使他们泄露隐私，从而对亲子关系产生不利影响(Kanter，Afifi，& Robbins，2012)。有研究发现，网络社交与亲子关系之间存在显著负相关(Alsanie，2015)。也有研究者(Ball，Wanzer，& Servoss，2013)认为，孩子是否会觉得父母在网络社交平台上侵犯或窥探他们的隐私，主要在于平时的家庭沟通模式，来自对话家庭沟通模式的女大学生更喜欢加父母为社交网站好友。当考虑到在脸书上是否与父母联系时，年轻人并不会遇到隐私困境(Child & Westermann，2013)。

所以，更多研究者认为，网络社交可以帮助年轻人在独立生活中与家人保持联系(Ellison，Steinfield，& Lampe，2007)。社交媒介可以帮助大学生和他们的父母保持联系，让他们能够了解彼此的生活。社交网站是一种有用的工具，让父母与孩子保持联系，而不会侵犯他们的隐私。大多数对隐私和社交网络的关注都集中在青少年而不是年轻人身上(Livingstone & Brake，2010)。所以，与青少年相比，大学生可能会觉得自己有更多的隐私。但是，与生活在相同的物理空间相比，大学生在虚拟空间中与父母的紧张关系能得到缓解。因此，父母在社交网站上的存在可能不仅不会让已到了上大学年龄的孩子感到麻烦，实际上反而会改善他们的关系。即使在父母加入脸书之前，亲子之间有诸多矛盾，父母在脸书上的存在也增强了孩子与父母的亲密关系(Kanter，Afifi，& Robbins，2012)。一项研究表明家庭矛盾与家庭中缺乏脸书友谊之间存在正相关关系，家庭矛盾与家庭中拥有的脸书友谊之间存在负相关(Goodman，2014)。也就是说，当父母和子女是社交网站好友时，家庭矛盾会减少。由此可见，亲子之间的网络社交不仅可以改善亲子关系，而且可以化解家庭成员之间的矛盾，让亲子关系更加亲密。

(三)原因分析

线索滤掉理论(Giuseppe,2002)认为,网络社交可以通过过滤掉在面对面互动中发现的身体和社会线索来促进关系的积极发展。这样做的好处是,它可以帮助个体克服社交障碍,使人们对自己的表达感觉更自由。它创造了一种舒适的氛围,人们愿意分享自己内心的想法和感受。所以,互联网可以作为消除在公开沟通中家庭内成员之间人际障碍的工具(Schwartz,2004)。从网络社交领域过滤掉的线索解释了脸书如何促进亲子关系的积极发展(Goh & Lee,2009)。缺乏非语言线索可以减少尴尬,有利于沟通交流。公平现象可以用于亲子关系,可以用于解释脸书中的沟通如何在亲子关系中保持平等。脸书能够促使父母和孩子能够作为平等的个体彼此交流,改善他们之间的关系。

拓展阅读

网络人际关系

网络人际关系是随着科学技术的发展而出现的一种人际关系。它是指以计算机、网络和数字符号为中介,在超文本和多媒体链接中建立的人与人之间的互动关系,是借助数字化的信息符号,在人与人之间形成的现代社会中新的互动模式(李锦峰,滕福星,2003)。简单地说,网络人际关系就是在网络空间中建立起来的人与人之间的心理关系。良好的网络人际关系有利于提高个体的心理健康水平,促进个体的心理发展,增强幸福感。

有研究者(刘珂,佐斌,2014)认为,网络人际关系和现实人际关系一样,包含认知、情感和行为三种心理成分。认知成分包括对他人和自我的认识,是人际知觉的结果;情感成分是指交往双方在情绪上的好恶程度、对交往现状的满意程度、情绪的敏感性及对他人、对自我成就感的评价态度,等等;行为成分包括人际交往活动的方式、过程与结果。三种心理成分中情感成分起着主导作用，制约着人际关系的亲密程度、深浅程度和稳定程度。网络人际关系的建立与发展，也必须有这种心理成分的参与。有研究者(刘珂，佐斌，2014)在综合国内外学者的有关观点之后，认为与传统面对面的现实人际关系相比，网络人际关系具有自身的一些特点，主要有虚拟性、间接性、平等性和开放性等特点。

很多关注网络人际关系的学者都对一个问题感兴趣，那就是网络与现实人际关系两者之间有着怎样的关系？网络人际关系是否和面对面的人际关系一样是真诚的、亲密的和稳定的？陈秋珠(2006)、刘珂和佐斌(2014)等学者对国内外的研究进行总结之后发现，当前对网络人际关系与现实人际关系的研究存在两种截然对立的观点：一种认为网络人际关系是对现实人际关系的延伸和拓展；另一种则认为网络人际关系是对现实人际关系的弱化和疏离。刘珂和佐斌(2014)分别将其归纳为延展论和弱离论。延展论认为，网络人际关系是现实人际关系的延伸和拓展。网络人际关系扩大了人际交往的范围，允许人们加入团体，并在共同兴趣的基础上建立人际关系。这种人际关系不仅是真实的、亲切的，而且是牢固的、有效的。弱离论认为，网络人际关系总体上是对现实人际关系的弱化和疏离。网络人际关系是无聊的、孤独的、肤浅的、脆弱的、不真实的、不健康的。也就是说，在互联网上不可能建立真诚的、亲密的和稳定的人际关系。

吕剑晨和张琪(2017)采用实验的方法对网络人际关系与现实人际关系质量的差异进行了研究。结果发现，在匿名条件下，被试在现实人际关系中更多地表露自我，被试对现实人际关系中他人的品质有更积极的评价，同时交友意愿更强，无论亲疏关系。被试对网络维持人际关系持否定态度。因此，研究者认为，现实人际关系的质量优于网络人际关系。

随着移动互联网的发展，网络社交已经成为现代社会人际交往的一种重要方式和实践。网络人际关系是现实人际关系的延展还是疏离，我们也要从不同的角度来看，而且两者之间的关系也因人而异。因为交往方式、人格等方面的不同，每个人的感受也会不一样。所以，我们要用一种包容的心态看待每一种新鲜事物。

第三节　网络社交与浪漫关系的相关研究

浪漫关系是人际关系的重要部分，很多人都渴望处于一段美妙的浪漫关系中。无论是在文学作品还是心理学文献中都有着很多关于浪漫关系的描述，只是不同学科所关注的视角不同。随着互联网技术的发展和社交媒介的普及，网络社交在浪漫关系形成、发展和破裂中的作用也更加重要。大量研究表明，网络社交对浪漫关系的每个阶段都会产生重要影响。

一、浪漫关系概述

浪漫关系是心理学研究的重要问题。青少年期最引人注目的发展之一就是浪漫关系的出现。到了十五六岁，绝大多数青少年都曾有过一些约会的经历。虽然这些关系往往是短暂的，但关于青少年发展的当代理论观点认为，浪漫关系处在青少年社交世界的中心（Furman & Shomaker，2008）。浪漫关系指的是情侣之间的人际关系，即情侣在交往过程中形成的一种心理关系（牛璐，雷雳，谢笑春，2016）。虽然青少年期的恋爱关系早就受到了文学、电影和流行音乐的广泛关注，但在对青少年浪漫关系的发展意义的学术调查之后才蓬勃发展（Collins，Welsh，& Furman，2009）。世界各地的许多不同的研究机构已经开始探索青少年浪漫关系的本质和过程，并且取得了很多的研究成果。

我国学者刘文、毛晶晶（2011）对青少年的浪漫关系进行了较为系统的研究，认为青少年的浪漫关系普遍开始于青春期，浪漫关系的发展主要表现在亲密性和双方关系的变化等方面。通过对大量文献的总结，刘文等人认为，影响青少年浪漫关系发展的因素主要包括家庭因素、同伴关系、个体沟通手段、文化因素、身份地位、问题行为、生活历史策略、心理健康程度等。除此之外，刘文等人（2014）还对浪漫关系进行了实证研究。结果发现，高一年级是浪漫关系发展的敏感期，浪漫关系与母亲依恋、同伴依恋呈显著负相关，母亲依恋在一定程度上可以预测浪漫关系的发生。有研究者（Shaver & Brennan，1992）对人格和依恋风格与浪漫关系进行了研究，发现在对浪漫关系的预测中，人格并没有依恋风格的作用大。青少年的浪漫关系与学业成绩之间存在密切关系，不同浪漫关系状态的青少年的学业成绩存在显著差异（毛晶晶，2012）。

国外学者认为，浪漫关系是婚姻路上的垫脚石（Surra，Arizzi，& Asmussen，1988），会影响幸福感（Leak & Cooney，2001）、情绪（Simpson et al.，2007）和身体健康（Braithwaite，Delevi，& Fincham，2010）。浪漫关系的结束则与消极影响、认知改变有关，甚至还能够预测更加消极的结果，如企图自杀（Simons & Barr，2014；Donald et al.，2006）。对非婚姻浪漫关系破裂的元分析发现，承诺、爱、包容和依赖是浪漫关系破裂最强的预测因素。其他关系变量，如满意度、对替代者的知觉和投资都是关系破裂的适度预测因素。社会网络支持的外部因素也是一个强有力的预测指标（Benjamin et al.，2010）。

浪漫关系是青少年社会关系的主要特征，是青少年社会性发展的核心内容之一，对青少年的独立性发展、身份识别、亲密行为能力，以及冲突的解决能力都有重要影响（刘文，毛晶晶，2011）。但是，互联网技术的发展、社交媒介的出现，是否会给青少年的浪漫关系带来不同的影响呢？除了青少年的浪漫关系，社交媒介的使用还会对其他群体的浪漫关系有怎样的影响？这些都值得进一步探讨。

二、网络社交与浪漫关系

人际互动和关爱是保持健康浪漫关系的关键因素（Ahmetoglu，Swami，& Chamorro-Premuzic，2010）。有研究者（Fox，Osborn，& Warber，2014）指出，网络社交具有以下几个特点：①连通性，是指无论相距多么遥远，网络成员都承认对方的存在，并经常通过公共节点或"好友"查看彼此的内容；②可视性，是指以前不容易接触的或不公布的信息，现在都可以在网络上共享；③持久性和可复制性，是指联系在一起的文字、图片和张贴在社交网站上的其他内容的数字特性。这些特性有助于浪漫关系中的个体相互沟通，增进了解，有利于浪漫关系的形成、维持和增强。社交网站如脸书也常被用来监测自己的伴侣或前任伴侣（Fox & Warber，2014），由于个人隐私被侵犯，伴侣的监视行为也常常会引发浪漫关系的冲突。因此，网络社交在促进和维持浪漫关系的同时，也有可能会危害到浪漫关系。

(一)网络社交对浪漫关系的积极影响

浪漫关系中的伴侣主要通过访问或关注伴侣主页、转发和分享特定的话题、使用社交媒介的即时聊天工具、给伴侣留言或评论这四种方式在网上与另一半互动（姚正宇，2013）。网络社交的性质为使用者提供了有关浪漫卷入信息的前所未有的获取方式。网络社交行为在浪漫关系发展中扮演着重要作用。个体通过社交网站与现有的浪漫伴侣保持联系，也通过社交网站寻找潜在的未来伴侣（Rau et al.，2008）。一项对55名大学生的质性研究（Fox，Warber，& Makstaller，2013）发现，被试几乎普遍将社交网站作为浪漫关系发展早期互动的主要工具，社交网站代替了询问电话号码，可以让社交网站用户避免直接与对方对话的紧张感。如果他们希望进一步联系，可以向目标发送非正式的朋友请求，以便他们能够完全访问对方的个人资料，并打开沟通渠道。田媛（2012）的研究也发现，互联网的特点能够使社交退缩的个体更容易在网络中与人交往，建立浪漫关系。

网络社交还能促进伴侣之间的了解，从而带来亲密感，减少不确定感，有助于浪漫关系的维持和提升。社交网站等网络社交平台可以为浪漫关系中的伴侣提供大量的信息资料，是关系形成初始阶段降低不确定性的主要手段（Fox，Warber，& Makstaller，2013）。例如，社交网站允许个人发布他们想要分享的个人信息，根据隐私设置，所有人或只有好友可以查看该信息。因此，社交网站是有关个人活动、兴趣、好友及其当前关系状态的信息的丰富来源。此外，网络社交的作用还表现为对伴侣近况和想法的掌握、沟通话题的增多、对伴侣朋友圈的掌握和熟悉等方面（姚正宇，2013）。不确定性理论认为，关系发展的主要目标是提高伴侣的确定性水平（Berger & Calabrese，1975）。关系不确定性源自关系性质的模糊，如不知道其伴侣是否认真对待他们之间的关系，或者他们之间的关系是否具有未来（Knobloch & Solomon，1999）。通过社交网站，人们可以悄悄地关注他们的伴侣与他人的社交互动，公共的社交网站互动环境为使用者及其伴侣提供了公开表达感情和相互归属的机会（Utz & Beukeboom，2011）。对伴侣的监视和浪漫关系的公开表露减少了不确定性。在网络社交中，不确定性减少和相互自我表露可能比在面对面互动中更为普遍（Parks & Floyd，1996）。在线关系的本质会增加自我表露，有助于减少关系的不确定性，从而提高关系的质量。

在网络社交平台公开浪漫关系或表露关系状态会促进浪漫关系的发展。很多社交网站（如脸书、QQ）能够显示用户的感情状态（如单身、恋爱中、已婚等）。将关系状态设置为"单身"被认为是尝试与潜在伴侣取得联系的首选方法（Young，Dutta，& Dommety，2009）；将关系状态设置为"恋爱中"，并把伴侣的照片放在主页上，说明使用者及其伴侣都表现出较高的关系满意度（Papp，Danielewicz，& Cayemberg，2012）。在社交网络中公布关系状态可以解释为一种社会和人际关系的承诺，并且作为这对伴侣"离市"（off the market）的迹象。关系状态传达关于爱与嫉妒的关系质量的信息。研究者认为，公开关系状态不仅可以提升嫉妒感（Orosz et al.，2015），而且还可以提升女性的关系满意度（Papp et al.，2012）。

　　脸书不仅可以向好友展示用户的感情状态，而且还可以将个体的主页和伴侣的主页联系在一起，即"关联"。在一项研究（Fox，Warber，& Makstaller，2013）中，77.1%的被试在浪漫关系中是关联的。被试普遍认为，如果一对伴侣是关联的，这意味着他们已有专门的约会对象，而且关系已经足够稳定。另一项对初显期成人的研究（Fox & Warber，2013）还发现，关联的动机分为社会动机和人际动机两种。社会动机包括吸引他人的注意、向他人传递恋爱状态、炫耀和报复等，人际动机则是向伴侣表达承诺、定义关系、显示关心和认真等。所以，关联对于处在浪漫关系中的个体来说是重要的，因为关联是忠诚和关系稳定的象征（Fox & Warber，2013；Fox，Osborn，& Warber，2014）。

　　远距离浪漫关系被定义为地理距离限制了伴侣之间的日常身体接触，并阻碍了他们彼此之间尽可能多地相处的一种浪漫关系（Pistole & Roberts，2011）。由于距离，传统（面对面）的关系维护行为表达在远距离浪漫关系的伴侣之间会受到限制。为了补偿，他们可能会使用社交网站来实施关系维护行为。例如，他们可能给自己的伴侣发送消息说"我爱你"，或在特定的时间发布有关他们想法的状态（Stafford，Dainton，& Haas，2000）。物理距离似乎已不再是希望保持浪漫关系的伴侣的主要障碍，因为社交媒介技术的进步使得人们能够与自己的伴侣随时保持联系（Saslow et al.，2012）。有研究者（Billedo，Kerkhof，& Finkenauer，2015）对远距离浪漫关系和近距离浪漫关系之间社交网站的使用进行了研究。结果发现，远距离浪漫关系的伴侣社交网站的使用强度要远远高于近距离浪漫关系的伴侣，远距离浪漫关系的伴侣使用社交网站更多是为了关系的维护。社交网站的易访问性和交流模式的可选择性，使人们不仅可以传达战略信息，而且还可以传递常规和日常的信息。定期分享相关的信息，具有关系维护的功能(Dainton & Aylor，2002)。

由此可见，网络社交有助于浪漫关系的形成、发展和维持。个体可以在社交网站上收集伴侣的大量资料，并发表关系状态，这些行为可以提高伴侣之间的亲密关系，减少伴侣之间的不确定感，从而提升浪漫关系满意度。但是，任何高科技的发展都是一把双刃剑，网络社交在提升浪漫关系的同时，也可能对浪漫关系产生伤害，甚至导致浪漫关系的破裂。

(二)网络社交对浪漫关系的消极影响

尽管网络社交给浪漫关系带来了诸多好处，但越来越多的研究表明，网络社交也会给浪漫关系带来很多不利的影响(Clayton，Nagurney，& Smith，2013；Marshall et al.，2013)。姚正宇(2013)对网络社交对浪漫关系的危害进行了总结，他认为网上文字缺乏情境的信息易导致误解；网友作为第三方的过度关注会造成关系的紧张和矛盾，部分社交网站的公开性使得网络谩骂变得轻而易举；伴侣能够公开地和前伴侣保持联系，从而引起关系中的不确定感、嫉妒甚至冲突。此外，已有研究表明，网络社交中的监视、嫉妒等都会损害浪漫关系(Utz & Beukeboom，2011；Tokunaga，2011；Clayton，Nagurney，& Smith，2013；Papp et al.，2012)。

1. 网络社交中的监视、嫉妒和冲突等对浪漫关系的影响

网络社交中的监视、嫉妒和冲突等能够消极地影响浪漫关系。由于可见性、连通性和持久性，像脸书这样的社交网站也常被用于监控伴侣或前伴侣(Fox & Warber，2014)。由于社交网站允许通过发帖、标记和应用程序将自己生成的信息与他人生成的信息绑定在一个人的个人主页上，因此在一个易于访问的位置融合了多种信息来源。使用者可以通过查看帖子、事件或位置签到来跟踪他的伴侣。照片可能是最大的信息来源，因为它们可能会显示伴侣在哪里、与谁在一起，以

及在做什么等细节。如果把它们发布到社交网站，信息的持久性和可复制性可能会使其难以隐藏暧昧关系或其他可疑行为。当社交网站被用作监控工具时，它可能会对当前的浪漫关系产生负面影响（West，2013）。

社交网站使伴侣能够访问与他们有关的重要他人的更多信息（Utz & Beukeboom，2011）。有研究者（Tokunaga，2011）发现，人际电子监控更可能发生在年轻人身上，处于较短或较新关系中的年轻人会使用监控策略对自己的伴侣进行信息搜索。虽然这对认识和了解彼此的过去有积极的影响，但也可能会引起嫉妒。对脸书的研究（Muise et al.，2009）发现，脸书的使用会增加浪漫伴侣中的嫉妒，主要原因是在浪漫伴侣的个人资料页面上发现的模糊信息可能引起嫉妒。其他研究者（Lyndon，Bonds-Raacke，& Cratty，2011）也发现，脸书监控会导致负面关系的出现，如在线和离线的关系入侵，也会引起伴侣的嫉妒。因此，脸书引起的嫉妒可能会成为一个反馈回路，个体会过度使用脸书来发现有关其伴侣的信息，以减少他们已经发现的信息中的模糊性或不确定性。

浪漫伴侣能够相互联系，并将他们的社交网络整合到社交网站上，但也使得有些人难以保护隐私和保持独立性。所以，社交网站是一个能够引发浪漫冲突的地方（Fox，Osborn，& Warber，2014）。一项对推特使用的研究（Clayton，2014）发现，高频率的推特使用会导致大量的浪漫伴侣之间产生与推特相关的冲突，从而导致婚姻关系的破裂，而且这种间接的影响并不依赖浪漫关系的维持时间。社交网站的使用与婚姻质量和幸福感呈负相关，与经历困扰的关系和离婚考虑呈正相关（Valenzuela，Halpern，& Katz，2014）。

还有研究者（Valenzuela，Halpern，& Katz，2014）探讨了使用社交网站与婚姻满意度和离婚率之间的关系。结果发现，社交网站的使用与婚姻质量和幸福感呈负相关，与体验到的混乱关系和离婚考虑呈正相关。在控制了所有影响离婚率的经济和社会人口因素之后，在美国，脸书在 2008 年到 2010 年之间的扩散与在同一时间内增加的离婚率呈正相关。有研究者（Cornwell & Lundgren，2001）对虚拟空间和现实空间的浪漫关系中的卷入和错误呈现进行了研究。结果发现，卷入程度（特别是承诺和严肃性）往往在网络空间的浪漫关系中更低，错误呈现的数量（尤其是年龄和外表吸引力）往往在网络空间的浪漫关系中更多。因果分析表明，空间会影响卷入的程度，反过来又会影响错误呈现的数量。高度的情感和行为卷入是浪漫关系的中心特征。所以，在网络空间中较低的卷入和较多的错误呈现最终会导致浪漫关系的破裂。

2. 社交媒介的过度使用对浪漫关系的影响

社交媒介的过度使用会对浪漫关系的质量产生消极影响。已有研究发现，强制性的互联网使用者报告与其伴侣有更多的冲突，除了承诺较低、亲密感较低、自我表露较少外，还有更多的排斥感和隐瞒（Kerkhof，Finkenauer，& Muusses，2011）。随着移动互联网和智能设备的发展，尤其是社交媒介的普及，手机已成为我们生活的主要干扰因素。在约会中，伴侣过多地低头看手机会影响浪漫关系满意度，并间接引起伴侣的抑郁（Wang et al.，2017）。当伴侣把大量时间用在使用社交媒介与其他人交流、互动，而不是关注另一半时，不可避免地会出现关系问题。因为伴侣过度使用社交媒介会使个体产生被忽视的感觉，可能引发浪漫关系的最终破裂（Nongpong & Charoensukmongkol，2016）。有研究者（Clayton，Nagurney，& Smith，2013）发现，高水平的脸书使用与消极的关系结果有关，高水平的脸书使用会引发与脸书相关的冲突，进而对浪漫关系产生消极影响。这对三年或更短时间的浪漫关系的影响更严重。取代假说也认为，花费在社交媒介上的时间可能会取代或减少与伴侣的有意义的互动，破坏他们的关系满意度。

研究表明，社交媒介的过度使用可能会损害个体与其他人在现实生活中发展的人际关系的质量（Charoensukmongkol，2015）。社交媒介的过度使用让个体对身边的伴侣漫不经心，也会降低与伴侣在一起时的质量，从而导致关系的亲密度受到损害（Hand et al.，2013）。此外，目睹伴侣使用社会媒介过多地与其他人交流互动，也会引起不信任和嫉妒，从而触发另一半采取不当的行为，如监视或监督伴侣的社交媒介行为（Muise，Christofides，& Desmarais，2014）。对青少年的研究也发现，手机等社交媒介为青少年提供了伴侣与日常同伴互动的可见度，可能会引发嫉妒，从而导致信息骚扰等对浪漫关系不利的行为（Rueda，Lindsay，& Williams，2015）。

网络成瘾、手机成瘾、游戏成瘾和社交网站成瘾是近年来出现的技术成瘾，通常被认为是行为成瘾的一个子集，具有成瘾的核心特征，如显著性、退缩性和兴奋性，这些成瘾行为都会对心理、人际和工作产生消极影响（Wilson，Fornasier，& White，2010；Czincz & Hechanova，2009；Walsh，White，& Young，2011；Griffiths，1996）。其中一种被很多研究者关注的社交网站成瘾叫作脸书入侵（Facebook intrusion）。高水平的脸书入侵是指对脸书的过度依赖，它会干扰日常活动和关系功能（Elphinston & Noller，2011）。被脸书侵入日常生活的人会很容易地知觉到关系威胁，并以产生嫉妒的想法和参与监督的行为做出回应。因此，在浪漫关系中，脸书入侵会转化为对关系威胁的过度警惕、与嫉妒相关的怀疑和监视行为。脸书入侵与对浪漫关系的不满相联系，并通过嫉妒认知和监视行为对浪漫关系产生间接影响（Elphinston & Noller，2011）。

总结一下，认为伴侣过度使用社交媒介的个体更有可能体验到三个关系问题：孤独感、缺乏关心和嫉妒。实证研究也发现，知觉到伴侣过度使用社交媒介的个体往往反映出知觉到的缺乏关心、孤独感和嫉妒更多。但是，只有缺乏关心能够显著预测分手或关系的破裂（Nongpong & Charoensukmongkol，2016）。该研究还发现了一个更加有趣的现象，当评估关系问题的人比自己的伴侣使用社会媒介的程度小时，伴侣的社交媒介使用将会使个体体验到更加明显的关系问题，个体会认为过度使用社交媒介对他们关系的影响更为严重。相反，报告他们在社交媒介上比自己的伴侣使用程度更大的个体，其感知到的社交媒介过度使用对关系问题的影响大大减轻。原因可能在于，对于喜欢使用社交媒介的个体来说，他们可能不太重视或不太在意伴侣的社交媒介行为（Nongpong & Charoensukmongkol，2016）。

第七章　网络社交与友谊

批判性思考

1. 有人说："网络中的朋友，像雾像雨又像风，来无影，去无踪，没有借你忧伤时靠一靠的肩头，但由于少了现实中的利益关系，却有了心与心的交流。"在线友谊和离线友谊是相互影响的吗？网络友谊能经得住时间的考验吗？

2. 有人说："网络友谊，是心与心的交流，但也可能成为无聊与空虚的堆积。"所有这些都是由动机决定的。你的网络友谊是哪一种？你想要哪一种？

3. 手机等移动媒介可以让我们随时随地与好友保持联系，可是当有些人和好友相聚时，手机却又让他们成为低头族而无暇和好友谈心。手机等移动媒介是让我们和好友的关系更亲密了还是更疏远了？

关键词

友谊；在线友谊；友谊质量；个体适应；心理健康；亲子依恋；自我表露；移动社交媒介

随着互联网技术的发展和普及，网络给人们带来了许多便利。但在互联网的世界里，友谊的命运又是什么样的呢？从数字时代开始，友谊发生了怎样的变化？友谊和其他人际关系是数字媒介时代的核心方面，包括 Web 2.0、社交网站和 Web 3D 虚拟世界。这些技术将通过改变我们生活的方式影响友谊。在线友谊越来越成为人们生活的一部分。因此，越来越需要科学地研究虚拟空间中的社会交往对友谊产生的影响。

第一节　友谊概述

友谊的本质已经被心理学家、哲学家、人类学家和社会学家讨论了很久。友谊的显著特征是古往今来哲学辩论的主题。青少年期一个重要的发展任务就是学习如何形成和维持密切的、有意义的人际关系。友谊对青少年的社会性发展至关重要（Ojanen et al.，2010）。亚里士多德(1980)说过，友谊是人类幸福的关键。任何一个人都需要快乐，他需要朋友和其他人亲近他。友谊是生活的必需品，就像空气和水。如果没有朋友，就没有生活的选择，即使你拥有所有其他的优势。

一、友谊的定义

在 20 世纪 50 年代，沙利文（Sullivan，1953)指出，友谊在个人能力和自我认同的发展中起到了关键作用，而且会对青年人的适应产生深远的影响。众所周知，友谊对儿童和青少年幸福感的获得是极其重要的。友谊也被认为能够帮助儿童和青少年为成年期的亲密关系做准备。朋友可能会提供宝贵的社会支持，也许在压力大的时候，朋友比亲人做得更多。此外，朋友还为必要的社会技能的获得提供了独特的社会背景。

关于友谊的定义存在很大的分歧，但是研究者大多强调以下几个特征：友谊是两个个体之间相互作用的双向关系，而非简单的喜欢或依恋；友谊是一种相互充满深情的友好关系；友谊是一种较为持久和稳定的关系；友谊是以信任为基础、以亲密性支持为情感特征的关系（邹泓，1997；张文新，1999；王英春，邹泓，张秋凌，2006）。此外，友谊作为一种人际吸引，代表的是双方的、相互的、亲密的关系，反映的是个体之间互惠的、积极的情感（Bukowski & Hoza，1989）。徐伟等人（2006）对大学生的友谊进行研究发现，大学生对友谊概念的认知主要包括四个方面：关心与支持、分享与交流、共同活动与联系、矛盾与冲突。对初中生的研究（王英春，邹泓，叶苑，2006）发现，初中生的友谊包括关心与帮助、重情轻利、信任与尊重和兴趣相投四个方面。由此可见，不同年龄的个体对友谊的认知有相似的部分，但也有区别，这也说明了友谊的复杂性。

二、友谊对个体的影响

（一）友谊对个体适应的影响

在青少年期，同伴群体变得越来越重要，交朋友也成为个人发展的一项核心内容。以前的研究已经证明，友谊在青少年期的心理和行为发展中发挥着重要作用（Ueno，2005）。友谊质量是影响社会适应的一个因素，友谊质量通过增强幸福感、适应社会信息加工模式和同伴接纳来促进良性发展。无论是友谊的数量（如朋友数量）还是质量（如知觉到的积极的友谊质量和冲突）都会通过缓解孤独感和抑郁而对青少年幸福感的获得产生有益的影响（Demir & Urberg，2004）。人们发现，当友谊质量较差时，有朋友可能并不会有助于适应（Brendgen et al.，1999；Ojanen et al.，2010），但较好的友谊质量是预测情感适应的唯一友谊变量，好友的数量通过对友谊质量的积极影响而对情感适应产生间接的影响（Demir & Urberg，2004）。对中学生的研究（金灿灿，邹泓，2012）也发现，友谊质量对中学生的社会适应有显著影响，且存在显著的班级差异。班级环境中的竞争气氛可以显著增强友谊质量对积极社会适应的正向预测作用，师生关系可显著增强友谊质量对消极社会适应的负向预测作用。

亲密的友谊还可以帮助社交焦虑的早期青少年抵御并发的心理风险。有研究者（Erath et al.，2010）调查了亲密的友谊是否会调节早期青少年的社会焦虑和心理适应不良之间的关系，结果支持了亲密的友谊的调节作用。相比于有较少亲密友谊的早期青少年，有更多亲密友谊的早期青少年，与社交焦虑相关的孤独感水平和自我报告的受伤害程度会降低。此外，友谊和同伴侵害还能够预测学校适应。有研究者（Erath，Flanagan，& Bierman，2010）发现，友谊支持能够预测更高水平的学校喜欢和学习能力，同伴报告的侵害则会导致学习能力下降。同伴侵害对高质量友谊支持的学生的学校喜欢危害更大。有研究者（Ishimoto et al.，2009）还考察了初高中女生友谊风格的两个方面（与朋友的一致性和心理距离）与心理适应和学习适应的关系。结果发现，一致性水平高和心理距离远的表面友谊与低水平的心理适应和学习适应相关，一致性水平低和心理距离近的尊重友谊与更好的心理适应和学习适应相关。在初中，一致性水平高和心理距离近的亲密友谊与更好的心理适应和学习适应相关。相反，有着亲密友谊的高中生的心理适应更差。

（二）友谊对心理健康和心理发展的影响

对成年人群的研究已经表明，具有社会融合性的个体有更高的心理健康水平。有研究者（Ueno，2005）调查了那些被纳入友谊网络的青少年的心理是否更健康，并用抑郁症状的数量来进行衡量。结果表明，与以前成人研究的结果一致，与友谊网络的融合程度越高，抑郁症状越少。结果还表明，朋友越多，抑郁症状越少的这种关系在很大程度上是以归属感为中介的。这个结果也为"在社会中，社会融合通过诱发与他人关系的积极情感而促进心理健康"的假说提供了支持，尽管这个假说经常被提起但很少被实证研究证明。

有研究者（Litwack，Aikins，& Cillessen，2012）对友谊中的两种人气类型（社会测量的人气和知觉到的人气）对抑郁症和自尊的影响进行了研究。结果发现，社会测量的人气与更多低冲突率的往复式友谊有关，知觉到的人气与更多友谊支持和冲突有关。友谊冲突在男女生的社会测量人气与抑郁的关系中起中介作用，只在男生的社会测量人气与自尊的关系中起中介作用。知觉到的人气减少了抑郁症状，增强了自尊。国内的研究（田录梅，陈光辉，王姝琼，等，2012；田录梅，张文新，陈光辉，2014）也发现，父母支持、友谊质量和友谊支持都会对青少年的孤独感和抑郁状况产生影响。父母支持既直接影响孤独感和抑郁，也通过影响友谊质量进而影响孤独感和抑郁状况。友谊支持是预测孤独感的更好指标，父母支持是预测抑郁的更好指标。对我国留守儿童的研究也发现，友谊质量对留守儿童的孤独感和抑郁尤为重要，友谊质量在一定条件下能缓冲留守压力对儿童的影响，是留守儿童心理健康的一个保护因素（王晓丽，胡心怡，申继亮，2011）。

还有研究者（Jones et al.，2014）对心理发展、自我认同状态和友谊进行了测量。结果发现，友谊冲突和支持均与心理发展、自我认同状态存在相关。友谊冲突和支持可以预测自我认同的完成（3.2%）、延缓（2.4%）和混乱（2.5%）的变异，但都与自我认同闭锁无关。友谊冲突与自我认同的延缓和混乱呈正相关，而友谊支持与混乱呈负相关。

(三)友谊对物质使用的影响

吸烟和酗酒是青少年突出的危险行为，同时也是重要的公共卫生问题。同伴群体一直被认为是与青少年的酒精和其他药物使用相关的重要社会环境因素。同伴影响模型假设，与青少年同伴群体相关的因素是药物使用行为出现的重要原因，而友谊网络是同伴影响的一个重要来源。

有学者（Fujimoto & Valente，2012）研究了友谊对青少年酗酒和吸烟的影响。结果发现，友谊的类型不同，这种影响也不一样。他们把友谊关系分成了三种：互惠或回报型、定向型和亲密朋友。结果表明，互惠或回报型的友谊关系对青少年药物使用的影响比定向型的友谊关系更大，尤其是对吸烟。在定向型的友谊关系中，两种提名（他们提名的和提名他们的）的友谊对他们吸烟和酗酒行为的影响是相同的，而来自最好朋友的影响最弱。这项研究表明，在评估朋友对青少年物质滥用的重要影响时，需要考虑友谊关系的不同特点。有研究者

(Pollard et al.，2010)还采用纵向研究的方法，使用社交网络分析和发展轨迹分析技术对青少年的友谊网络和烟草使用轨迹进行了研究。结果发现，有更多抽烟的朋友的青少年更可能具有较高的烟草使用轨迹。这项研究还指出，一个人的社会网络特点与吸烟行为之间具有长效相关。

有研究者(Huang et al.，2014)针对在线和离线友谊网络对青少年吸烟和酗酒行为的影响进行了研究。结果发现，青少年社交网站的使用频率和他们在同一个社交网站最亲密的朋友的数量与危险行为并没有显著相关。暴露于朋友的在线派对或喝酒的图片与吸烟和酗酒行为显著相关。有饮酒的朋友的青少年酗酒的风险水平较高。暴露于危险的网上内容对青少年的危险行为有直接的影响，并与他们朋友的高危行为显著相关。

很多研究者开始关注行为和友谊之间的关系，结果发现，两者之间并不是单向的，而是双向的。也就是说，友谊和行为之间相互影响，友谊和物质使用之间也相互影响。有研究(Mercken et al.，2010)发现，在吸烟行为上朋友选择和影响过程起着同样重要的作用。吸烟的朋友会影响青少年的吸烟行为，而青少年也可能会选择有着相同吸烟行为或爱好的青少年做朋友。有研究(Sieving et al.，2000)发现，好友使用药物的水平越高，越会导致被试酗酒行为的增加，但结果并不支持相反顺序的关系。所以，研究者认为在青少年朋友之间酗酒行为的相似性也许与同伴影响的过程更相关，而与同伴选择的过程的相关更小。无论结果是否一致，可以肯定的是友谊会对青少年的吸烟、酗酒行为产生影响。它们是否存在相互作用还需要以后的研究来加以验证。

扫描拓展

和朋友约会更有好处吗？

友谊是人一生中非常重要的内容。综上所述，我们也发现友谊质量的高低会对人的各个方面产生影响，影响个体的环境适应、身心健康和物质使用。所以，关于友谊的研究对个体的身心发展至关重要。

三、影响友谊的因素

（一）同质性

同质性是友谊的一个主要特点，即个体倾向于与他们相似的人成为朋友并维持友谊（McPherson et al.，2001）。有研究（Hafen et al.，2011）发现，在友谊中更为相似的青少年，他们的友谊也更加稳定。地域接近是同质性形成的原因之一，人们认为地域接近更利于个体的适应和互动。在地理上界定的组织中，如社区或学校，聚集的个体有着相似的特点，如宗教、种族、收入等。因此，空间上的接近促使相似的人之间创造和维持友谊，同质性可以让友谊更长久（Preciado et al.，2012；Hafen et al.，2011）。有研究者（Preciado et al.，2012）认为地域接近是友谊形成的决定性因素，并对青少年友谊的距离依赖进行了研究。结果发现，友谊的稳定性会随距离的增加而平稳下降。对于在不同学校的青少年，这种依赖性是线性的，而且这种依赖性比在同一所学校的青少年更强。在友谊形成的过程中，同质性的混合影响得到了研究者的广泛认同。大量实证研究都发现，物质使用、教育愿望水平、政治取向和参与反社会行为等方面的同质性会对友谊产生重大的影响（Kandel，1978；Noel & Nyhan，2011；Massen & Koski，2014）。

相似的音乐偏好和参与相同的体育运动都会影响青少年的友谊。有研究者（Selfhout et al.，2009）采用纵向研究的方法探讨了音乐偏好在早期青少年的友谊形成和维持中的作用。结果表明，相似的音乐偏好与友谊的形成相关，而与友谊的中止无关。还有研究（de la Haye et al.，2011）对体育活动如何塑造友谊或被友谊塑造进行了研究。结果显示，青少年倾向于与自己有着类似体育活动量的同龄人交朋友，并随后效仿朋友的行为。这些都表明，青少年的友谊网络和体育活动之间有着相互依存的关系。

（二）亲子依恋

依恋理论认为，与主要照顾者的亲密关系是亲子关系之外的亲密关系发展的重要基础。所以，青少年的友谊会受到亲子依恋关系的影响。有研究者（Zimmermann，2004）对青少年期的依恋表现和友谊特点的关系进行了研究。结果发现，青少年期的依恋表现和友谊关系有着密切的联系。青少年和父母依恋关系的性质与运动的友谊经历显著相关，越安全的亲子依恋对应越积极的运动友谊（Carr，2009）。对五、六年级小学生的研究（Kawk & Jeon，2010）还发现，对母亲的依恋会影响他们的友谊，进而影响他们化身图像装饰的需要和化身识别，从而又会影响网络成瘾倾向。

有研究者（Markiewicz，Doyle，& Brendgen，2001）还探讨了母亲的人际关系，对父母、朋友的依恋和亲社会行为与青少年友谊质量的关系。结果发现，与依恋理论模型一致，青少年对婚姻质量的认知能够预测对父母、朋友的安全依恋，对朋友的安全依恋又能够预测最佳友谊质量；对婚姻质量和母亲的社交网络质量的认知能够预测青少年的亲社会行为，亲社会行为又能够预测友谊质量和与朋友的情感。

（三）其他因素

影响青少年友谊的因素除了同质性、亲子依恋之外，还有很多其他因素，如青少年的同情心、人际能力、动机、情绪识别技巧等。有研究者（Chow，Ruhl，& Buhrmester，2013）发现，青少年的同情心与亲密和冲突管理能力呈正相关，而青少年的亲密和冲突管理能力越强，就会拥有更多的亲密友谊。青少年的亲密和冲突管理能力在同情和友谊之间起着中介作用。

对友谊动机的研究（Ojanen et al.，2010）发现，外部的友谊动机能够预测六年级学生做出友谊提名时的行为，还可以预测随着时间的推移低友谊质量会更低。内部的友谊动机可以预测六年级学生做出友谊提名时的内心状态，还可以预测一个朋友过渡到初中时的受欢迎程度和随着时间的推移低友谊质量会更高。由此可见，是否发自内心地想交朋友将会对以后的交友行为和友谊质量产生很大的影响。

青少年的情绪识别技巧对女性青少年的友谊影响更大。有研究者（Rowsell et al.，2014）探讨了青少年的情绪识别技巧和友谊的关系。结果发现，青少年早期的情绪识别技巧可以预测青少年晚期的女生的友谊。如果八年级的女生有较低的情绪识别技巧，那么她们到了高三年级将会有更少的女性朋友和更多的男性朋友。女生进入高中时所具有的情绪识别技巧将会影响她们在青少年晚期时友谊的组成。青少年较差的社交技巧会预测更低的友谊质量（Crawford & Manassis，2011），不受欢迎的青少年的亲社会趋势与友谊质量呈正相关（Poorthuis et al.，2012）。

第二节　互联网与友谊的相关研究

互联网的出现被很多人认为在数以亿计的用户之间修改了"朋友"一词的定义。然而，这并不一定意味着友谊的概念即使在网络世界也已经变得多余或朋友的重要性已经以其他方式被降低。互联网模糊了人际关系和大众传播现象之间的传统界限，为个体之间的关系提供了新的机会和风险（Lea & Spears，1995）。今天，许多年轻人通过网络形成和保持他们所认为的友谊。网络友谊似乎修改了现实友谊的意义，代之以更简单的事情。也有研究者认为，互联网友谊并不是真正意义上的友谊（Cocking & Matthews，2000）。那我们到底该如何理解互联网友谊呢？

一、互联网友谊的哲学争论

互联网友谊是真正的友谊吗？心理学家用实证数据证明了网络使

用与友谊之间存在紧密的联系，并发展了许多理论框架。但是对网络友谊的性质以及离线与在线友谊的相对质量进行的哲学讨论却很少。早在 2000 年，有研究者发表了一篇题为《虚幻的朋友》（*Unreal Friends*）（Cocking & Matthews，2000）的文章。他们提出了一个强有力的观点，即以互联网为中介形成纯粹的友谊是根本不可能的。随着数字媒介的进一步采用，互联网友谊可能会增多，也许会取代一些离线友谊。研究者认为，我们可能正在用真正的东西交换价值较低的东西。互联网在形成在线的亲密友谊方面存在重大的结构性障碍。这些障碍阻碍了关系认同，而关系认同是亲密友谊的一个基本特征。因此，有研究者（Cocking & Matthews，2000）认为，因为缺乏非自愿的线索，所以不能在线保持亲密的友谊。在纯虚拟的背景下，建立亲密的友谊在心理上是不可能的。

有研究者（Briggle，2008）批判了上述观点，认为包括互联网在内的媒介环境可以促进异常强烈的友谊。他们认为，首先，离线关系可能是紧缩的、不真诚的，以互联网为媒介的远距离友谊可以通过鼓励诚实的交流来缓解这个问题。其次，现实世界中的口头交流这种方式往往过于肤浅和草率，无法促进深层次的交流互动，互联网中文本信息的谨慎性却可以提高友谊的质量。当然，在互联网上可能无法发展亲密的友谊，因为距离和谨慎性需要适当的用户动机。所以，互联网不能促进友谊，并不是因为任何具有决定性的"结构"，主要是由媒介使用的文化趋势和个人决定的。

后来有研究者（Fröding & Peterson，2012）对以上两种观点进行了总结，并提出了自己的观点。他们同意《虚幻的朋友》一文中提出的许多观点，但也认同后面研究者的看法。有研究者（Fröding & Peterson，2012）也提出了自己的见解，他们并不认为虚拟的友谊是不可能的。他们不质疑虚拟的友谊是一种友谊的形式，只是主张虚拟的友谊的道德价值更为狭隘。虚拟的友谊就是互联网上的友谊，很少或从未与现实生活中的互动结合在一起。相比之下，传统的友谊涉及大量现实生活中的互动，他们认为，只有这种类型的友谊才能被称为"真正的友谊"，符合道德上的价值。如果以广泛的亚里士多德的方式理解友谊的概念，虚拟的友谊就算不上是真正的友谊。从亚里士多德的观点来看，他们想要展现的是，虚拟的友谊与其他友谊相比不那么有价值。他们认为，虚拟的友谊是亚里士多德所描述的社会交换的一种较低价值的形式。

关于互联网与友谊的哲学思考还将继续下去，哲学争论也不会停止，互联网友谊到底是不是真正的友谊，也许用事实来说话要远远胜过哲学的思辨。

二、在线友谊和离线友谊

(一)在线友谊和离线友谊的异同

今天的年轻人表示他们会把网络环境和现实环境作为他们友谊的来源。有趣的是，整体来说，更多的友谊将继续在离线环境中被发展和维护(Buote，Wood，& Pratt，2009)。因为对于年轻人来说，在这一发展节点上，他们将花费更多的时间与离线环境中的他人密切联系，有更少的机会发展在线的朋友。对这些"新"友谊的初步调查产生了相互矛盾的结果。一方面，与取代假说一致，在线友谊被描绘为一种"较弱"的关系(Kraut et al.，1998)，是浅层的、非人格的，常常是敌对的。因为在线友谊有较少的相互依赖、理解、承诺和自我表露，以及较少的社交网络融合和较少的讨论，交流也被限制在较小的主题上(Scott，Mottarealla，& Lavooy，2006)。与在线友谊相比，离线友谊涉及更多的相互依赖、广度、深度、理解、承诺和网络融合(Chan & Cheng，2004)。另一方面，有人认为，在线友谊从物理地域的限制中解脱出来，从而创造出新的、真正的个人关系和社交的机会(Rheingold，1993)。更重要的是，在线友谊和离线友谊的质量随着关系的持续时间的增加而改善，两种友谊之间的差异也随着时间的推移而减小（Chan & Cheng，2004）。

友谊质量是指朋友之间的亲密、信任和理解（Marsden & Campbell，1984）。几项研究调查并比较了在线友谊和离线友谊的质量（Chan & Cheng，2004；Mesch & Talmud，2007），这些研究一致表明，在线友谊的质量低于离线友谊的质量。但是，也有研究发现，虽然在线友谊和离线友谊的质量随着时间的推移都有所提升，但在线友谊质量的改善和提升要明显高于离线友谊。

早期的实验研究发现，在线友谊存在社会缺陷，高度发展、积极的个人关系不会发生在在线环境中，网络社交很难识别和转向共同的观点（Kiesler & Sproull，1992）。与离线友谊相比，在线友谊有更多的言语攻击、率直的表露和不合规的行为（Dubrovsky，Kiesler，& Sethna，1991）。这些发现可能使公开表达的敌意在在线环境中更容易被接受。这些差异通常被解释为在在线环境中可观察的社会线索都被过滤掉了（Spears & Lea，1994；Culnan & Markus，1987），来自物理环境中的关系线索是缺失的，非语言线索如声音质量、身体运动、面部表情和身体外观也是缺失的。因此，网络社交被认为比面对面交流的宽度更窄，信息丰富性也更弱（Daft & Lengel，1984）。

后来的研究发现，在线人际关系可以在很多地方被发现，如流行的网络空间游记、受欢迎的新闻以及关于特定在线社区的少数学术报告中（Rheingold，1993；Kanaley，1995；Ogan，1993）。这些研究清楚地表明，在线关系是被试眼中真正的个人关系。例如，有游戏玩家评论说，他的在线友谊比现实生活中的友谊更深，质量更好（Bruckman，1992）。还有研究者提倡在线友谊，认为在线网络是体验积极、有益的关系的替代场所，在线友谊是有意义、亲密和持久的（McKenna，Green，& Gleason，2002）。

（二）在线友谊和离线友谊的相互影响

有研究者（Zalk，Kerr，& Stattin，2013）认为当代网民有三种友谊，即在线专属友谊（online-exclusive friendship）、联合友谊（conjoint friendship)和离线专属友谊(offline-exclusive friendship)。建立在线专属友谊的个体只在网络中互动交流,并不会在离线环境中见面;建立联合友谊的个体在在线和离线环境中都会发生互动,即在线好友和离线好友是重叠的;建立离线专属友谊的个体只在离线环境中互动。有研究者(Mesch & Talmud,2006a)对青少年的在线友谊和离线友谊进行了比较研究。研究表明,在线友谊被认为不如离线友谊那么亲密和具有支持性,因为在线朋友参与的联合活动较少。但是,一些在线友谊也会转变成离线友谊(Liu,2005)。已经证明,有相当一部分在线友谊在其发展过程中被迁移到离线环境中,发展为混合模式的友谊。离线的朋友也可能在线联系。友谊越亲密,个体就越会使用各种媒介进行接触(Haythornthwaite & Wellman,1998)。这也表明,如果朋友通过在线和离线保持联系,他们的友谊就会更加亲密。友谊扩展的空间越大,它就会变得更加亲密和有益(Tang,2010)。

害羞的青少年往往具有较低的自尊水平,所以他们无法在离线环境中形成新的友谊(Oland & Shaw,2005)。他们认为在线环境中的社会威胁比离线环境更少,并且可能会因为他们的在线互动而更积极地评估自己。对害羞青少年的纵向研究(Zalk et al.,2013)发现,拥有在线专属好友能够提高他们的自尊水平,自尊水平的提高又会使他们形成更多的联合友谊和离线友谊,尤其是形成更多的离线专属友谊。有研究者(Buote,Wood,& Pratt,2009)对在线友谊和离线友谊之间的差异性和相似性进行了探索,并探讨了依恋风格的作用。结果发现,个体在网上寻找朋友的程度并没有受到依恋风格的影响,但是在线友谊和离线友谊之间存在差异,而这些差异会由于依恋风格功能的不同而使个体有不同的体验。两种友谊有着同样的高质量、亲密关系和自我表露。整合的证据表明,在线友谊能够积极和有益地替代离线友谊。此外,当考虑友谊背景时,依恋风格可以预测友谊的特性。

三、互联网对友谊的影响

互联网的发展会对友谊产生怎样的影响？回答这个问题似乎还有一些困难。调查表明，互联网常见的用途是沟通，网络社交不仅有助于维护社会关系，而且能够促进个体之间形成新的关系（McKenna，Green，& Gleason，2002）。对于一些用户，互联网正在成为社交的另一个地方，在那里创建的关系往往也能被迁移到其他环境（Mesch & Levanon，2003）。2003 年对美国网民的调查就发现了在线友谊的存在，并有 14％的美国青少年形成了亲密的在线友谊（Wolak，Mitchell，& Finkelhor，2003）。形成在线友谊是互联网具有吸引力的因素之一，因为在线友谊实际上是青春期发展的必需品（Mesch & Talmud，2006a）。

关于互联网对友谊的影响存在两种相反的假说："富者更富"假说和"社交补偿"假说。"富者更富"假说认为，互联网主要对外向型个体有好处（Kraut et al.，2002）。因为在线联系更便捷，使外向型个体的社交技巧可以得到充分发展，并促进在线友谊的形成。相反，"社交补偿"假说认为，互联网对内向型个体尤其有利（McKenna，Green，& Gleason，2002）。由于听觉和视觉线索减少和匿名性，互联网能够补偿内向型个体较弱的社交技巧。因此，内向型个体能更容易在网上自我表露，这有助于形成在线友谊（McKenna & Bargh，2000）。迄今为止，学者们坚持认为互联网在网络友谊形成中的作用是非常明确的。无论是"富者更富"假说还是"社交补偿"假说，也无论是对内向型个体还是外向型个体，互联网的使用最终都促进了在线友谊的形成。

有研究者（Peter，Valkenburg，& Schouten，2005）对 493 名青少年进行了调查，测试青少年在线友谊形成的路径模型。结果发现，外向型青少年的自我表露和在线交流更频繁，从而更容易形成在线友谊。相比之下，内向型青少年更积极地进行在线交流以补偿社交技巧的缺失，这增加了他们在线交友的机会。内向型青少年更强有力的社交补偿动机也会导致个体频繁的网络交流和在线的自我表露，产生更多的在线友谊。有研究者(Barnett & Coulson，2010)发现，在网络游戏中，特别是在大型的多人游戏中，玩家之间经常进行互动或者相互作用，也可以形成友谊。因为游戏中形成了强大的联系，大型的多人游戏中的社交互动和积极的社交体验能够正向预测在线关系(Zhong，2011)。一项调查显示，17～18岁的青少年中有18%的人报告说他们拥有在线朋友，其中10%的人曾经见过网络中的朋友(Gennaro & Dutton，2007)。尽管对电脑游戏有一些担忧，但一些研究表明，青少年上网时可以结识朋友，在网络游戏中建立在线友谊对青少年来说是积极的(Griffths，2010；Leung & Mcbride-Chang，2013)。

随着互联网的普及，儿童或青少年在网上花费更多的时间，他们可以与在互联网上遇见的人建立友谊，就像在学校或操场上遇见的人一样。互联网给网民提供了与陌生人交流互动的平台，为个体建立友谊提供了良好的机会。

拓展阅读

友谊悖论

友谊不仅是满意度和安全感的源泉，而且是个体评价自己和他人的一种方式。人们期望自己和他人都能够拥有很多朋友，并且会怀疑那些看起来很少或没有朋友的人不正常。有研究者(Feld，1991)认为，个体使用朋友的朋友数量作为基础来判断他们自己是否拥有足够数量的朋友是合理的。但是，很多人都会觉得自己的朋友数量比自己朋友所拥有的朋友数量少。换句话说，很多人都认为自己的朋友比自己拥有更多的朋友，这就是友谊悖论(friendship paradox)。友谊悖论是由费尔德(Feld，1991)提出的。费尔德使用詹姆斯·科尔曼(James Coleman)的经典研究"青少年社会"(the adolescent society)中的友谊数据来说明这一现象。

　　这个现象的背后是数学探索，朋友的平均朋友数量总是大于个体的平均朋友数量。虽然每个人所拥有的朋友数量都少于自己朋友的平均朋友数量，这不是一种数学上的必然性，但大多数人可能会发现自己正处于这种状况中。基本逻辑可以简单地描述如下：如果有些人有很多朋友而其他人有很少朋友，那么那些有很多朋友的人会显示出不成比例的朋友关系。例如，那些有 40 个朋友的人会出现在 40 个个体的友谊网络中，这样可以使 40 个人感到相对弱势，而只有一个朋友的人只在一个个体的友谊网络中出现，只能使一个人感到比较有优势。个体的友谊网络不可避免地会包含那些朋友数量较多的朋友。

　　有很多现象与友谊悖论相似。例如，班级规模悖论（class size paradox），即大学生具有一种倾向，他们体验到的平均班级规模要远远大于实际的规模。他们之所以觉得班级规模更大，是因为很多学生都经历过大规模班级，而很少有学生经历过小规模班级。同样的道理，因为我们体验到的大部分拥挤时间都发生在公共场所（包括餐馆、海滩和高速公路），所以我们就会觉得这些地方比实际显得更拥挤（Hemenway，1982）。这也许就是为什么经历过春运的人总是觉得火车站是世界上人最多的地方。

　　在虚拟的社交网络中同样存在友谊悖论。有研究者（Hodas，Kooti，& Lerman，2013）以使用推特的消防员为样本，证实了98％的推特用户都存在友谊悖论。根据推特上的追随者图形的定向性，研究者进一步确认了更详细的友谊悖论形式：你跟随的人或跟随你的人都拥有比你更多的朋友和追随者。研究者还提出了两个新的悖论。①传播性悖论（virality paradox）。平均来说，你的朋友在社交媒介上收到的信息比你多。②活动悖论（activity paradox）。平均来说，你的朋友在社交媒介上比你更活跃。后一个悖论在规范网络社交方面很重要。此外，有研究者（Ugander et al.，2011）在脸书上也证明了友谊悖论的存在。

第三节 网络社交与友谊的相关研究

在过去的几年中，各种形成和保持在线关系的应用程序的普及率大大增加。不仅即时通信已成为人们社交生活中的一个固定工具，而且社交网站也成为维持社交生活的综合场所。社交媒介的使用让人们之间的联系更加便捷、频繁和紧密，而这些联系的增多会对我们的友谊产生怎样的影响呢？网络社交与我们的友谊又有着怎样的联系？与许多用户认为的相反，网络社交不是建立有意义的社会关系的关键（Fröding & Peterson，2012）。

一、网络社交对友谊的影响

在 21 世纪的后 10 年，个人生活中最突出的变化之一就是利用社交媒介进行人际交往。数字交流技术正在通过新形式的社交互动和新的公共展示技术，特别是在社交网站上，提供与亲密、友谊和自我认同相关的新想法和新体验。那么，网络社交行为会对友谊质量产生哪些影响呢？有关网络社交与现实友谊质量的关系存在两种相反的理论：取代假说和刺激假说。取代假说认为，用于现实交往的时间被网络社交时间取代，导致网络社交对现实友谊产生消极的影响，从而降低现实生活中的友谊质量。刺激假说则认为，网络社交积极地影响现实生活中的友谊质量。因为网络社交提供了另一种与现实好友互动的方式，促进形成较强的人际关系。这两种理论都得到了大量实证研究的支持。

离线友谊理论已经发现了决定离线友谊质量的几个因素，其中有三个因素在文献中受到特别关注：①接近性（proximity）；②相似性（similarity）；③社会吸引（social attraction）。接近性是指朋友之间的地理接近度；相似性是指知觉到的态度相似性，也就是说，认为朋友在多大程度上与他们的态度相似；社会吸引是人际吸引的社会情感部分，有时也被称为"喜好"。社会吸引意味着与目标人物能够愉快地相处，可以成为朋友，并且适合现有的朋友圈（Hays，1985；Reagans，2005；Burgoon et al.，2002）。

有研究者认为，网络社交也会刺激互动伙伴之间的接近感，无论其实际地理距离如何（Cooper & Sportolari，1997）。这些虚拟的接近感被解释为单纯曝光效应（Zajonc，1968；McKenna & Bargh，2000）。单纯曝光效应意味着对一个对象的反复接触能够引发对这个对象的积极评价。基于单纯曝光效应，可以预见，即使没有地理上的接近，与在线交流伙伴的频繁接触也会导致他们之间产生亲密感。因此，实际的地理距离对于在线友谊的质量可能不太重要（Antheunis，Valkenburg，& Peter，2012）。但是，在网络中频繁的互动交流可以提高在线友谊的质量。

研究者认为，两个人的相似性越多，关系就会越好（Mesch & Talmud，2007；Reagans，2005）。网络社交的几种理论都认为，个体和网络社交中的伙伴比离线交流的伙伴更加相似。例如，超人际沟通框架（Walther，1996）和社会认同去个性化理论（Lea & Spears，1992）认为，在线沟通伙伴无法获得非语言线索，如服装和神态，而非语言线索往往能够揭示面对面环境中的人际差异。因此，在线伙伴被迫专注于在线环境中出现的线索。在有语言线索的情况下，通常会产生相似感，因此过度依赖可用线索可能会导致在线伙伴很容易感受到与沟通伙伴的相似性。网络社交增强相似感的假设得到了实证研究的支持（Dubrovsky，Kiesler，& Sethna，1991）。然而，这种网络社交增强感知到的相似性可能不适用于社交网站上的网络社交。社交网站比基于文本的网络社交能提供更多的线索。特别是社交网站提供非语言提示，如发布照片可能会损害相似感的发展（Antheunis，Valkenburg，& Peter，2012）。

社会吸引是离线友谊质量重要的决定因素之一（Reagans，2005）。

在线友谊中社会吸引的水平高于离线友谊。很多实证研究都报告了网络社交对社会吸引的积极影响（Antheunis，Valkenburg，& Peter，2007；Ramirez & Zhang，2007）。在网络社交中，可以使用两个相关的不确定性减少策略来解释这些积极的影响：自我表露和直接询问（Albada，Knapp，& Theune，2002；McKenna et al.，2002）。网络社交刺激并增强了自我表露和直接询问的使用，从而促进社会吸引（Antheunis et al.，2007）。所以，大量实证研究发现，网络自我表露可以提高友谊质量（Valkenburg & Peter，2007b；Valkenburg & Peter，2009）。网络社交能够提高人际吸引，是因为在网络社交环境中没有或仅有有限的非语言线索。人际吸引在社交网站上的发展不同，因为社交网站的用户也可以使用非语言线索，所以，他们不必主要依靠自我表露和直接询问来减少对沟通伙伴的不确定性。最终，社交网站提供更多的线索可能会减少社会吸引。

扫描拓展

综上所述，我们不难看出，网络社交对友谊质量的影响与现实友谊相似。网络社交也可以通过影响接近性、相似性和社会吸引来间接影响友谊质量。

网上爱比较，生活多烦恼。

二、社交媒介使用对友谊的影响

在线社交互动已成为今天社会讨论的焦点。社交媒介的出现使社交互动的形式具有多样性，而这种多样性对友谊会产生怎样的影响呢？随着网上交流的增多，青少年学习和练习社交技巧的机会也大幅提升。那么，社交媒介的使用和友谊之间到底是一种什么关系呢？

有研究（Sheer，2011）探讨了媒介丰富性（media richness）和沟通控制（communication control）对青少年使用微软网络服务建立在线友谊的影响。媒介丰富性和沟通控制都有助于微软网络服务的整体功能与青少年的自我呈现和友谊的发展。媒介丰富性积极地影响了社交和任务沟通，缩短了将陌生人变为朋友所需的时间，而沟通控制则与社会友谊交流呈现积极关系。网络摄像头和微软网络服务空间丰富的功能，有助于熟人、新朋友、异性朋友和朋友总数的增加，而发送消息有助于建立亲密的友谊。对博客(Zinoviev & Llewelyn，2014)和即时通信(Hu et al.，2004)的研究也发现，社交媒介的使用与亲密关系密切相关，社交媒介中的评论、状态更新、发帖等行为都有利于友谊的形成和维持。对社交网站使用对大学生友谊和幸福感影响的研究(Wang et al.，2014)发现，社交型社交网站使用和娱乐型社交网站使用都能通过影响网络自我表露间接影响友谊质量，这也就意味着无论哪一种社交网站使用都会间接影响大学生的友谊质量，但是社交网站使用与友谊质量和幸福感之间没有任何关系。

对台湾青少年的研究(Liu，Yin，& Huang，2013)发现，与低频率的脸书使用者相比，高频率地使用脸书进行互动的青少年能够扩大他们与朋友的人际关系，无论是现实生活关系还是虚拟关系。脸书使用可以促进青少年自愿表达自己的想法、情感、信仰和生活态度，寻求他人的认同，并进一步通过网络社交与朋友联系。所以，脸书使用对青少年的友谊有积极的影响。而且，与他们认识的朋友的在线互动有利于提高他们在现实生活中的友谊质量(Desjarlais & Willoughby，2010)。崔曦曦、孙晓军和牛更枫等人(2016)的研究也发现，社交网站中的真实自我呈现既能直接预测青少年的友谊质量，也能通过积极反馈的中介作用对友谊质量产生影响，而积极自我呈现对青少年的友谊质量没有直接预测作用，只能通过积极反馈的完全中介作用对友谊质量产生影响。

然而，有些人并不赞同社交媒介对友谊有积极影响的观点，并认为健康的友谊应该在人们的现实生活中建立和维持。网络社交可能会减少与他人的面对面互动，进一步忽视培养人际社交技巧。有研究者认为，过度的在线互动加剧了与他人社交互动的经验缺乏(Louv，2005)。在线互动往往会使用辅助语言和表情符号，导致缺乏互动的存在感，甚至出现额外的攻击性语言（Whitty，2008）。

三、网络社交中的自我表露对友谊的影响

有研究者（Tolstedt & Stokes，1983）认为，重要的亲密类型有三种：言语亲密、情感亲密和身体亲密。以往大多数研究中使用的亲密关系的操作定义强调了亲密的言语方面，即自我表露。社会渗透理论（Altman，1973）将自我表露的各个方面视为亲密发展的重要变量。自我表露被定义为关于个体与他人沟通的有关自我的任何消息（Cozby，1973）。网络自我表露则是个体在网络上运用多种方式向他人传递信息，以维持网络沟通或满足个人需求的网络行为（谢笑春，孙晓军，周宗奎，2013）。

实证研究发现，与面对面情境相比，网民更愿意在网络交往情境中表露自己（Joinson，2001；Misoch，2012），与同伴的网络交往促进了青少年的归属感和自我表露（Davis，2012）。其中，网络环境中的视觉匿名、可控性等是促进网民进行网络自我表露的主要原因（Schouten，Valkenburg，& Peter，2007；Misoch，2014）。有研究发现，年轻人更喜欢在网络社交中而不是在面对面交流中表露自己（Schouten，Valkenburg，& Peter，2007），原因在于在网络社交中视觉和听觉线索的减少，以及所产生的视觉匿名性。网络社交中视觉和听觉线索的减少，使人们的表达不太受到抑制，并鼓励他们勇于表露内心的感受。这些增强的自我表露对于形成高质量的友谊至关重要（Valkenburg & Peter，2007b）。有研究表明，自我表露的增强有助于形成亲密关系并提高其整体质量。

自我表露被认为在发展和维持友谊方面发挥着关键作用，因为它代表对互动伙伴的信任（Draper，Pittard，& Sterling，2008）。进行更多自我表露的个体更有可能与他人建立友谊（Jourard，1971）。传统的人际沟通理论指出，自我表露的宽度和深度随时间呈现线性增长，并

且自我表露的增强会使得个体对双方的关系更加满意。网络自我表露也是个体友谊质量的显著预测指标（Wang et al.，2014）。对互联网背景中自我表露的研究发现，在脸书中，自我表露的广度和积极性与亲密性呈显著正相关，而自我表露的诚实和意图则与亲密性无关（Park，Jin，& Jin，2011）。社交网站上的自我表露还可以使网民的人际关系发生积极的改变（Kwak，Choi，& Lee，2014）。大量研究发现，自我表露可以提高关系亲密性，自我表露与在线朋友的数量和在线友谊的满意度呈显著正相关，表露更多个人和亲密信息的个体与网络朋友更加亲密（Morry，2005；McKenna & Bargh，2000；Bane et al.，2010）。与低水平自我表露的人相比，人们更喜欢高水平自我表露的个体（Collins & Miller，1994）。有研究者（Valkenburg & Peter，2007a）还发现，在网络交往中自我表露与个人的友谊质量和幸福感呈正相关。

有研究者（Wang et al.，2010）采用实验法对影响印象形成和发起虚拟友谊意愿的调节因素和理论相关的情境变量进行了研究。结果发现，男性和女性被试都更愿意与个人资料中的照片有吸引力的异性建立友谊。与那些在个人资料中的照片没有吸引力的人相比，被试也显示出相对较高的意愿与没有视觉线索的个人资料拥有者交朋友。而在社交网站中是否加为好友以及自我表露的程度会影响使用者的人际知觉。还有研究（Limperos et al.，2014）针对脸书上的好友添加和自我表露对人际知觉的影响进行了研究。结果发现，朋友添加和更高水平的自我表露都会在男性和女性被试之间导致更多的人际交往。

有研究者（Bane et al.，2010）对女性博主的网络认知和现实生活中的同性友谊进行了研究，并检验了博客的自我表露和对两种类型友谊（虚拟友谊和现实友谊）的认知之间的关系。结果发现，自我报告的自我表露水平与在线友谊数量和在线友谊满意度呈正相关。虽然被试报告有亲密的网友，但是他们认为现实友谊比虚拟友谊更有可能拥有亲密关系。由此可见，社交媒介的使用行为，尤其是自我表露会对虚拟和现实友谊产生影响，并间接影响人们的幸福感。有研究者

(Selfhout et al.，2009)探讨了以沟通为目的的互联网使用(如即时通信)和以非沟通为目的的互联网使用(如冲浪)与抑郁症和社交焦虑症的纵向关系，以及在这些关系中感知到的友谊质量的中介作用。结果发现，对于感知到低友谊质量的青少年，以沟通为目的的互联网使用可以预测更少的抑郁，而以非沟通为目的互联网使用可以预测更多的抑郁和更多的社会焦虑。

社交媒介与友谊之间有着复杂的关系，社交媒介的使用对在线友谊和离线友谊都有着显著的影响，而网络自我表露、网络社会支持等变量在其中起着非常重要的作用。同时，友谊质量还是一个非常重要的中介或调解变量，影响着社交媒介的使用与其他心理变量之间的关系，如抑郁、社交焦虑、自我认同和幸福感等。

第四节　移动社交媒介与友谊的相关研究

移动社交媒介是指在移动设备上所使用的传统社交媒介以及专门为移动设备所开发的具有社交功能的软件，如手机短信、社交网站、微博、手机 QQ、微信等(王伟，雷雳，2015)。移动社交媒介除了具有社交媒介的所有特点之外，还有着自己独特的特点，如随时随地性、便捷性等。它的特点让使用者在任何时间、任何地点都能与朋友产生互动，关注好友的动态，增强与好友之间的联系。但是这些特点是否会让好友有一种被监视、不自由的感觉，从而对他们的友谊产生影响呢？

有研究者(Green & Singleton，2009)认为新的信息和通信技术对青少年友谊的发展、维持和表现有着显著影响。手机是一个关键点，通过它，同龄人之间的社会性别、社会关系可以被观察到。通过新的移动网络技术，友谊关系被转变并被重新配置。在移动互联网的时代，我们如何交朋友，移动互联网给友谊带来了怎样的影响，是好是坏，都值得每个人去思考。对即时通信的使用量与知觉到的朋友之间的亲密程度的关系进行的研究发现，即时通信的使用量不仅与口头亲密性呈正相关，而且与情感和社会亲密性呈正相关；即时通信促进了而不是阻碍了亲密关系的建立；即时通信中的频繁会话实际上鼓励了人们面到面交流的欲望（Hu，2004）。有研究者（Koutamanis et al.，2013）也探讨了即时通信对发展离线友谊能力的纵向影响。结果显示，随着时间的推移，由于他们在线沟通伙伴的多样性，青少年即时通信的使用增强了他们建立离线友谊的能力。

移动社交媒介也有着同样的作用，除了具有即时通信的功能之外，它的功能更为强大，也许它对友谊的影响会更大。但是，到目前为止还很少有研究者对移动社交媒介与友谊的关系进行研究。

一、移动社交媒介与青少年友谊质量的关系

我们采用自己编制的问卷（王伟，雷雳，2015），以山西的两所中学和安徽的两所中学的学生为被试，对青少年的移动社交媒介使用行为与青少年的友谊质量进行了研究（雷雳，王伟，2015）。对青少年移动社交媒介使用行为与友谊质量的相关分析发现，使用行为各维度与友谊质量各维度之间存在显著正相关，这说明移动社交媒介使用行为与友谊之间存在紧密的联系。通过自然分组的方法，我们比较了移动社交媒介使用组和不使用组。差异检验的结果显示，使用组与不使用组青少年在友谊质量上存在显著差异，使用组显著高于不使用组，这说明使用移动社交媒介的青少年的友谊质量更高。而对使用行为和友谊质量进行的结构方程模型分析也发现，使用行为能够显著正向预测友谊质量。这些研究结果验证了我们的研究假设，也证明了一个事实，移动社交媒介的使用对青少年的友谊质量有着正向的、积极的影响。这个结果与对传统社交媒介的研究结果相同。

我们的研究还发现，性别在青少年的移动社交媒介使用行为与友

谊质量之间起着调节作用，而且移动社交媒介使用行为对男生友谊质量的影响要显著大于女生。这个结果与研究者（Valkenburg & Peter，2009）对互联网对青少年社交影响的研究进行总结之后的结论相同。他们也发现，与女生相比，男生在与现实中的好友进行网络交往时受益更多。研究者（Valkenburg & Peter，2009）认为男生受益多于女生的原因是，在青少年早期和中期，青少年在面对面情境中表露自己受到了限制，而在这个阶段即时通信有助于鼓励自我表露。而在面对面情境中，与女生相比，男生对朋友的自我表露更加困难。因此，男生特别受益于网络交往来刺激他们的自我表露，从而增强社会联系和幸福感。移动社交媒介的便捷性和随时随地性则更加刺激了青少年的自我表露，他们可以在任何时间、任何情况下表达自己。移动社交媒介给青少年提供了一个表达自己的平台，而且这个平台使用起来更加方便，因而移动社交媒介对青少年友谊的影响也更积极。

有很多研究（Valkenburg & Peter，2009；Schouten et al.，2007）认为社交焦虑是一个非常重要的因素，调节着网络交往与关系质量之间的关系。但是，我们的研究发现，社交焦虑在青少年的移动社交媒介使用行为与友谊质量之间的调节作用并不显著。也就是说，无论是高焦虑青少年还是低焦虑青少年，他们的移动社交媒介使用行为对友谊质量的影响都是一样的。

这也许是移动社交媒介本身的特点导致的。由于科学技术的进步，我们可以随时随地使用移动社交媒介与好友互动交流。移动社交媒介让我们感觉无时无刻不被好友和他们的信息包围，所以我们与好友的联系更加紧密，无论是高焦虑者还是低焦虑者，都主动或被动地与现实中的好友进行着各种各样的互动，而这些互动提高了青少年的友谊质量。这和个人计算机时代的网络交往不同，当我们关上电脑时，网络的一切行为就都停止了，我们只能通过现实的互动交流才能和好友发生联系。手机、平板电脑等移动设备很多都是 24 小时处于开机状态，移动社交媒介时刻保持登录状态，青少年可以很方便地获得好友的实时动态，似乎好友们从来都不曾离开自己的身边，这些都为好友之间的了解提供了条件。所以，移动社交媒介的特点也就弱化了社交焦虑的调节作用。

二、移动社交媒介对青少年友谊质量的影响机制

通过对已有文献的梳理与分析，我们发现移动社交媒介使用行为与友谊质量、网络自我表露、网络社会支持之间都有着十分紧密的联系。根据网络聊天室的印象管理模型（Becker & Stamp，2005），我们提出了移动社交媒介使用行为、友谊质量、网络自我表露和网络社会支持关系的假设模型，并进行了实证研究（王伟，王兴超，雷雳，2017；王伟，辛志勇，2013）。

结果发现，移动社交媒介使用行为与青少年的友谊质量呈显著正相关，移动社交媒介使用行为正向影响友谊质量。这说明，移动社交媒介的使用并没有像有些家长、教育专家所预测的那样，降低了青少年的友谊质量，相反对青少年友谊质量的提高有一定的促进作用。这一研究结果也支持了刺激假说，说明移动社交媒介使用行为刺激了青少年的交往、互动行为，从而提高了友谊质量。

我们还发现，青少年的移动社交媒介使用行为对友谊质量的影响是通过网络社会支持的中介作用和网络自我表露、网络社会支持的链式中介作用而起作用的。也就是说，移动社交媒介使用行为会影响青少年的网络自我表露和网络社会支持，移动社交媒介使用行为可以促进青少年的自我表露，也可以让青少年更容易获得社会支持。网络社会支持直接影响友谊质量，即得到的网络社会支持越多，友谊质量越高，这与以往的研究结果一致（Hajli，2014）。而网络自我表露则通过网络社会支持对友谊质量产生影响，这个结果和对大学生的研究结果相同（韩笑，2010）。这表明，青少年的友谊质量会受到很多因素的影

响，移动社交媒介使用行为、网络自我表露以及网络社会支持都会对青少年的友谊质量产生积极的影响。移动社交媒介是移动互联网和移动智能设备相结合的产物，最大的特点就是便捷性和伴随性，可以让青少年随时随地表达自己的所思所想，也可以让青少年非常便捷地获得好友的支持，这些自我表露和获得的社会支持提高了好友之间的友谊质量，使好友之间的关系更加密切。在移动社交媒介使用过程中，青少年自我表露的程度越深，范围越广，得到好友的社会支持也就越多，而得到的社会支持越多，与好友之间的友谊质量就越高。

与已有研究不同的是，网络自我表露并不能单独作为移动社交媒介使用行为与友谊质量关系的中介变量，或者说网络自我表露对友谊质量的影响完全是通过网络社会支持起作用的。这个结论在以往研究中是不曾出现的。以往研究(Park，Jin，& Jin，2011；Kwak，Choi，& Lee，2014)发现，自我表露与人际关系、友谊质量之间有着紧密的联系，它是关系质量的预测指标。但是，该研究并没有考察自我表露、社会支持同时起作用时的情况。我们的研究则发现，自我表露对友谊质量的影响实际上是通过社会支持来实现的。移动社交媒介使用行为影响自我表露的深度和广度，而自我表露的程度又会影响获得的社会支持的多少，最后通过社会支持来影响友谊质量。这也表明，影响青少年友谊质量的并不是移动社交媒介使用行为和网络自我表露本身，而是青少年在移动社交媒介上所获得的社会支持。但是，移动社交媒介使用行为和自我表露却可以影响我们获得网络社会支持的程度，这才是移动社交媒介使用行为和自我表露对友谊质量影响的关键所在。

第八章　网络社交与社会适应

批判性思考

1. 如何提高我们自身的社会适应能力？互联网、社交媒介的出现真的能够让我们更快地适应现在的社会环境吗？

2. 社交媒介可以让我们与远方的亲人、朋友和同学保持密切的联系。但是，过多地与亲人和以前的同学、朋友保持联系对大学新生来说真的好吗？网络社交是能够让大学新生更快地融入新环境，还是让他们一直活在旧的关系之中，无法发展新的关系，从而阻碍了他们的社会适应？

3. 对于身在异国他乡的人来说，网络社交又意味着什么呢？与远在家乡的亲人、朋友进行网络社交，是否可以缓解他们的思乡之情？与当地人的网络社交又是否能够让他们更快地了解该国的风土人情，从而让他们更快地适应当地的文化环境呢？

关键词

社会适应；人格；情绪；认知；网络成瘾；网络欺凌；跨文化适应；网络社会支持

互联网已经深深地影响了世界。人们使用电脑来学习，在互联网上搜索信息、玩游戏，并与他人沟通。人们随时随地可以使用手机上网。网络在我们生活中随处可见，可以说已成为我们生活中的重要组成部分。

第一节 社会适应概述

适应（adjustment）的概念最早源于生物学，是指生物个体因身心快速成熟或环境改变时，为了维持发展的连续性和一致性所做的努力（Cicchetti，1990）。在心理学中，"适应"通常用来描述个体调整自身的身心状态以顺应生存环境变化的过程。《心理学名词》对"适应"的定义是，在认知发展过程中，个体改变认知结构以与外在环境保持平衡的过程。那么，什么是社会适应呢？它又和适应之间有着怎样的联系？哪些因素会影响人们的社会适应呢？

一、社会适应的概念

在心理学的范畴中，对"适应"的阐述主要从三个方面出发：首先从生物学的角度来看，适应主要是指生理上的适应，即感觉器官逐渐适应外界的物理变化，如声音、光、气味等外界刺激；其次从个体心理的角度来看，适应主要是指一种心理防御机制，即在面临挫折、心理遭受重大影响时，对所发生的变化逐渐接纳、顺应，以减小心理压力，逐渐达到平衡的过程，也就是狭义角度的适应；最后从社会的角度来看，适应主要是指对社会生活环境的适应，即按照社会的要求改变自己的行为以谋求生存的过程，以及根据自己的需求改造周围环境以获得更好的个人发展的过程，也被称作社会适应（贾晓波，2001）。

社会适应是人生历程的基本任务，是个体社会化的目标之一，是个体生存与发展的核心问题。社会适应水平是反映个体心理健康水平的重要指标，也是个体社会成熟的重要指标。社会适应是一个多维的、内涵非常宽泛的概念，并具有发展特异性，是个体与环境交互作用的过程或状态，反映了个体与外界的和谐与平衡。社会适应指的是个体在与社会环境的交互作用中，通过顺应环境、调控自我或改变环境，最终达到与社会环境保持和谐、平衡的动态关系，是个体在社会生活中心理—社会协调状态的综合反映（邹泓，余益兵，周晖，刘艳，2012）。也有研究者（王建平，李董平，张卫，2010）认为社会适应是一个多维的概念，指个体在与环境的相互作用过程中达到的人们期望的与其年龄和所处文化群体相适应的发展标准的程度。

二、社会适应的相关理论

(一)皮亚杰的适应理论

皮亚杰在《发生认识论原理》中提出了关于适应的理论。他的适应理论由图式、同化、顺应、平衡和自我调节五个核心概念组成。图式是指动作的组织或结构。图式的不断发展的过程就是个体不断适应的过程，也是心理不断发展的过程。同化是指把环境的变化纳入自己已有的图式中。顺应是指主体改变自己已有的图式以适应客体的过程。皮亚杰认为自我调节是认识过程中不可缺少的一个环节，介于同化和顺应之间，其作用是对同化和顺应进行调整，保证这两种机制正常运行。皮亚杰在研究儿童心理发展过程后认为，智力的本质就是适应，而且是最高形式的适应。适应是在主客体的相互作用中形成，并且在主体的自我调节下构建起来的心理机能。主体通过动作对客体进行适应就是心理发展的真正原因。个体所有的心理反应，无论是内化的思维还是指向外部的动作，其本质都是一种适应。这种适应是为了让个体与环境达到一种平衡，或者更准确地说是进行一种平衡。因为皮亚杰所说的平衡概念是一个动态的过程，是同化和顺应两种机制的平衡，也是内部组织与外部环境的相互作用。

根据皮亚杰的理论可以看出，心理适应是一个建立平衡的动态过程，是主体对环境变化做出的反应，顺应和同化两种机制的平衡是适应的内在机制。在皮亚杰理论的基础上，一些研究者做出了进一步的阐释和补充。首先，他们认为适应是伴随环境变化实现的，而环境每时每刻都在变化，也就是说，每个人都在不断产生适应新环境的需要。因此，有学者认为适应是一种广泛存在的基本需要，也是一种与个人生存和发展息息相关的能力。其次，在对平衡的理解中，一些研究者也有新的见解，认为虽然平衡是适应的直接目标，但不平衡所引发的矛盾才是个体进步发展的动力。因此，适应的直接目标是达到平衡，但适应的根本目标应该是个体自身的进步和发展。

(二)心理适应的模型

结合皮亚杰的发生认识论以及认知心理学和社会心理学的相关理论，贾晓波(2001)提出了一个新的适应机制模型(见图 8-1)。他认为环境变化引发个体不适应的现象，然后个体要经历认知调节、态度转变和行为选择三个阶段，再重新达到平衡的状态。其中，第一个阶段是认知调节，分为外部评估和内部评估。外部评估是指当环境发生变化后对环境的影响进行判断的过程，只有在准确判断需求的基础上个体才能有效地进行应对。外部评估是对环境进行评估，内部评估则是对自身内部状态进行评估。第二个阶段是态度转变。认知、情绪的变化以及行为意向的变化都会影响态度转变。态度转变是适应环境变化、恢复平衡状态的条件。只有相信自己能够适应变化才能进一步采取措施进行积极的调节和适应。第三个阶段是行为选择，这一阶段其实是通过比较和决策对之前的图式进行调整的过程。在这一过程中，顺应和同化始终发挥作用。重新达到平衡的状态不是一蹴而就的，要经历反复循环的过程。一般来说，如果所选择的行为是有效的，发挥了作用，那么强化的机制就会巩固这一行为并逐渐形成习惯；如果行为产生的效果不理想，那么就会重新进入这一系统进行评估与选择。

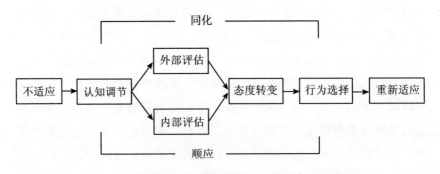

图 8-1　心理适应的内部机制

(三)青少年社会适应的领域—功能理论模型

　　青少年社会适应的领域—功能理论模型是邹泓等人(2012)提出的，并对其进行了验证。首先，从青少年社会性发展的关键任务及当前青少年面临的主要适应问题出发，确定社会适应包括人际关系、规范行为、自我认识、学业成就等领域。其次，在适应功能上，借鉴积极心理学的观点，积极功能并不只是消极功能的反面，评估体系应该从积极和消极两种状态对社会适应状况进行评价。积极适应是个体为了满足生存、发展或社会规范的需要，必须达到或具备的与其年龄相符，与个体的幸福、力量和成长相关的行为；消极适应是与社会责任不符，不利于个体生存、发展和成长的行为(邹泓，余益兵，周晖，等，2012)。

　　有关社会适应的理论模型还有很多，聂衍刚等人(2006)根据研究者对社会适应行为的内在机制和特点的理解，将其归结为三大理论模式：人格研究理论模式、智力研究理论模式和自我应对研究理论模式。其中就包括了皮亚杰的认知模型、儿童社会适应的信息加工模型、社会性能力模型、斯腾伯格的成功智力模型及适应行为机制的综合模型等，感兴趣的读者可以查阅相关文章。

三、社会适应的影响因素

社会适应是一个复杂的过程，受到诸多因素的影响。不同学科背景的研究者会从不同角度研究社会适应的影响因素，但迄今为止学术界尚无统一的分类。综合国内外众多学者的观点，一般来说，影响因素可分为个体因素和环境因素。个体因素主要有人格、情绪、认知等因素，环境因素主要有家庭、学校和社会等因素。

(一)个体因素

1. 人格

人格是一个人的能力、情绪、价值观和习惯的行为方式的有机整合，赋予了个体适应环境的独特模式，这种独特的模式和特质会对个体的社会生活和适应产生重要影响(黄希庭，2007)。对大学生、青少年的研究(聂衍刚，林崇德，郑雪，等，2008；李彩娜，周伟，2009)都发现，人格与社会适应存在紧密的联系，人格是社会适应主要和稳定的预测因素，不同人格类型的大学生的社会适应差异显著。有一定神经质倾向且社会成熟度偏低的人存在一定的社会适应问题。睡眠障碍、人格特征与社会适应相互影响、相互作用(袁洁，刘斯漫，张涛，等，2015)。对大五人格与不良的社会适应行为之间关系的研究发现，严谨性、外倾性、宜人性与不良的社会适应行为存在显著负相关，在严谨性和宜人性维度上得分低的女生更容易出现不良的社会适应行为，神经质与不良的社会适应行为存在显著正相关，开放性与不良的社会适应行为的相关不显著(Markey，Markey，& Tinsley，2003)。李彩娜和周伟(2009)的研究也发现，大五人格与社会适应各维度都存在显著相关，不同人格类型的大学生的社会适应差异显著。

2. 情绪

大量研究表明情绪在社会适应中起着非常重要的作用，情绪会影响个体的社会适应（Nadergrosbois ＆ Mazzone，2014；Engelberg ＆ Sjöberg，2004a；Zhao et al.，2013；金灿灿，邹泓，侯珂，2011）。对情绪智力的研究发现，中学生的情绪智力能够预测其社会适应，与人格的预测作用相比，情绪智力对个体社会适应的意义突出地表现在对于生活中困难与挫折的应对上（刘艳，邹泓，2010）。对犯罪青少年的研究发现，情绪智力显著预测犯罪青少年和普通青少年的社会适应状况，社会支持能够调节情绪智力对犯罪青少年的社会适应状况的预测作用（金灿灿，邹泓，侯珂，2011）。还有研究（桑青松，李楠楠，童张梦子，2016）发现，情绪智力不仅能直接预测社会适应，而且通过羞怯的中介作用间接影响社会适应。对孤独症孩子的研究还发现，情绪管理与社会适应呈显著正相关，情绪管理能够预测孤独症孩子的社会适应（Nadergrosbois ＆ Mazzone，2014）。此外，有研究者（Zhao et al.，2013）还发现，情绪识别能力低与不良的社会适应相关，情绪识别能力越低，社会适应不良越严重，情绪识别对社会适应具有显著的预测作用。儿童的情绪知识能够显著预测他们的社会适应，儿童的情绪理解能够显著预测他们的同伴适应（Deneault ＆ Ricard，2013）。

由此我们不难看出，情绪的各方面（情绪智力、情绪管理、情绪识别、情绪理解等）都与社会适应有着紧密的联系，对社会适应有显著的预测作用。

3. 认知

在影响社会适应的因素中，认知与人格、情绪同样重要。聂衍刚等人（2011）对青少年的研究发现，青少年的元认知总分与学习适应行为显著相关，元认知可以预测学习适应行为，大五人格各特质在元认知与学习适应行为的关系之间起中介作用。对大学新生的研究（郝嘉佳，牛宏伟，2015）也发现，元认知、人际素质、专业认同的总分与适应总分均呈显著相关，元认知和专业认同能够显著正向预测大学新生的适应，元认知和专业认同是影响大学新生适应的重要因素。此外，个体的认知重评能力对社会适应也很重要。有研究（Zhao et al.，

2013)发现，认知重评使用频率低与不良的社会适应相关，认知重评策略使用得越少，社会适应不良越严重，认知重评和情绪识别一样，都对社会适应有显著的预测作用。不仅如此，还有研究(周晗昱，李欢欢，周坤，等，2015)发现，认知重评不仅对社会适应存在显著的正向预测作用，而且在抑郁特质与社会适应的关系中有显著的调节效应。认知重评策略是社会适应的保护性因素。对高抑郁质个体，认知重评在抑郁特质对社会适应的风险效应中的缓冲作用有限。

(二)环境因素

1. 家庭

个体所处的环境会影响其社会适应。有研究者(李彩娜，张曼，冯建新，2010)指出，环境因素可以通过基本心理需求的满足与否影响自我的整合与组织，并最终影响个体的适应。其中，家庭环境被看成影响个体社会适应状况的重要因素之一，包括家庭结构、家庭和婚姻冲突、家庭功能、家庭人际关系、父母的教养方式及社会支持等在内的很多因素。

早在 20 世纪 90 年代就有研究者(Grych & Fincham，1990；Grych，1991)对婚姻冲突与儿童社会适应的关系进行了研究。结果发现，婚姻问题与儿童社会适应不良的众多指标有关，婚姻冲突影响儿童的社会适应，暴露于更高水平的婚姻冲突的儿童往往比来自和谐家庭的儿童出现更多的适应问题。但是这种影响会受到儿童对冲突的理解的调节，而这种理解会受到环境、认知和发展等因素的限制。我国学者(叶蓓，朱晓华，方拴锋，等，2015)认为，父母的婚姻冲突对儿童的心理社会适应能力有显著影响，父母应该注意在孩子面前的言行举止，并提高自身修养，为孩子营造良好的家庭环境，把孩子培养成为一个身心健全的儿童。梁宗保等人(2016)发现，父母的婚姻关系既可以直接影响儿童的社会适应，也可以通过父母的养育行为间接影响其社会适应。

除父母的婚姻状况之外，父母的教养方式和社会支持也会影响孩子的社会适应。刘文婧等人(2012)的研究发现，父母的教养行为与青少年的社会适应显著相关，人格类型可以调节父母的教养行为对青少年社会适应的预测作用。社会支持则与积极的社会适应呈显著正相关，与消极的社会适应呈显著负相关(张文娟，邹泓，梁钰苓，2012)。除此之外，亲子依恋、亲子沟通、父母监控状况等因素都会影响孩子的社会适应。

2. 学校

学校是青少年除家庭之外的一个重要的活动场所。有研究者(Eccles & Roeser，2011)指出，青少年在校时间占据其觉醒时间的比例大于 67%，学校无疑是家庭之外对青少年身心产生深远影响的另一重要环境。结构功能主义认为，学校教育具有社会化和选择两个基本功能，个体在接受学校教育后能获得社会适应的基本素质，有利于提高个体的社会适应能力(陆小兵，2013)。张光珍等人(2014)对青少年进行的一项追踪研究发现，青少年第一年感知到的学校氛围能预测其第二年的适应问题和适应能力；第二年感知到的学校氛围能预测其第三年的适应能力和学业成绩；教师支持和同学支持对青少年的学校适应具有积极作用。师生关系与友谊质量可以预测中学生社会适应过程中的自我肯定、自我烦扰和社会疏离感(曾荣，张冲，邹泓，2010)。也有研究者(金灿灿，邹泓，2012)对中学生的班级环境、友谊质量和社会适应进行了研究。结果发现，友谊质量对中学生的积极和消极社会适应有显著影响，且存在显著的班级差异。班级环境中的竞争气氛可以显著增强友谊质量对积极社会适应的正向预测作用，师生关系可以显著增强友谊质量对消极社会适应的负向预测作用。除此之外，同伴支持、同伴关系及同伴之间的欺负行为等都会对个体的社会适应产生影响。

3. 社会

布朗芬布伦纳的生态系统理论强调环境因素对儿童发展的重要性，社会环境对社会适应的影响也至关重要。对留守儿童的家庭社会经济地位的研究发现，留守儿童的家庭社会经济地位与其社会适应之间有显著正相关，留守儿童群体歧视知觉在家庭社会经济地位对社会适应的影响中起显著的中介作用(苏志强，张大均，邵景进，2015)。对美国青少年的研究发现，经济困难会影响孩子的社会适应。低水平的经济幸福感会引起经济压力知觉，并间接地影响父母的行为。容易有烦恼的父母报告说，他们没有心情和能力与孩子进行纪律等方面的互动，也缺少情感方面的互动，所以孩子的行为问题也会更多(Mistry et al.，2002)。低社会经济地位的家庭和高社会经济地位的家庭对儿童的发展都会产生不利影响。社会问题解决能力与社会适应状况存在显著相关，其对积极的社会适应有显著的正向预测作用，对消极的社会适应有显著的负向预测作用(杨颖，邹泓，余益兵，等，2011)。

除个体因素和环境因素影响社会适应之外，还有大量研究考察了影响跨文化社会适应的因素。陈慧、车宏生和朱敏等人(2003)对跨文化适应的影响因素进行了总结，认为影响跨文化社会适应的因素包括外部因素和内部因素：外部因素包括生活变化、社会支持、时间、文化距离、文化距离和歧视与偏见；内部因素包括评价、应对方式、人格、应对资源(如知识、技能等)和人口统计学因素(如性别、年龄等)。

四、社会适应对个体的影响

社会适应对个体影响的研究目前还不多，主要集中在两个大的方面：社会适应对心理健康的影响和社会适应对成瘾的影响。有研究者(叶一舵，2001)认为社会适应是考察心理健康的重要方面，社会适应其实就是心理健康的本质。陈建文和王滔(2004)把社会适应解剖为社会适应的心理机制、心理结构和心理功能三个方面，分别论述了这三个方面对心理健康的影响，并认为社会适应只是考察心理健康的一个视角。靳海风和曾祥岚(2014)对309名生态移民进行的实证研究发现，生态移民的社会适应能够预测和影响移民的心理健康，应对方式、心理弹性在其中起中介作用。有研究也发现，社会适应和社会支持影响移民的心理健康（庄立辉，郭继志，汪洋，等，2006）。对在加拿大的中国移民和美国小学生进行的研究也得到了相同的结果（Bagley，1993；Roff & Wirt，1984）。

社会适应除了对心理健康产生影响之外，社会适应还与成瘾行为密切相关。对网络成瘾的研究发现，神经质和社会适应能力对大学生的网络成瘾有直接影响，神经质还通过社会适应能力间接影响网络成瘾（原献学，李建升，2006）。有研究者（Ghanbari et al.，2012）发现，社会适应、自尊和抑郁等因素能够预测网络成瘾。手机依赖与社会支持、社会适应能力存在显著负相关，社会支持和社会适应能力能够显著负向预测手机依赖（金荣，闻雪，姜永志，2015）。除网络成瘾之外，还有研究（Wood，Center，& Parenteau，2017；Delvecchio et al.，2016；Chin，Lai，& Rouse，1990）发现，社会适应能够预测个体的药物成瘾、酒精成瘾和社交媒介成瘾等。

扫描拓展

身边有朋友，可以活更久。

拓展阅读

大学生社会适应的研究

生命全程发展观的兴起促使人们重视转折期适应的有关问题，也使得从发展转折的角度探讨个体的适应问题成为当前发展心理学研究的重要课题之一。人在一生中不可避免地会遇到转折，每个转折都是人们逐步适应从而发展的过程。

一、大学新生适应的研究现状

文献检索结果显示，在大约20％的研究中，研究者在研究大学生适应时会考虑新生入学适应的情况。例如，陶沙（2000）在研究大学新生入学适应时，从学习、生活自理、环境认同、人际和身心状况五个方面出发，提出了大学生入学适应结构的五因素模型。陶沙认为，从生命全程发展观的角度来看，大学生在进入大学的转折中普遍面临着独立或自主的要求，这一要求颇具有挑战意味，因为这种改变并不是单一方面的，而是多方面、多角度的。具体来说，入学适应主要包括五个方面，即学习适应、生活适应、环境适应、人际适应和身心适应，这五种适应的内容不同，但是相互之间的联系却很紧密。从研究结果来看，这五个方面的适应状况不尽相同，具有不平衡性。总体来说，在学习适应与人际适应方面，大学生可能会更容易产生适应困难，且困难较大，其变化也最为明显(陶沙，2000)。

当然，还有许多其他研究者都对大学新生的社会适应进行了研究与探索。例如，王才康(2002)认为大学新生的适应问题主要源于五个方面，即专业期待和职业规划、生活独立、信息资源的使用、自助学习以及人际关系。此外，在高校心理健康教育中担任关键角色的心理咨询机构的教师也对大学新生的适应问题进行了研究，这些研究多是基于工作的实际情况。吴晓青(2002)将大学新生的主要适应问题归纳为以下方面：现实与理想的差异及引起的失落，缺少现实目标，因比较而丧失自我价值感所引起的强烈自卑，不适应大学学习，不适应大学的人际交往，个人生活难以自理等。还有的研究者对大学新生适应的某个特定方面进行了研究。例如，王维杰(2006)专门研究了大学新生的人际适应情况，冯廷勇(2002)对学习适应也进行了专门的研究等。

二、大学生学习适应的研究现状

学习适应是指学生在学习过程中根据学习条件(如学习态度、学习方法、学习环境等)的变化，主动做出身心调整，以求达到内外学习环境的平衡，获得有利于发展状态的能力(周步成，1991)。冯廷勇等人(2006)在研究大学生学习适应时将其定义为：主体根据环境及学习的需要，努力调整自我，以达到与学习环境平衡的心理与行为过程。

　　国外从 20 世纪 80 年代就对大学生学习适应展开了广泛而深入的研究，主要探讨了大学生学习适应的主要影响因素和测验工具。研究者认为影响大学生学习适应的因素主要包括学生的个体因素和环境因素(如家庭社会背景、学校环境、教学环境与寝室环境等)。研究表明，大学生的自我评价、对学习的责任感和对成为一名优秀学生的期待会直接影响大学生在第一学年的学习适应，并进一步影响其以后的学习适应状况和学业成就(Chartrand，1990)。罗杰等人(2013)的研究发现，学习适应与学习倦怠各因子之间均呈显著负相关，且性别在两者之间起到显著的调节作用。袁桂平(2010)的研究表明，大学生的学业自我效能感对学习适应具有显著的预测作用。毛晋平和杨丽(2012)的研究发现，积极的人格品质与大学生学习适应具有广泛的正相关，尤以毅力对学习适应变异的预测最大，但目前它并没有成为大学生突出的积极的人格品质。我们的研究(王伟，雷雳，王兴超，2016)发现，大学生的主动性人格可以显著地预测其学习适应。

第二节　互联网与社会适应的相关研究

　　目前，人们的学习、工作和生活都离不开网络，网络已经成为我们生活的重要组成部分。与此同时，人类世界的方方面面也正在被网络以一种悄无声息却又强劲的力量改变着。在某种程度上，人类因网络使用而正在经历着自身发展史上的一次重大转折，社会适应就是其中一个很重要的表现。因此，网络使用与社会适应的关系就成了很多学者所关注的主题。

一、网络使用与社会适应的关系

　　网络使用与社会适应之间的关系可以划分为三种：网络使用促进

良好社会适应状态的形成、网络使用阻碍良好社会适应状态的形成、网络使用与社会适应没有关系。对于第三种关系，由于网络已经渗入我们生活的方方面面，因此网络使用与社会适应之间必然有着直接或间接的关系。鉴于此，不同学者从不同角度对网络使用与社会适应之间的前两种关系做了研究。

有学者(Takahira，Ando，& Sakamoto，2012)对 10～18 岁的小学、初中和高中的学生进行的研究发现，网络使用对少年儿童的发展既有积极作用，又有消极作用。由于网络使用者的不同动机、特质和社交技能，网络会给人们带来不同性质的影响。我国学者(卓兰芳，汪秀英，2008)对七年级到大四的学生进行的研究也发现，网络使用对社会适应的影响比较复杂，既有积极的一面，又有消极的一面。卓兰芳和汪秀英经过多因素分析发现，在网吧上网、上网成瘾、网上恋爱、依靠上网摆脱不良情绪都会使社会适应能力下降。但是，查阅资料、通过邮件联系朋友、上网聊天可能有助于社会适应能力的提高。所以，他们认为，只有在有社会支持、有管理制度、有监督的环境下科学合理地使用网络，才能保证青少年社会适应能力的不断提高，最大限度地降低网络的负面影响。我们应该帮助青少年、儿童，让他们认识到网络的特点和各种危险因素，使网络能够为青少年、儿童的社会交往发挥积极的中介作用。

二、网络使用对社会适应的消极影响

很多人对网络使用对社会适应的消极影响表示担忧，这就是所谓的"信息技术的黑暗面"。例如，我国学者张炳兰(2013)指出，网络为大学生的学习、生活带来便利的同时，也弱化了他们的社会适应能力。网络使大学生的人际适应能力、语言表达能力、自主学习能力、应对挫折能力有所减弱。瑞士学者(Engelberg & Sjöberg，2004b)的研究发现，网络使用与个体的孤独感和特殊的价值观联系紧密，同时个体不能很好地平衡工作与休闲之间的关系，情商低也是选择网络使用的一大倾向性原因。不过，在他们的研究中并没有发现个性特质与网络使用之间有显著的关系。在一项美国的研究中，大部分 8～17 岁孩子的父母都认为，频繁上网会使孩子变得与他人格格不入，而且把大量的时间浪费在网上的孩子会发展出反社会行为（Turow & Nir，2000）。对日本高中生的研究（Takahira，2007）还发现，父母和教师普遍认为，过于偏爱互联网交流的孩子，与他人通过互联网交流互动会增加攻击行为和降低心理健康水平。大量实证研究（Sakamoto，2003；Takahira et al.，2006；Takahira，2007；Takahira et al.，2008）也发现，网络使用会导致孩子攻击行为的增多。

（一）网络成瘾与社会适应

网络成瘾也是导致社会适应不良的一个主要原因。我国学者（王莉，邹泓，么娆，2011）探讨了青少年网络成瘾与社会适应的关系。结果发现，在社会适应的积极维度上，网络成瘾者的得分显著低于非成瘾者，在社会适应的消极维度上则与之相反。与非网络成瘾者相比，网络成瘾者的心理适应水平会更低（Alkhawaja，2015）。互联网的过度使用会导致大学生心理健康和适应水平的降低。在网络成瘾和社会适应的关系中，父母监控起着非常重要的作用，尤其是父母监控中的自我准予维度。研究者发现，父母对青少年独立行为的鼓励和支持，不仅不会使青少年变成问题少年，反而会有利于其发展（王莉，邹泓，么娆，2011）。对韩国士兵的研究也发现，网络成瘾与军队适应显著相关，心理弱点在网络成瘾对士兵军队适应的影响中起中介作用（Han & Koo，2012）。对网络成瘾与心理社会适应不良关系的纵向研究（Cheng，Sun，& Mak，2015）还发现，回避性应对和应对灵活性在网络成瘾与心理社会适应不良之间起中介作用，网络成瘾可以预测心理社会适应不良，回避性应对仍然起中介作用。综上所述，我们不难看出，网络成瘾会直接影响个体的社会适应，而且还会通过很多中介因素间接地影响个体的社会适应。

（二）网络欺凌与社会适应

欺凌行为与适应之间的关系早就引起了学者的注意。大量研究（张文新，周宗奎，2011；纪林芹，陈亮，徐夫真，等，2011）发现，童年期的同伴侵害，无论是身体侵害还是关系侵害，都能预测儿童的心理社会适应。校园欺凌无论是对欺凌者还是受欺凌者的适应都会产生严重的影响（刘永芳，李海垒，田歆，2005）。随着互联网的发展与普及，网络欺凌已经变得非常普遍，很多研究者也开始关注网络欺凌与社会适应之间的关系。郁雅楠（2017）对职校学生的研究发现，网络欺凌现象具有较高的发生率，网络欺凌与人际关系和社会适应存在显著相关。人际关系在网络欺凌对社会适应的影响中起着显著的中介作用。对青少年的研究（Leung & Mcbride-Chang，2013）也发现，网络欺凌和受害的经历会严重影响他们的心理社会适应，对他们的友谊满意度、社交能力和自尊等都会产生损害。网络欺凌也会导致疏离感的增强，影响人际关系（许秀利，2016）。

大量研究也发现，网络欺凌会导致心理社会适应困难，包括抑郁、焦虑和孤独感等（Gámez-Guadix et al.，2013；Landstedt & Persson，2014）。例如，对网络欺凌的纵向研究（Wright，2016）发现，网络欺凌的受害者会产生严重的社会适应不良行为，而父母调节策略（限制使用、共同观看和指导）则在其中发挥着非常重要的缓冲作用。此外，研究者还发现，感知到的社会支持和青少年技术使用调解是减少与网络受害有关的社会心理适应困难的两个因素（Wright，2016）。由此可见，无论是网络欺凌还是网络受害，都会导致社会适应水平的下降，所以文明上网、健康上网有利于网民的社会适应。有研究者（Gradinger，Strohmeier，& Spiel，2009）发现，网络欺凌和传统欺凌的结合对网民社会适应的危害是最大的。所以，我们应该线上和线下都做一个文明懂礼的人。

三、网络使用对社会适应的积极影响

网络使用对社会适应除了有消极影响之外，也有积极影响。例如，有研究发现，每天使用网络的孩子可以获得大量的社会支持，也可以有更多的机会向别人倾诉、表露自己（Ando et al.，2005；Takahira，2009）。对乳腺癌患者的研究（Harris，2017）发现，网络使用给了她们更多与病友交流的机会，促进了她们的情绪表达，从而改善了她们的心理社会适应，有助于她们的康复。也有研究发现，互联网的使用类型很重要，学习型网络使用能够积极影响学校生活适应。然而，以娱乐为导向的网络使用对学校生活适应有负面影响，而关系取向的网络使用则并不影响学校生活的适应（Kim & Song，2016）。胡聪、陈昌潍和陈明等人认为，网络互动对大学生的人际适应能力有显著的正向促进作用，生活方式网络化对大学生的人际适应能力有显著的负向作用。从三者的关系来看，在网络互动的背景下，如果大学生的生活方式一味地网络化，则会对其人际适应能力有消极影响，但总体来说网络互动对大学生是有积极影响的。

总体而言，网络使用与社会适应之间是一种双向的互动关系。网络使用对于社会适应是一把双刃剑。在一些情况下，网络使用可以促进人们良好社会适应状态的形成；相反，在另一些情况下，网络使用则会对人们良好社会适应关系的形成产生消极影响。反过来，个体不同的社会适应特性又会对网络使用产生影响，决定了自身在网络使用过程中的动机、内容和技能技巧，在某种程度上，进一步循环影响个体的社会适应状态。因此，我们所能做的就是帮助网络使用者在客观认识网络使用本身的利与弊的前提下，提供各种条件和支持，帮助网络使用者适度和合理地使用网络，尽可能发挥网络对社会适应的积极作用，避免网络可能给我们带来的消极影响。

四、网络使用与社会适应关系的影响因素

网络使用与社会适应的关系是怎样形成的？其中又有哪些因素在发挥作用？为了回答上述问题，我们必须从网络使用与社会适应关系的形成过程着手。这一关系状态存在三个因素：网络、网络使用者和网络使用者的社会适应状态。因此，从系统论的角度出发，上述三个因素各自的特点都会对网络使用者的社会适应状态产生影响。

首先，网络社会有着开放性、全球性、复杂性、虚拟性和丰富性等特点，在发挥个性化、人性化、资源共享、不受时空限制等优势的同时，对人们使用网络的道德规范、技能技巧、辨别和自控能力提出了更高的要求。其次，不同地域、不同年龄、不同性别的网络使用者也有着各自不同的特点。最后，影响个体社会适应状态的因素又有个体因素和环境因素等诸多因素。

沈模卫等人（2004）发现，大学生互联网的使用动机由信息获取性动机和人际情感性动机两个基本维度构成。其中人际情感性动机可作为病理性互联网使用行为模式的有效预测指标，且基于信息获取性动机使用互联网的大学生的社会—心理健康水平较高，而基于人际情感性动机使用互联网的大学生的社会—心理健康水平较低。还有研究者（Lanthier & Windham，2004）以性别为调节变量对网络使用和大学生活适应关系的研究发现，上网时间与大学生活适应的相关较弱；就男性而言，运用网络进行社会交往有利于他们更好地适应大学生活；网络使用对大学生活适应的消极影响与性别无关。

除了上述三个素之外，网络使用者的社会适应过程又是在特定的时空条件下进行的，因此，一些时空因素也会影响网络使用者的适应状态，如适应时间、空间跨度等。鉴于此，学者从各自的研究角度对在网络使用过程中建立良好的适应关系给出了自己的建议。张炳兰（2013）认为，应该引导大学生正确使用网络，培养大学生自我管理的

能力，丰富大学生的校园文化生活，加强大学生的心理健康教育，搭建大学生社会实践平台。原献学和李建升（2006）提出，为有效防止青少年网络成瘾的发生，教育工作者应加强青少年社会适应能力和积极健康人格的培养。

也许我们不能单纯地说互联网改善或恶化了个体的社会适应，它也许只是增大了社会适应的差异。青少年互联网用户可能会更适应互联网，因为他们报告了更高水平的社交活动和网络参与。然而，互联网使用和社会参与倾向于根据教育、收入和年龄而变化（Merwe，2014）。网络使用与社会适应的关系也会受到很多因素的影响，对不同人格、动机、社交技巧、情绪智力、使用方式的人来说，网络使用对其社会适应也许有积极影响，也许有消极影响。

第三节　网络社交与社会适应的相关研究

社会交往是网络诸多功能中一个很重要的方面，既然网络使用与社会适应之间有着千丝万缕的联系，那么网络社交与社会适应的关系也值得我们研究。

一、网络社交与社会适应的关系

我们在前面几章已经论述了网络社交的特点以及它对个体心理发展的影响。例如，网络社交可以增加社交联系的机会，能够更好地控制自我呈现，从而促进年轻人的友谊形成和在线印象管理（Bargh & McKenna，2004；McKenna & Bargh，2000）。网络社交与社会适应之间又有怎样的联系呢？

早期的研究认为，网络社交不仅不会扩大社交网络、促进社会适应，相反还会使个体不再关注现有的关系，降低幸福感水平。这个假设得到了一定的证实，大量实证研究发现，随着网络社交的增多，家庭交流减少，社交圈变小，同时抑郁症状增多，孤独感增强（Kraut et al.，1998；Nie，2001；Nie & Erbring，2000；Ybarra，Alexander，& Mitchell，2005）。然而，在收集这些数据时，在线社交沟通甚至是互联网的使用，都比当今社会少得多。所以，在这些早期研究进行的时候，互联网使用可能确实已经取代了现实社会关系，至少是部分取代，因为维持友谊尚未成为互联网的主要功能。此外，以前的研究主要集中于个人在网上花费的时间，而不是将其在线关系的数量和质量来作为未来社会适应的预测因子（Valkenburg & Peter，2009）。

社交网站、即时通信等网络社交平台的使用已成为很多人生活的一部分。大量实证研究发现，网络社交不仅没有取代现实社会关系，反而促进了与朋友之间的积极沟通，增强了个体的心理功能。我们在前几章中已对此进行了论述。有研究还表明，网络社交与社会适应之间的联系可能会有很大差异，这取决于个体的初始社交功能。更具体地说，网络社交和社会适应之间的联系部分取决于个体使用网络社交是为了扩大社交网络，还是为了维持个人友谊。此外，除了个体的网络社交数量外，网络社交的内容对未来的社会适应也有重要的影响，在网络上保持更多的关系有利于年轻人未来心理适应水平的调整和提高（Szwedo，Mikami，& Allen，2012）。

网络社交对社会适应有着积极的作用。对听力障碍儿童的研究（Oyewumi，Isaiah，& Adigun，2015）发现，社交网站的使用对听力障碍儿童的心理健康、获取信息、维持关系和自我表达有积极影响。网络社交可以使听力障碍儿童参与更多的社交活动，从而提高他们的自尊，同时消除社会孤立问题，促进社交融合。脸书的使用还与关系破裂后的情绪适应有关。在短期内，一个人在脸书上花费的时间越多，他们体验到的积极影响越多，负面影响越少。但研究者也发现，从长期来看，脸书使用对关系破裂后的社会适应有着消极影响（Tran，2012）。

社交媒介的过度使用会对社会适应产生消极影响。张军华和吕欣（2016）对 225 名流动儿童的研究发现，使用社交媒介不当会减弱流动儿童的社会适应性，使用频率越高的儿童，其社会适应性越差。研究者（Wood, Center, & Parenteau, 2017）还发现，社交媒介入侵与抑郁、焦虑和压力呈显著正相关，与心理健康和心理健康的自我效能成分呈负相关。更高的社交媒介入侵可能会不利于精神健康，进而对心理适应产生负面影响。社交媒介中的反刍行为同样会影响社会适应。反刍经常被描述为一个难以控制的自动过程，并由个体负面事件的提示线索触发。反刍行为会导致社会适应不良行为的出现，社交网站可以作为引发和延长反刍的额外手段。研究者（Tran & Joormann, 2015）发现，在关系破裂后，脸书上的反刍会影响随后的适应。对于高反刍者，高度依赖脸书和反刍会对其社会适应产生消极影响。

二、网络社交与大学生社会适应

(一)网络社交对大学生社会适应的影响

社会适应在大学生的校园学习中起着至关重要的作用，适应大学生活被认为是年轻人最具挑战性的经历之一。这是大多数年轻人第一次在家庭以外获得自主权的时期。社交媒介如社交网站、微博、即时通信工具等，被广泛应用于大学生群体，能够通过鼓励同龄人之间的联系和互动，来促进学生向大学的过渡。对脸书的研究（Gray et al.，2013）发现，脸书有两个变量与大学生的社会支持和社会适应有积极的关系，一个是在大学里学生所拥有的脸书好友数量，另一个是他们通过该社交网站与同学的合作行为。早期研究发现，学生在同一机构里的朋友人数与社会适应呈正相关（Hays & Oxley, 1986）。拥有共同兴趣的校内好友与大学中更好的社会适应和对学校的更高程度的依恋呈显著相关（Swenson et al.，2008）。

良好的大学社会适应需要强有力的同伴支持。与以前的好友保持联系并在大学建立新的关系是大学生适应的关键(Swenson et al.，2008)，而校外或大学前结交的朋友也是情感支持的重要来源(Ranney & Troop-Gordon，2012)。对于今天的大学生来说，社交网站已成为关系管理的常用工具。网络社交可以帮助大学生避免对现有社交网络的严重破坏，并通过促进与老朋友的沟通和接触新朋友来建立大学归属感(Ellison et al.，2012)。社交网站的社交可允许用户向大量观众表露情绪或信息支持的请求。在校园建立的社会关系能够帮助学生更好地融入学校。大量实证研究(Deandrea et al.，2012；Steinfield，Ellison，& Lampe，2008)发现，社交网站的一般使用与社会资本相关，特别是使用社交互动的网站与更好的社会情绪适应相关。社交网站能够提高学生对社会支持的知觉，而这种知觉有利于学生更好地适应大学校园的学习和生活。

除此之外，研究者(Yang & Brown，2015)还发现，更高的社交能力可以促进或阻碍大学生的社会适应，这是因为它与不同脸书功能的有用性信念有关，而这些信念反过来又与脸书使用的模式相关。脸书的使用动机和行为模式与社会适应直接相关，行为、状态更新和社会适应之间的关联会受到关系维持动机的调节(Yang & Brown，2013)。由此我们发现，网络社交不仅直接影响大学生的社会适应，而且会通过一些中介因素间接地对大学生的社会适应产生影响，并且两者之间的关系也会受到一些调节因素的影响。

(二)网络社交与大学新生的社会适应

1. 网络社交对大学新生社会适应的积极影响

管理社交关系是大学生的主要任务。在青春期到成年早期的过渡期间，个人面临着发展亲密人际关系的挑战(Erikson，1959)。对于那些远离家乡住在学校里的大学生来说，这项任务尤其具有挑战性。他们不仅要离开亲密的好友和同伴，维持现有的亲密关系，而且还要面对陌生的同伴(Scanlon et al.，2007)，需要从中建立新的亲密关系。已有研究发现，关系的维持和建立对在大学生过渡期间的良好适应至关重要(Buote et al.，2007；Swenson et al.，2008)。与上大学之前的朋友的联系能够通过提供情感支持来缓解适应过程，校园新的同伴关系影响学生的社会适应，同伴互动是学生融入大学环境的主要过程之一(Braxton et al.，1997)。

网络社交有助于维持现有的关系，并建立新的社交关系。研究者发现，大学生通常使用脸书与老朋友保持联系，并了解更多关于同学或其他人的信息。具体策略包括向老朋友发送消息，了解他们最近的活动，浏览社交网站上同学们的个人资料，向他人展示自己的背景和兴趣，以及随着新的关系的发展，与他们进行交流来补充面对面的互动(Ellison et al.，2011；Urista et al.，2009)。与远距离朋友的网络社交，可以补偿大一新生高质量的校内友谊的缺乏。研究发现，当大一新生面对面的友谊质量较低时，与远距离朋友的网络社交能够预测低水平的情绪压力，社会适应也取决于远距离友谊的质量(Ranney & Troop-Gordon，2012)。社交网站通过帮助大学新生认识志同道合的朋友，并从同龄人处获得关于课堂和学习策略的有用信息来促进社会适应(Madge et al.，2009)。

2. 网络社交对大学新生社会适应的消极影响

由于通信与网络技术的迅猛发展，学生可以在任意场所、任意地点使用智能手机，甚至在他们上课或听讲座时也如此。如此高强度的智能手机使用必然会对大学生的学习产生一定的影响，如减少学习时间或在学习时分散注意力。因此，可以预测过度的网络社交会导致社会适应方面越来越糟糕的结果。研究者(Gentzler et al.，2011)通过对211名大学生进行网上调查发现，更多使用电话与父母联系的大学生会报告更高的满意度、亲密感水平以及来自父母关系的支持度，而更多使用网络与父母联系的大学生则会报告有更高水平的孤独感、焦虑和与父母的更多冲突。另一项(Meagan et al.，2013)对比2009年与2011年两批大学新生适应情况的研究发现，2009年的结果与前一项的研究结果一致，但到了2011年，虽然更多使用电话与父母联系的大学生仍会报告更高的关系满意度、亲密感水平和来自父母关系的支持度，但是更多使用网络与父母联系的大学生并没有报告有更高水平的孤独感等，认为过度的网络社交和大学生适应不良这一结果没有关联。

在网络社交对大学生影响的研究中，最受关注的是网络社交对大学生学习成绩的影响。学习成绩与社会适应并不等同，但是学习成绩在一定程度上从侧面反映了大学生的社会适应状况。以往的国内外研究中，网络社交对学习成绩影响的研究结果存在矛盾。有研究者（Kalpidou et al.，2011）发现，在网络交往与学业表现之间存在不显著的负相关。但也有研究者（Junco et al.，2011）认为，虽然花费在脸书的时间与平均学分呈负相关，但是学习的时间并不受脸书使用时间的影响。把太多的时间花费在脸书上的大一新生，通常其认知方面的学业成绩都比较低，所有网络交往的维度都对大学生的适应有着显著的负面影响（Wohn & LaRose，2014）。

三、网络社交与跨文化适应

跨文化适应是指来自不同文化背景的社会成员通过相互接触，给接触的一方或者双方带来文化模式改变的一种社会心理现象。对文化适应进行系统科学的研究始于 20 世纪初，随着人们跨国及跨地区数目的增加，跨国及跨地区的接触与流动也越来越频繁，文化适应问题得到了研究者广泛的关注和研究。因为人员流动引起的不同价值观念和生活方式在同一区域或文化内部发生交织与碰撞，一个涉及客居他乡者学习、工作和生活的关键性问题引起了社会学研究者和人类学研究者，特别是社会心理学和跨文化心理学研究者的关注，即客居他乡者在当地社会的适应问题。

(一)网络社交与留学生的跨文化适应

关于跨文化适应的研究，学者们主要关注的是留学生的跨文化适应问题。留学生所面临的挑战会更多，如他们的身份会被重新考虑，他们的世界观和价值观会受到新的学习和社交圈的挑战。新的职责、睡眠和饮食习惯的变化以及工作量的增加也是留学生压力的主要来源（Gray et al.，2013）。此外，他们还要面临一些常见问题，包括语言能力问题、新的社会和文化规范、学术差异和经济压力等。留学生经常将电脑作为与家乡的亲人和朋友以及本土社会文化生活保持联系的工具。交流沟通也是促使留学生更快、更容易适应当地文化的重要因素。通过使用网络社交工具与家乡的亲人和朋友联系，与良好的适应过程有着积极的关系（Keshishian，2000；Cemalcilar，2003）。社交媒介在学生与家庭之间创造了"家庭纽带"，这个因素能够促进学生更加有效地适应当地文化（Yusoff et al.，2011）。

研究者（Lee，Lee，& Jang，2011）对留学生的网络使用动机进行了研究，发现网络使用动机最能反映留学生的社会和情绪适应情况。其中，通过网络与家乡的朋友保持联系的留学生往往有着较低水平的情绪适应状态，通过网络在当地建立社交网络的留学生的社会适应状态更好。不过，在多种网络社交渠道中，并没有哪一种渠道与留学生的适应有着明显关联，这也体现了基于网络的社交平台的多功能性。跨文化适应涉及社会大系统的诸多因素，有研究（Seo et al.，2016）发现，由于网络文化环境的复杂性，留学生并不认为通过网络来表达自己是一件令人不舒服的事情，使用社交网络水平越高的留学生，其社会适应程度越高。不过，使用社交网络的水平越高并不意味着他们就能获得更高水平的社会支持。因此，该研究认为，社会各界还应该通过传统的渠道给予留学生更多的社会支持。

（二）网络社会支持与留学生的社会适应

留学生如何应对他们所面临的这些挑战，可以从社会支持的角度来解释。已有的大量研究发现，本地的支持网络对学生的大学适应至关重要，有家庭成员或朋友提供心理和物质资源的个体往往会保持更健康和更快乐的生活，向个人提供情感和其他类型的支持可以缓解个体的压力(Cohen & Wills，1985；Gerdes & Mallinckrodt，1994)。社交媒介在留学生接受相关社会支持和获取资源中发挥重要作用，从而使留学生能够适应不同国家的大学生活。这些社交媒介平台是留学生获得相关社会支持的潜在场所。在这个网络社交时代，人们常常通过社交网站或特定的在线支持小组寻求支持(Hollenbaugh & Ferris，2015；Li，Chen，& Popiel，2015)。

我们(周莉，王伟，雷雳，2016)对在中国的东亚留学生进行了研究。结果发现，东亚留学生的网络交往与网络社会支持和适应之间存在显著正相关，网络交往可以通过网络社会支持的中介作用来间接影响留学生的适应。对在美国的中国留学生的研究(Ye，2006)也发现，来自在线民族社会群体的人际网络社会支持与社交困难呈负相关，而来自国内的人际网络和远距离网络的社会支持与情绪障碍呈负相关。也有研究(Seo et al.，2016)发现，社交媒介使用与感知社会适应呈正相关，而与感知到的社会支持无关。还有研究(Yusoff et al.，2011)发现，网络社交与留学生的社会文化适应无关，感知到的社会支持和文化距离与留学生的社会文化适应息息相关。我们之所以会得到这么多不同的研究结果，归根结底在于我们对网络社交、网络社会支持和适应各维度的定义方法是不同的。

(三)网络社交与移民者的跨文化适应

虽然移民和留学生在身份上有所不同，但他们有着共同的挑战。无论对于哪个群体来说，适应新文化的过程都很困难。一般来说，移民也会体验到压力、抑郁、孤独和其他消极情绪(Croucher，2008)。作为一个文化的新来者，移民者经常会使用各种社交技术来协助文化适应过程。对在美国的中国移民的研究(Tsai，2006)发现，互联网为中国移民提供了改善语言流畅性的机会，互联网的使用也有助于他们的适应过程。一种在文化适应过程中特别重要的互联网形式是社交网站(Croucher & Cronn-Mills，2011)。社交网站为个体提供了与他人建立人际关系、提高关系满意度以及了解周边文化环境的方式。当移民迁移到新的文化环境时，使用社交网站将更有可能影响他们如何看待主导文化，影响他们与本地居民的沟通。在文化适应过程中，使用社交网站会影响移民与主导文化的互动。增强社交网络的使用，特别是对于来自同一社交团体的个体，将更有可能缩短文化适应的过程（Croucher，2011）。

在网络社交中所获得的社会支持同样对移民的跨文化适应非常重要。通过远距离交流实现的在线社会支持，对于那些缺乏面对面社会支持资源的人来说，是有价值的。海外移民破坏了与家人、朋友和熟人的长期社会联系。随着互联网的出现，现在的移民拥有更多的替代来源，如通过网络社交来获得社会支持。对在新加坡的中国移民的研究（Chen & Kay，2011）发现，在线社会支持对移民的社会文化适应和心理适应都有积极影响，在社会支持的几个维度中，信息支持对移民的影响最突出。在线社会支持是对移民传统社会支持的有效和有价值的补充，对于改善移民的社会适应起着至关重要的作用。

总而言之，无论是网络社交与跨文化适应，还是网络社交与社会适应，它们之间都不是简单的线性关系或因果关系。静态的关系状态需要在动态的关系形成过程中予以理解。一方面，我们需要对网络社交这一客观存在进行分析，全面把握其功能和特点，了解其自身的利与弊。另一方面，我们还应积极发挥网络使用者自身的主观能动性，在充分认识影响社会适应状态的主客观因素的基础上，最大限度地提高网络社交环境下个体的社会适应能力，构建能够实现上述目标的社会支持系统。另外，网络社交与社会适应之间的关系作为一个阶段性、转折性的问题，在一定时期内仍将是学者们继续探讨的主题。随着网络社交成为人类的一种生活方式，或许这样的研究会逐渐淡出学者们的视线，但这样的关系状态将作为一种本能流淌于人类的血液中。

第九章　网络社交与社会排斥

批判性思考

1. 社会排斥是一种常见的社会现象。我们有没有办法消除社会排斥？我们只有强大自己的内心才能不受社会排斥的影响吗？从进化的角度看，社会排斥对人类来说有积极的作用吗？

2. 大部分研究更多关注社会排斥对被排斥者的危害，但是很少有研究从根本上来探讨社会排斥的原因。我们为什么会排斥、拒绝或孤立他人？这些行为会给排斥者带来哪些好处？社会排斥难道只会给被排斥者带来伤害吗？它会给排斥者带来哪些负面影响？

3. 当我们在现实生活中遭受排斥、拒绝时，我们可以在虚拟的网络中寻求心理的慰藉，可是当我们离开网络回到现实时，被排斥的感觉会不会更强烈？这会不会让我们更难受？

关键词

社会排斥；自尊；归属需要；研究范式；网络社会排斥；社交媒介

第一节　社会排斥概述

社会排斥是一种普遍存在的社会现象，社会中的每个个体都或多或少有过被排斥的经历。社会排斥不仅会危害整个社会的和谐发展，而且也会给被排斥者造成极大的心理伤害。很多学者都从不同的角度对社会排斥进行了深入的研究，并取得了大量的研究成果。

一、社会排斥的概念

(一)社会排斥概念的起源

社会排斥是近些年来社会学者、政治学者、社会政策研究者都很感兴趣的一个课题。现在越来越多的心理学者和教育学者也开始对这一主题产生浓厚的兴趣，并进行了大量的研究。有研究者(阿马蒂亚·森，王燕燕，2005)认为，社会排斥的概念由法国学者勒内·勒努瓦(Rene Lenoir)首次提出。但是在此之前，研究者在讨论和研究贫困、剥夺与困苦的问题时早已经开始使用社会排斥了。社会排斥也属于社会心理学的研究领域，在 20 世纪六七十年代，社会心理学文献中只有少量关于被忽视和被排斥的实验，直到 20 世纪 90 年代中期，研究者才开始下功夫去研究社会排斥及其相关的现象。所以，有研究者(程苏，刘璐，郑涌，2011)认为，社会心理学家对社会排斥的研究始于 20 世纪 90 年代，并伴随着归属的需要和自尊的社会计量器理论的提出而兴起。到了 21 世纪，心理学者开始从不同的角度采用不同的方法来探讨社会排斥对个体认知、情绪、行为等方面的影响，以及社会排斥的认知神经机制等方面。

社会排斥普遍存在于社会当中，并成为困扰很多人的问题。自 20 世纪 60 年代开始，社会心理学家就发现，人们以直接或者间接的方式不遗余力地尝试努力避免社会排斥的发生。社会心理学的经典研究显示，有其他人在场的时候，人们往往会顺从别人，安于现状，或者不提供帮助，因为他们不想承担跟别人表现不一样的风险(Williams，2007)。有研究者(Baumeister & Leary，1995)出版了《归属需要》(*The Need to Belong*)一书。他们认为人们有归属的需要，当归属的需要受到威胁时，会对个体的身心健康产生不良后果。该观点的提出是基于大量社会和健康科学领域的文献之上的(Williams & Nida，2011)。

(二)社会排斥的定义

1. 社会排斥的社会学定义

社会排斥的定义最早是由社会学家提出来的,但是社会学家对社会排斥并没有一个统一的定义。在社会学领域中,学者从各自的研究角度对社会排斥进行了界定。有的学者将社会排斥视为一个动态过程,指个人或群体被全部或部分地排除在充分的社会参与之外,或指某些个人、家庭或社群缺少参与一些人们普遍认同的社会活动的机会,被边缘化或隔离的系统性过程。这个过程具有多维的特点,并且表现为被排斥者在经济、政治、社会、文化及心理诸方面的长期匮乏。有的学者强调社会排斥的形成过程,认为社会排斥是游戏规则造成的,而社会政策研究的目标就是修订游戏规则,使之尽可能惠及每一个社会成员。有的学者强调社会排斥的伴随现象,认为社会排斥是指某些个人或地区遭遇到诸如失业、技能缺乏、收入低下、住房困难、健康丧失、家庭破裂等交织在一起的综合性问题时所出现的现象(周林刚,2004;代利凤,2006;杜建政,夏冰丽,2008)。

2. 社会排斥的心理学定义

在社会心理学领域中,学者更倾向于将社会排斥视为一个与社会接纳相对立的概念(杜建政,夏冰丽,2008)。但是,国内外学者没有对社会排斥这一现象给予一个统一的词汇或者概念。例如,国外对社会排斥的研究范围比较大,但并没有统一的词汇,而是一些相近或者相类似的内容,包括social exclusion、social rejection、interpersonal rejection 或者 ostracism、social ostracism、interpersonal ostracism 等。其中最常用的是 social exclusion、social rejection 和 social ostracism,可分别被翻译为社会排斥、社会拒绝和社会放逐。

在社会排斥的定义上,不同的学者有着不同的理解。有研究者(Twenge et al. ,2001)认为,社会排斥指个体没能得到家庭成员、同伴或某一社会团体的接纳,被排斥在这些关系之外,个体的归属需要的满足受到阻碍的社会现象。通常社会排斥既可以发生在和其他人的互动与分开之后，也可以作为未来的假设结果。还有研究者（Baumeister & Tice, 1990）认为，社会排斥是指个体因为缺乏对团体必要和足够的贡献，或者违反了团体的规则，或者形象不佳，或者拥有某些不受欢迎的人格特征而缺少人际吸引力，不被这一团体接纳，从而遭到排斥、驱逐的人际现象。

　　我国学者认为，社会排斥是一种漠视、忽略或者拒绝他人的行为（蔡强，吴寅，刘金婷，2011）。杜建政和夏冰丽（2008）对社会排斥的概念做了梳理，把国外不同学者的观点进行了整合，认为社会排斥是指在社会互动过程中，由于遭受某群体或个体的排斥或拒绝，人们的归属需要和关系需要无法得到满足的现象和过程。社会排斥有多种表现形式，如排斥、拒绝、孤立等。为了表述方便，本章使用社会排斥一词，用来描述人际领域当中的被忽视、拒绝、孤立、排挤等现象，包括个体之间的关系及群体之间的关系。

扫描拓展

孩子迷网聊，父母没辙了？

二、社会排斥的理论研究和研究范式

（一）社会排斥的理论研究
1. 社会学者关于社会排斥成因的研究

　　社会学者李斌认为，社会排斥理论的实质是研究社会弱势群体如何在劳动力市场以及社会保障系统受到主流社会的排挤，而日益成为孤立无援的群体。他将西方学者的理论进行了总结，认为社会排斥的原因主要包括以下几个方面：①自我生成论，认为社会排斥是社会弱势个体自身的行为和态度造成的；②社会结构生成论，认为社会排斥是社会结构本身的不平等性造成的；③劳动过程创造论；④社会政策创造论；⑤意识形态认可论；⑥社会流动反映论。其他很多国内学者（景晓芬，2004；代利凤，2006；周林刚，2004）在之后的研究中也得到了相同的结论。

2. 归属的需要

有研究者(Baumeister & Leary, 1995)认为,人类具有普遍的需要,以形成和维持最少数量的持久、积极和重要的人际关系。满足这一需要涉及两个标准:第一,需要与其他人进行频繁的、有意义的、愉快的互动;第二,这些互动在时间上必须是稳定的、持久的,而且必须在对彼此幸福的情感关注的框架背景下进行。与不断变化的一群人的互动不如与同一个人的反复互动更令人感到满意,没有频繁接触的关系也不能令人满意。缺乏归属感将造成安全感的剥夺,导致各种不良影响产生。归属的需要是人类的一种基本的和非常普遍的需要,具有很强的驱动力。归属的需要对情绪模式和认知过程有重要的影响。归属需要的缺乏会对个体的健康、适应和幸福感造成不良影响。

3. 自尊的社会计量器模型

自尊的社会计量器模型认为,人类具有维护自尊的根本需要,这个命题为人格心理学、社会心理学、发展心理学、临床心理学和咨询心理学等方面的大量工作提供了基础。从本质上来说,自尊是维持人际关系的计量器,维护自尊的动机是保护个体免受社会排斥和拒绝。人类具有寻求包容和避免被排除在重要社会群体之外的根本动机,而且由于其生存价值,该动机推动了团结和社会联系的进化。因为处于原始状态的孤独个体不可能生存和繁殖,所以心理系统的进化促使人们发展社会关系并保持群体中最低限度的包容水平。保持与其他人的联系需要一个检测他人反应的系统。个体用这个系统检测其他人可能拒绝或排除个体的程度。这个系统能够或多或少地连续监测一个人的包容状态,能够在无意识中运作,能够提醒个体改变其包容状态(特别是在社会接纳减少的时候),并且在受到威胁时能够驱动个体行为来恢复其地位。有研究者认为,自尊系统具有这种社会计量器的职能(Leary et al.,1995)。

　　自尊只是一个关于包容和排斥的社会关系质量的指标。自尊标志着个体被他人接受的程度，提醒个体对社会排斥保持警觉，要与他人保持良好关系。有研究者(Leary & Downs，1995)认为，人们有着非常强烈的动机去维持和增强自尊，因为在个体满足归属需要的过程中，自尊发挥着非常重要的作用；自尊反映了个体避免被排斥的需要。

　　自尊包括状态自尊和特质自尊(Leary et al.，2003)。自尊系统反映了个体被接纳或被拒绝的程度。当个体感受到被接纳或者被认可时，个体的自尊水平就会上升，并且产生积极的情感体验。当个体的人际关系出现问题或者体验到被拒绝时，个体的自尊水平就会下降，并且产生消极的情感体验。这种消极的情感体验是一种信号，会激发个体采取行动以恢复人际关系。社会接纳和社会拒绝不仅会影响状态自尊，而且会影响个体的情绪和行为。

4. 多元动机模型

　　多元动机模型是 2009 年提出的，用于了解人们对影响社会接纳和归属需要的威胁的反应。因此，该模型适用于多种人际拒绝事件，如拒绝、歧视、排斥、背叛和污名等。该模型认为，在负面影响和降低自尊水平方面，对于不同的拒绝形式，人们的即时反应都是相似的。人们的反应受到对排斥事件的解释的影响，这种解释能够预测三种不同的动机：亲社会动机、反社会动机和社会回避行为反应动机。多元动机模型为下一代人际关系的拒绝研究奠定了基础(Richman & Leary，2009)。

　　社会排斥事件会立即给个体造成两个方面的负面影响：消极情绪和降低自尊水平。对排斥、拒绝最常见的反应就是愤怒、悲伤和焦虑等消极情绪。人们对排斥事件的解释决定了引起行为反应的特定动机。虽然根据给定的解释并不能确定一个特定的动机，但有研究者(Richman & Leary，2009)认为，特定的解释模式使某些反应更有可能发生。

　　多元动机模型认为，个体对排斥事件的解释其实就是个体对排斥事件的评估，个体的评估是由排斥事件的特征与个体的特点共同决定的。多元动机模型将个体对排斥事件的解释以及采取的相应行为分为六个方面。通常，个体不会简单地单独从一个方面进行评估，而是会综合考虑这六个方面。当然，除了这六个方面可能还有其他解释值得探究。个体的人格特征也影响着个体的行为反应，能帮助个体重获他人接受的行为反应，如亲社会动机，但有时候会给个体的身心健康带来显著的消极影响。这六个方面及其解释见表 9-1。

表 9-1　多元动机模型

方面	解释
知觉到排斥的损失	当个体认为排斥事件会带来很大损失时，他可能表现出亲社会行为，会努力修复关系。
存在其他关系的可能性	当个体认为还存在其他关系时，他可能会表现出回避行为；反之，可能会表现出亲社会行为。
期待关系修复	如果个体认为关系可以修复，他可能会表现出亲社会行为；反之，可能会表现出反社会行为或者回避行为。
关系的重要程度	如果个体认为关系非常重要，他会努力去修复关系，而且可能会表现出亲社会行为；反之，可能会表现出反社会行为或者回避行为。
长期性/普遍性	如果排斥长期存在，那么个体可能会表现出退缩和回避行为。
知觉到不公平	如果个体认为排斥没有正当理由，很不公平，那么他可能会很愤怒，而且可能会表现出反社会行为。

　　除上述理论之外，有关社会排斥的理论还包括需要—威胁的时间模型、情绪麻木说和自我控制失败说（程苏，刘璐，郑涌，2011）。需要—威胁的时间模型认为个体被放逐后会依次进入三个阶段：反射阶段、反省阶段以及退避阶段。该模型有助于全面理解社会排斥对个体的影响，并且可以对受到排斥之后个体的行为表现进行预测和解释。情绪麻木说认为，社会排斥会导致个体处于一种麻木的状态，包括情绪上的麻木和生理上的麻木。这种防御性反应使个体的痛苦暂时降低，从而有能力应对排斥事件，但也有可能出现种种不适应行为。自

我控制失败说认为，社会排斥破坏了自我控制，同时发现被排斥者是不愿意而不是没有能力施加自我控制。

(二)社会排斥的研究范式

在几十年的社会排斥研究中，学者形成了很多社会排斥的研究范式。程苏等人(2011)对研究范式进行了概括，认为主要包括四大类：拒绝范式、放逐范式、孤独终老范式和其他排斥范式等。

拒绝范式指的是被试明确接收到他人排斥自己的信息。它通常在选择合作伙伴的情境中展开，其中最常用的是相互认识范式和个体排斥—偶然排斥范式。

放逐范式强调被试在多人合作的情境中受到了忽略，因而感受到的社会排斥。放逐范式包括掷球范式、火车谈话范式、聊天室范式、手机短信范式、网络掷球范式等。前两种属于面对面的放逐，即个体当面被放逐；后三种属于网络放逐，即通过网络或其他通信手段传达放逐信息(周莉，2016；程苏，刘璐，郑涌，2011)。

在孤独终老范式中，首先让所有被试都完成艾森克人格测验，向他们反馈真实的得分情况，增加其对测验结果的信任程度，然后将被试随机分配到未来孤独组、未来归属组和不幸控制组。未来孤独组被试得到的反馈是将来的生活会很孤独，未来归属组被试得到了截然相反的反馈，即生活幸福。而不幸控制组被试得到的反馈是生活中可能会发生不幸。孤独终老范式在社会排斥研究领域中应用广泛，可以诱发较为强烈的社会排斥体验。此外还有回忆范式、启动范式和想象范式等，其中又以回忆范式的使用频率最高。这种范式一般是让被试写一篇短文，排斥组被试描述自己被他人排斥的经历，接受组描述自己被他人接纳的经历，中性控制组则描述前一天做了哪些事情(程苏，刘璐，郑涌，2011)。

实验室范式应用得最多，而且实验者精心设计了很多实验，以激发被排斥者的排斥体验，取得了很多宝贵的研究成果。但是实验室范式最大的问题就是没有测量日常生活中的排斥情况，无法获得真实世界的排斥现状。而问卷法恰好弥补了这个不足，研究者开发了测量不同群体、不同环境的排斥的问卷，也获得了一些数据（周莉，2016）。例如，吴惠君、张姝玥和曾宇倩（2013）对校园场所的社会排斥进行了研究，初步编制了 19 个条目的大学生社会排斥情境问卷；王江洋、杨薇和申继亮等人（2012）编制了孤儿身份拒绝敏感性量表；国外学者（Ferris et al.，2008；Gilman et al.，2013）也编制了工作场所排斥问卷和青少年排斥问卷等。

三、社会排斥的影响

社会排斥无疑会对被排斥者的心理产生强烈的影响。已有实证研究表明，社会排斥给被排斥者的生理、情绪、认知、行为、人际关系等带来了极大的影响，对个体的身体和心理健康造成了破坏性的后果。

（一）社会排斥对生理的影响

出现社会排斥后，被排斥者会产生各种各样的生理反应。一项神经成像研究（Eisenberger，Lieberman，& Williams，2003）检查了社会排斥的神经相关性，发现社交痛苦的大脑基础与身体疼痛的大脑基础相似。被试在玩网络掷球游戏时，经历三种不同的状态，即陌生他人被社会排斥、自己被他人接纳、自己被他人排斥，同时对被试进行功能性磁共振成像（fMRI）扫描。结果发现，前扣带回在排斥期间比接纳期间更活跃，与自我报告的痛苦呈正相关。社会排斥激活的脑区与生理疼痛激活的脑区相同。右腹侧前额叶皮层在排斥期间是活跃的，与自我报告的痛苦呈负相关。前扣带回在右腹侧前额叶皮层与痛苦之间起中介作用，右腹侧前额叶皮层通过阻断前扣带回的活动来减少社会排斥的痛苦。社会排斥的经历是痛苦的，因为对拒绝的反应是以身体疼痛系统的各个方面为中介的。社交痛苦和身体疼痛之间的重叠是一个进化的过程，以帮助个体应对排斥的威胁（MacDonald & Leary，

2005)。

发展心理学的研究证明了青少年同伴排斥的消极影响。同样使用网络掷球范式和 fMRI 扫描来研究青少年的社会排斥，结果发现，与成年人的研究结果类似，右腹侧前额叶皮层活动与自我报告的痛苦呈负相关。青少年独特的地方在于，次要前扣带回的活动与更大的痛苦有关，而腹侧纹状体的活动与较少的痛苦有关，并在调节次要前扣带回和其他涉及情绪痛苦的区域的活动中起作用(Masten et al. , 2009)。对具有慢性同伴排斥史的青少年的研究(Will et al. , 2016)发现，背部前扣带回在社会排斥期间更加活跃，当被试在一个完全接纳的社交互动中被排斥时，背部前扣带回和前额叶皮层的活动水平更高。这些研究结果表明，同伴排斥与青少年期对社会排斥的神经反应增强有关。

社会排斥除了会激活与痛苦相关的相应脑区，让个体体会到如身体疼痛一样的痛苦之外，还会给个体带来其他的生理伤害。有研究(Dewall & Baumeister, 2006)指出，社会排斥会导致个体的情感麻木，使个体不仅痛苦，而且对身体和情感上的痛苦都不敏感。当个体预知到自己将来有可能生活寂寞时，会降低对身体疼痛的敏感性，社会排斥也会导致情感的不敏感。社会排斥还会影响个体对身体疼痛的反应能力，导致疼痛阈值和疼痛容忍度的增加。

(二)社会排斥对认知的影响

已有的大量研究发现，社会排斥会严重损害个体的认知过程。有研究者(Gardner，Pickett，& Brewer，2000)指出，归属的需要已经成为普遍的人类动机，影响着一系列的认知、情感和行为反应。他们通过实验的方法探讨了社会排斥与选择性记忆的关系。结果发现，正如身体饥饿会导致个体对食物相关刺激的选择性记忆，社交饥饿在归属的需要未得到满足时，将导致个体对社交相关刺激的选择性记忆。还有研究(Twenge，Catanese，& Baumeister，2003)发现，被排斥者会进入认知解体的防御状态，避免有意义的思想、情感和自我意识，其特点是嗜睡和时间知觉改变。社会排斥会导致个体高估时间间隔，重视现在而不是未来，并且不能延缓满足。同时，被排斥者的反应会明显慢于正常个体，另一个很重要的特征是被排斥者不愿意回想和面对自己的缺陷和不足。

有研究者（Baumeister，Twenge，& Nuss，2002）还考察了社会排斥对具体的认知过程的影响，包括智力、记忆和逻辑推理等方面。结果发现，被排斥者的语言推理能力、数学运算能力及空间想象能力测验成绩显著低于其他被试；和其他被试相比，被排斥者更难以从记忆中提取信息并利用这些信息解决有一定难度的、需要思考的问题；在逻辑推理能力和简单记忆能力的测试中，社会排斥显著降低了被排斥者的逻辑推理能力，对简单信息记忆没有显著影响。社会排斥影响了被排斥者认知的速度和准确度，而且社会排斥对认知的影响并不是以情绪为中介的。此外，社会排斥不仅会影响智力、记忆等认知内容，而且还会对选择性注意产生影响。有研究者（Dewall，Maner，& Rouby，2009）发现，社会排斥的威胁增加了被排斥者对微笑面孔的选择性注意，与正常被试相比，遭受排斥威胁的被试会更快地识别出人群中的笑脸。社会排斥的威胁激励人们关注接纳的资源，这不仅体现在认知中的注意选择和行为上，而且也体现在基本的早期知觉处理上。我国学者（李志爱，2014）发现，社会排斥增强了个体对社会接纳信息的敏感性，渴望归属的动机甚至影响了其注意机制，使其产生对接纳信息的返回抑制，且被排斥者对社会接纳信息的注意加工偏向可能源于社会接纳信息能够减少社会排斥所造成的"心理疼痛"。

（三）社会排斥对情绪的影响

遭受社会排斥之后，个体总是会体验到各种各样的消极情绪。社会排斥与消极情绪之间的关系错综交织，十分复杂。对它们之间关系的研究是国内外学者关注的重点领域之一。研究者（Baumeister & Tice，1990）提出的焦虑社会排斥理论认为，被重要的社会群体排斥是个体产生焦虑的主要原因。社会联系减少了个体对压力的生理反应，而社会排斥则导致了个体情绪困扰的出现（Lee & Noh，2015）。有研究者(Lee & Noh，2015)以老鼠为研究对象进行了研究。结果发现，所有组之间的恐惧记忆和蔗糖消耗没有显著差异，但是被排斥组老鼠的焦虑行为显著增加。所以，研究者认为，不平等排斥的社会互动情况可能会放大痛苦状态和与焦虑相关的情绪改变。还有研究者(Leary，1990)论述了社会排斥与消极情绪之间的关系，认为社会排斥会导致孤独感、嫉妒、抑郁、社交焦虑等消极情绪的产生，这些消极情绪甚至会同时产生。自尊在其中起着调节作用，与高自尊个体相比，低自尊个体更能体验到社交焦虑、孤独和抑郁。

也有研究者(Slavich et al.，2010)认为，主要生活事件，包括社会排斥事件，与抑郁症的发病密切相关。他们提出了一种心理生物学模型，认为与排斥相关的压力源会引发一系列独特和完整的认知、情感和生物学变化，这些变化会导致个体抑郁。对韩国老年人的研究(Lee et al.，2016)发现，社会排斥会对老年人的抑郁、自杀意念产生显著影响。大量研究(Kumar et al.，2017；Pharo et al.，2011；Yazdkhasti，2011)发现，社会排斥是导致个体抑郁的重要危险因素，因为社会排斥会增大人际压力，从而损害社会功能。

此外，大量研究还发现，社会排斥会导致愤怒情绪的产生。例如，有研究者(Debono，2014)对社会排斥、攻击行为、愤怒和自尊之间的关系进行了研究。结果发现，高自尊个体被排斥后会更加愤怒，但却没有攻击行为；低自尊个体的攻击行为则更多。徐四华和杨钒(2016)对大学生的研究发现，社会排斥组的愤怒情绪显著高于非排斥组，而且愤怒情绪在社会排斥和行为冲动性之间起中介作用。被排斥会减弱归属感和积极情感，增强悲伤和愤怒，而运动锻炼可以减弱由排斥引起的悲伤和愤怒(Moran，2013)。

社会排斥除了影响情绪、认知和生理之外，也会对个体的行为产生影响。大量研究发现，社会排斥会增加攻击行为。有研究(Twenge et al.，2011)发现，被排斥者对排斥他们的人给予更为负面的评价，当告诉被试他将孤独终老时，他的攻击行为会明显增多。社会排斥还会导致自我毁灭行为的出现。当被排斥时，个体往往会采取一些不良的行为，如过量食用一些不利于健康的饮料、点心、小吃，更易气馁，更易出现成瘾行为，花费更多时间寻找快乐或寻求刺激，而不是积极改变自己和所处的情境（Twenge，Catanese，& Baumeister，2002；Baumeister et al.，2005）。此外，社会排斥还会减少亲社会行为。有研究（Twenge et al.，2007）发现，被排斥者对学生基金的捐款数量更少，也不愿意让志愿者参加实验，在事故发生后不愿意帮助别人，合作行为也更少。社会排斥也会导致一些不道德行为的发生（Kouchaki & Wareham，2015）。由此可见，社会排斥在很多方面都改变了个体的行为，让被排斥者变得更冷漠，缺乏道德感，甚至对生活也失去了信心。

第二节　互联网与社会排斥的相关研究

互联网的出现给社会排斥的研究提供了另一种可能性，很多研究者认为，互联网的便捷性、超时空性和匿名性等特点，也许正好可以满足被排斥者的社交需要，缓解排斥给个体带来的心理威胁。但是，互联网也会成为社会排斥的一个来源，我们不仅在现实生活中可能会被排斥，而且在虚拟的环境中也可能会遭受排斥、拒绝。互联网和社会排斥的关系也许并没有我们想象得那么简单。

一、互联网对社会排斥的影响

互联网被许多人视为解决社会排斥问题的手段。有研究者（Selwyn，2002；van Winden，2001）认为，信息通信技术服务和互联网，尤其是在被排斥社区，可能有助于减轻社会排斥。有研究（Foley，2001）表明，被社会排斥的群体可以通过互联网获得一些明确和可量化的收益。这一观点也促使各国政府和捐助机构在被社会排斥的地区投资建立互联网接入点(如电信中心)。但是，互联网的使用真的能够解决社会排斥问题吗？有研究者(Chigona & Mbhele，2008)对互联网是否有助于缓解发展中国家的社会排斥进行了研究。该研究采用质性研究方法，对在南非西开普省使用政府资助的互联网接入点的四个社区进行了调查。结果发现，互联网在缓解社会排斥方面发挥的作用微乎其微，只有少数社区成员能够受益。所以，互联网本身并不足以解决社会排斥问题，只有具备必要的先决条件，才能产生影响。使用传统的信息通信技术解决社会排斥的挑战有两个：一是成本高昂；二是目标人群缺乏足够的技能(Davison et al.，2000)。

因此，有人提出，移动技术可能会有助于社会排斥问题的解决(Sinha，2005)。移动技术的主要优势在于它价格合理且易于使用(Chigona，Kankwenda，& Manjoo，2008)。有研究者(Davison et al.，2000)采用半结构化访谈的方法，考察了接入移动互联网是否是解决南非社会排斥问题的可行方案。结果发现，移动互联网对解决社会参与排斥问题具有重大影响，但对经济和政治层面排斥的影响仍然有限。移动互联网在社交排斥中的使用率还比较低，而且人们对移动互联网是什么以及能够实现什么的认识有限。

关于互联网与社会排斥的研究集中在社会学研究上，研究者主要是从宏观的角度来探讨互联网对社会排斥的影响。到目前为止，还很少有研究采用实验方法来探讨出现社会排斥后，互联网的使用是否可以缓解社会排斥问题。但是，已经有很多研究者开始关注互联网中的社会排斥问题，并取得了大量的研究成果。

二、互联网中的社会排斥——网络社会排斥

(一)网络社会排斥的定义

尽管之前的研究大多集中在现实社会排斥的影响上，但很多研究者认为排斥和忽略的观念也可以出现在虚拟现实中。尤其是随着网络

科技的发展，社交媒介日益成为人们日常交往的新的平台和工具，网络社交已经成为人们生活的一部分。随着互动机会的增加，被他人忽视、被排除在某圈子外，即在网络互动中被排斥的风险也随之上升。网络社会排斥也被称为网络排斥，最早是由威廉姆斯等人提出的，是现实社会排斥在网络交往环境中的延伸，是指除了面对面以外的其他交往模式中的任何有意或无意的排斥行为（Williams，Cheung，& Choi，2000）。后来研究者又对它进行了完善，认为网络社会排斥是指在非面对面电子媒介互动中，个体在可接受的时间范围内未得到预期的交流和认可；其发生载体主要包括电子邮件、社交网站、在线聊天室、即时通信工具以及在线游戏等（Williams，2007；孙晓军，童媛添，范翠英，2017）。也有研究者（程莹，成年，李至，等，2014）认为，网络社会排斥是指在网络非面对面交流互动中，任何他人有意地拒绝或忽视或自己感知到的被拒绝或忽视的现象。由此可见，网络社会排斥是指在网络社交互动中的排斥行为，其发生载体主要是社交媒介。

我国研究者（童媛添，2015）认为，网络社会排斥与现实社会排斥最明显的区别是发生载体的差异。此外，电子媒介的异步性、技术依赖性、匿名性以及社会线索缺失等特点，使得网络社会排斥相比于现实社会排斥呈现出一些新的特点，如错觉性排斥的存在（网络故障导致信息传递失败或延迟，从而导致沟通者因沟通不畅而臆想出的排斥以及挑衅）和冒险行为的增加（网络的匿名性和去个性化特征致使个体的自我控制能力降低）（童媛添，2015）。网络社会排斥与现实社会排斥仍然具有一些共同特征：首先，排斥是发生在互动情境中的现象，排斥双方（排斥者与被排斥者）是排斥发生的必备要素；其次，被网络社会排斥者与被现实社会排斥者在心理体验（如感到疼痛、基本需求的满足遭受威胁等）上有着一定的相似之处。因此，现实社会排斥的理论研究对网络社会排斥有一定的指导意义（童媛添，2015）。

(二)网络社会排斥的研究范式

由于网络社会排斥与现实社会排斥存在很多不同之处，网络社会排斥有着独特的心理体验与行为表现，因此，研究者提出了很多适用于网络社会排斥研究的新范式。我国学者(童媛添，2015)对国内外的网络社会排斥研究范式进行了总结，主要包括以下几种：网络掷球范式、聊天室范式、手机短信范式、沉浸式虚拟环境范式以及在线排斥范式等。

1. 网络掷球范式

网络掷球范式是由面对面的传球范式发展而来的，是由被试和其他成员共同参与的在线掷球游戏，但"其他成员"均由电脑程序控制。研究者可自由设置游戏的过程、速度、接纳频次以及玩家信息等。具体过程为：首先让被试阅读一段指导语，然后让被试与另外两名虚拟玩家(被试认为玩家真实存在)一起在网上玩掷球游戏，通过控制被试接到球的次数来操作排斥与接纳。游戏开始时，玩家会把球传给被试，不过，传递两次后，被排斥者接到球的概率会大大降低。这一范式通过网络掷球的方式来诱发排斥现象，操作简单、灵活、易控制。但是，网络掷球范式既被用于网络社会排斥研究又被用于现实社会排斥研究，存在交叉混用的情况。因此，研究者难以判定网络掷球范式诱发的排斥体验属于现实社会排斥还是网络社会排斥。

2. 聊天室范式

威廉姆斯(2002)最早提出使用聊天室范式研究网络社会排斥效应，原因在于网络用户最可能在发送电子邮件或者进入聊天室交流时体验到排斥。让被试在网络聊天室中通过文字与另外两名玩家(假被试)对主试事先设定的话题进行讨论，通过操作其他玩家忽略或回应被试的发言，来操作个体的被排斥感与被接纳感。与网络掷球范式相比，聊天室范式更加契合网络社会排斥的真实情境，网络用户也最有可能在聊天室中体验到排斥。但目前的聊天室范式采用的是真人在线聊天，因此所需的被试较多且无关变量难以控制。

3. 手机短信范式

手机短信范式的具体操作如下：首先，要求被试三人一组，相互通过短信方式进行交流。其次，把一个被试单独留下，另两个同盟成员被带入另一个房间，当确定短信收发正常后开始正式短信交流，互动时长为 8 分钟。根据被试所在的组别条件——被接纳组或被排斥组进行区分对待，被接纳组被试会得到同盟成员的积极回应，被排斥组被试则收不到同盟成员的任何回应。通过该范式，研究者（Smith & Williams，2004）发现在网络交往环境中，仅臆想排斥的发生就可使个体产生排斥体验。

4. 沉浸式虚拟环境范式

之前的网络排斥研究已经使用了各种范式，包括基于电子媒介的互动范式（如网络掷球范式）和交流范式（如聊天室范式和手机短信范式）。然而，这些范式缺乏现实感。沉浸式虚拟环境范式以最初的网络掷球范式为基础，在沉浸式虚拟环境范式中被排斥的被试将会表现出在其他排斥范式中出现的消极状态。沉浸式虚拟环境范式也将提供实验证据，即在虚拟世界中被忽视和排斥，会像经历现实社会排斥一样受到伤害（Kassner et al.，2012）。该范式的具体过程如下：首先，被试进入虚拟现实实验室参与一项名为"虚拟环境中的心理可视化"的研究。被试将在渲染的虚拟世界中进行互动，并回答关于任务完成期间和之后的体验的问题。这个任务基于计算机和面对面的排斥范式。告知被试，两个电脑控制的代理人将在虚拟环境中存在，并参与掷球游戏。被试会被随机分成被排斥组和被接纳组。在开始时，被试会接到其中一个代理人掷过来的球。随后，被排斥的被试再也没有接到球，而被接纳的被试则接到了 30％ 的球。

5. 在线排斥范式

在线排斥范式是一种新颖的、基于社交媒介的排斥范式，所以也叫社交媒介范式。有研究者（Wolf et al.，2015）认为该范式的优点主要有：①通过对电脑化小组成员的行为进行预先编程，能保持高度的社交互动；②使研究人员能够灵活地操纵社交状况的特性，以适应他们的研究目的；③适合在线数据收集；④便于研究排斥对随后的群体内行为的影响；⑤具有生态效度。

具体过程如下：被试被告知他们将参与在线小组任务，实际上，只有被试一个人参与，预编程的计算机脚本决定了其他组员的行为。告知被试，为了让小组成员熟悉，他们每个人都必须创建一个个人主页，包括一个虚拟化身和一个简短的自我描述。接下来，被试进入介绍阶段，小组成员可以查看彼此的个人资料。在这个阶段，小组成员可以通过点赞的方式(类似于脸书上的点赞)来相互交流。排斥的程度由被试的个人主页所收到的点赞数量来操纵。为了评估在线排斥范式的有效性，研究者把在线排斥范式与网络掷球范式进行了比较。结果发现，两种范式对情绪有相同的影响。

在线排斥范式和社交网站个人主页范式有很多相似的地方。有研究者(Tobin et al.，2015)把脸书的个人主页作为实验平台，探究个体在社交网站中更新状态而无人回复时是否会产生排斥体验。该范式要求被试发布一条主题为上周所发生的一件有趣的事情的状态，然后通过操纵评论来让被试感受到被排斥或被接纳。研究发现，个体在社交网站中更新状态无人回复时，会产生排斥体验。

(三)网络社会排斥与现实社会排斥的异同

网络社会排斥与现实社会排斥的相同之处在于，被网络社会排斥者能够产生与被现实社会排斥者相似的心理体验(如感到疼痛、基本需求遭受威胁、认知解体等)。两种排斥都能使被排斥者产生消极的情绪，给被排斥者的心理和生活带来消极的影响。传统的排斥理论对网络排斥有一定的适应性，可以部分地解释网络社会排斥对个体心理行为的影响。但同时，网络社会排斥与现实社会排斥之间也存在很大的差异。这种差异主要表现在网络互动模式明显具有不同于传统面对面互动的新特征，如互动双方常常互不可见(传统的网络互动模式不包括虚拟的面对面沟通，如视频会话)以及缺乏社会情境线索；互动往往具有匿名性，个性化信息缺乏；互动的成功依赖技术，技术故障会影响互动的流畅性。这些新特征对互动双方的心理行为影响深远（程莹，成年，李至，等，2014）。

因为网络互动与面对面互动的这些区别，所以影响网络社会排斥的因素与现实社会排斥有所不同。童媛添（2015）对网络社会排斥的影响因素进行了总结，认为影响网络社会排斥的因素主要包括以下三个方面：①媒介的传送速率；②社会线索的缺失；③网络的匿名性。与现实社会排斥相比，网络社会排斥是一种更为模糊的现象，既可能是网络环境因素所致的错觉性排斥，也可能是来自他人的真实排斥（Willianms et al.，2000）。

还有研究者（Williams et al.，2002）对网络社会排斥和现实社会排斥的危害进行了比较。结果发现，在现实社会排斥中，被排斥者的控制感和自尊感受到了威胁，但是在网络社会排斥中，这两种需要受到的影响较小。甚至有研究（Filipkowski & Smyth，2012）发现，被试在聊天室被排斥后自尊水平会升高，但是在现实社会被排斥后自尊水平会下降。此外，与被现实社会排斥者相比，被网络社会排斥者更容易以挑衅的方式做出反应。而且被网络社会排斥者通过保持参与小组讨论的水平来表现得更加虚张声势。对手机短信排斥的研究也发现，当被试感受到被排斥时，他会写更多挑衅的消息（Smith & Williams，2004）。所以，研究者（Smith & Williams，2004）认为，正是由于网络互动的匿名性和情境线索（如非语言线索）的缺乏，被排斥者在恢复受损需求时，行为更不受约束，甚至采用极端的策略以获得关注。由此可见，网络社会排斥在影响因素、对被排斥者的危害以及对排斥的行为反应上都与现实社会排斥存在显著的差异。

(四)网络社会排斥的消极影响

网络社会排斥对被排斥者的消极影响与现实社会排斥有很多相同的地方。大量实证研究（Smith & Williams，2004；Schneider et al.，2017）发现，网络社会排斥严重威胁着人类的基本需要，包括归属需要、自尊需要、控制和有意义的存在等。与自尊、控制和有意义的存在这三种需要相比，网络社会排斥对归属需要的威胁程度更高 (Smith, Morgan, & Monks, 2017)。此外，网络社会排斥也会消极地影响情绪状态，使被排斥者的情绪变得更差。我国学者孙晓军等人 (2017) 的研究还发现，网络社会排斥、现实社会排斥与抑郁之间具有显著正相关，网络社会排斥能够通过影响自我控制来间接地对抑郁产生影响。自动回复邮件会引起排斥的感受，这种社会排斥感会导致较高水平的负面情绪、较低的满意度和更高水平的消极行为 (Mattila et al., 2013)。网络社会排斥给大一新生带来的心理痛苦更大，因为他们更依赖网络社交媒介 (Smith, Morgan, & Monks, 2017)。

更重要的是，网络互动的匿名性会导致去个性化，所以网络社会排斥使被排斥者出现攻击等反社会行为 (程莹, 2014)。例如，被网络社会排斥者会表现出更多的愤怒，在随后的过程中会表现出更多的攻击行为 (Chow, Tiedens, & Govan, 2008)。此外，网络社会排斥也会导致更多的反社会行为的出现。例如，在受到网络社会的排斥之后，个体给别人分配的东西更少或在共同完成任务时付出的努力更少等 (Dewall et al., 2010; Kerr et al., 2010)。

第三节　网络社交与社会排斥的相关研究

由于移动网络技术的不断扩大和持续可用性，人们可以随时随地访问在线内容。也正是由于移动社交媒介的发展，我们可以与家人和朋友随时保持联系。因此，我们会有一种错觉，认为在虚拟的网络世界里，我们和家人、朋友都是一直保持联系的。但是，社交媒介有时候也会引起我们被忽略或被排斥的感受。网络社交与社会排斥之间的关系非常复杂。

一、网络社交与社会排斥的关系

(一)网络社交的特点与社会排斥

有研究表明，一些被排斥的人会试图与新的对象建立社会联系，这可能有助于弥补归属感（Maner et al.，2007）。有研究者（Maner et al.，2007）还通过一系列的研究发现，社会排斥的威胁促使被试表现出对结交新朋友有更多的兴趣，并增强他们合作的愿望。尽管面对面的交流对于弥补归属感非常重要，但是当预计不会有面对面的交流时，被排斥的个体并不会寻求与排斥者重新取得联系。因为其他形式的交流也具有类似的效果（Wingate，2014）。

通过互联网发生的互动提供了一种舒适的环境来表达自我。在线环境具有四个显著的特征：相对匿名性、外貌的重要性降低、物理距离作用的衰减以及对交流时间和速度的更大控制。这些特征使个体之间的交流脱离了面对面的环境。一般而言，匿名性有助于增加自我表露，在交流者之间产生更多的喜欢和亲近（Joinson，2001；Henderson & Gilding，2004）。匿名性会让个体在进行网络社交时感到的压力更小，能够自由表达自己。在线交流的各个方面能促进在线交流中的积极结果。与面对面的互动相比，在线互动降低了吸引力和面部表情等物理线索的重要性（Amichai-Hamburger & McKenna，2006）。网络社交的这些特点为被排斥者寻求交流互动提供了帮助，有利于被排斥者从网络社交中获得能量、对抗被排斥的消极影响。

(二)网络社交在社会排斥恢复中的作用

恢复受到威胁的归属需要不仅需要激发个体内部的情感和行为过程，而且还需要获得潜在的可以交流互动的人。有研究（Wolak，Mitchell，& Finkelhor，2003）发现，即使是与陌生的同伴保持联系，对于受情绪困扰的青少年也具有补偿功能。而且，与陌生同伴的社交互动行为，能够使很多青少年从每天体验到的临时和轻微的归属威胁中恢复(Nishina & Juvonen，2005)。身边的人都可能是排斥的来源。互联网可能是解决该问题的理想方案，因为互联网可以提供无限多的新型伙伴。面对社交困境，人们可以在网上寻找陌生的同伴或与已有的好友互动，来改善他们的情绪，减少孤独感。

有研究者(Gross，2009)采用实验的方法，考察了在人际排斥之后与陌生同伴在线交流的心理效应，探讨了在被排斥之后，和与排斥无关的陌生人进行网络互动是否有利于个体从急性厌恶的社会排斥影响中恢复。此外，该研究还考察了与年轻的成年人相比，这样做是否对青少年更有利。结果发现，和单独玩游戏相比，与陌生同伴即时通信互动能更大地恢复自尊，之前被排斥的青少年和青年人都能感知到关系的价值。该研究也发现，网络社交有利于减少青少年的消极情绪，但对青年人的作用要小一些。

还有研究者(Williams & Nida，2011；Williams，2009)发现，被排斥的个体甚至都不用进行网络社交，研究者只是用社交网站的图标(如脸书的图标)对他们进行简单的提醒，就能够减弱他们的社会排斥反应。有研究者(Knausenberger & Echterhoff，2017)采用实验法考察了脸书的提醒是否能够减轻人们对排斥的消极反应。研究者采用网络掷球范式来激发被试的被排斥感或被接纳感，然后在计算机屏幕的边缘显示脸书(或者单词)图标，将被试的注意力集中在主要任务上。结果发现，当呈现脸书图标时，被试可以更容易地激活他们想要进入脸书的想法，从而更好地应对排斥。脸书的提醒会减弱个体被排斥后对社交接触的兴趣，他们的归属需要也能得到更大程度的恢复。此外，该研究还发现，相对于个体主义者来说，脸书的提醒对集体主义者的排斥恢复帮助更大。

二、社交媒介与社会排斥

(一)社交媒介是一种社会联系的形式

在网络时代，人们可以通过使用在线社交媒介获得社会关系。社交媒介在近些年中非常受欢迎，它为用户提供了一个获取社交链接的高效平台。

人们使用社交媒介的动机就是满足自身人际互动和人际关系的需要（Anderson et al.，2011）。有研究者（Knausenberger, Hellmann, & Echterhoff，2015）认为，在线社交媒介成为最重要的人际联结，原因就在于它的普遍性和便捷性。当人们感到孤独或失去联结时，这种在线社交带来的联结感就变得特别重要（Sheldon，Abad，& Hinsch，2011）。

(二)社交媒介与社会排斥的关系

根据社会重联假说（social reconnection hypothesis），社会排斥的经历是社交联系的需要没被满足的信号（Maner et al.，2007）。因此，被排斥者会产生特别强烈地与他人建立联系以满足这些需要的愿望。鉴于社交媒介可以作为获取社交关系的便利平台，我们有理由认为，在经历社会排斥时，个体可能会想到使用社交媒介来满足人类的基本需要。对于在线社交媒介的使用与社会排斥的关系的研究结果比较一致，即在线社交有利于个体从社会排斥的不良影响中恢复过来。

研究发现，当被排斥个体想到让自己有归属感和被接纳感的资源时，由社会排斥引发的不良影响就会下降或者消失（McConnell et al.，2011；Twenge et al.，2007）。研究者认为社会陪伴是一种社会支持，排斥之后有亲密他人陪伴的个体感受到的不良影响比有陌生人陪伴的更少；并且，这种熟人陪伴的调节效应只存在于高自尊个体，对于低自尊个体而言，熟人陪伴和陌生人陪伴的差异不显著（Teng & Chen，2012）。

人们使用在线社交媒介就是为了获得社会联系，当他们觉得受到其他人的排斥后，可以通过参与在线社交媒介来获得更多的社会联系，从而缓解排斥带来的不良影响（Sheldon et al.，2011）。有研究者（Knausenberger et al.，2015）采用网络掷球范式，激发被试的排斥体验，让被试在电脑上完成填字任务的同时，在屏幕左下角出现脸书的图标和 Flash Player 的图标。结果发现，虽然被试并没有意识到图标，但那些屏幕上有脸书图标的被试被排斥后的消极反应更少。该实验表明，即使是一个没有被注意到的代表联结含义的图标，也会显著减少被试的消极反应。对大学生的研究（McBeath，2015）也发现，社交媒介在他们的归属感获得和同伴支持中起着重要的作用，并且对学校和同学有强烈归属感的学生报告的情感稳定性也更好。

有研究者（Chiou，Lee，& Liao，2015）认为，社交网络作为一种潜在的社会关系资源，可能会激发个体的一般关联感（sense of relatedness），从而导致他在被排斥时感受到更少的痛苦。研究者采用网络掷球范式对脸书使用者进行了研究。结果发现，启动社交网站的想法可以减少被排斥后所体验到的痛苦，感觉到的关联性在社交网站启动与减少社交痛苦之间起中介作用。同样，失去社交网站的想法会加剧社会排斥所造成的痛苦，因为社交网站的丧失似乎意味着失去一个潜在的社会联系的来源。而且，社交网站不可用的放大效应以及与社会排斥有关的痛苦对于重度用户来说更为突出。

(三)社交媒介对归属需要的影响

社交媒介允许人们将他们的离线友谊拓展到在线环境中，所有的关系被记录在个人主页上，并且可以根据需要不断更新来自朋友的信息流。在社交媒介上，人们可以与他人分享信息，评论他人的活动，并发送和接收私人信息。一方面，无论是被动地提醒自己的社会联系还是实际的互动，使用社交媒介都可以比以往更容易地满足归属的需要，（Gardner，Pickett，& Knowles，2005；Baumeister & Leary，1995）；另一方面，使用社交媒介增加了个体遭受社会排斥的机会，这可能会威胁到其归属感。

有研究者（Verreynne，2014）指出，社交媒介导致被排斥感产生的两个来源分别是：潜水和消极互动（所更新的状态没有得到他人的反馈，也就是没有评论和点赞）。潜水者被定义为那些偶尔访问在线社区或社交网站，但是很少或根本不发布信息的人（Rau，Gao，& Ding，

2008)。潜水者在社交网络中的亲密度较低，会影响他们感知到的归属感(Rau et al.，2008)。有研究者(Verreynne，2014)采用实验法对潜水者进行研究，在 48 小时内不允许被试在脸书上分享信息。结果发现，被试有较低的归属感和存在感。当通过实验操纵，使被试无法收到有关其状态更新的任何反馈时，被试的归属感、自尊、控制力和有意义的存在感水平都会降低。不仅如此，想象自己在脸书上的消极互动，都会导致个体的归属感、自尊、控制力和有意义的存在感水平降低(Karlen & Daniels，2011)。

还有研究者(King，2010)对社交媒介中的排斥和面对面的排斥进行了比较。结果发现，社交媒介排斥行为与面对面的排斥行为一样会令人厌恶，对归属感、自尊、控制力和有意义的存在感产生的消极影响是一致的。同时，该研究还发现，与网络聊天室环境相比，脸书排斥被认为有更多的对抗。原因在于网络聊天室大多是匿名的，而脸书等社交媒介是与现实世界和已有好友的互动。所以在实名社交媒介中的排斥与面对面的排斥的结果很相似。这些结果与大量的关于社会排斥的文献中的结果是一致的，即被人和网络忽略(如在网络游戏或聊天室中)都会威胁到归属的需要和关系的需要。此外，需要—威胁的时间模型指出，社会排斥会导致社交痛苦、需要威胁和消极影响。这些结果已经在社交媒介的背景下运用不同的方法得到了验证(Kassner et al.，2012；Wolf et al.，2015)。另外，关于在脸书上不友好的认知和情绪体验的研究也得出了类似的结果。

有研究者(Wesselmann & Williams，2011)指出，对于那些以社交媒体为主要工具来与他人取得联系的个体来说，在社交媒介环境中对排斥行为的反应可能会更加强烈，因为社交媒介对他们来说是一种安全的或唯一的社交方式。对于那些对社交网络陌生的人来说，他们可能更容易受到社交媒介的负面影响。有研究(Whillans & Chen，2017)发现，大一学生与其他年级的学生有所不同，他们在观看具有高社交内容的脸书的个人资料之后，归属感水平会降低，而其他年级的学生在观看高社交内容的脸书的个人资料后，归属感水平则会提高。

由此可见，社交媒介是产生社会排斥的一个场所，在社交媒介上缺乏信息分享和反馈会对个体的需要产生威胁。以上研究大多采用实验室的网络掷球范式，如果采用其他研究范式，根据现实的情境，激发被试被排斥的体验，那么使用在线社交媒介是否会起到缓解排斥体验的作用？这是未来值得进一步研究的。

扫描拓展

**网络欺凌者自己
也难逃郁闷？**

参考文献

阿马蒂亚·森，王燕燕. 论社会排斥. 经济社会体制比较，2005(3)：1-7.

卜荣华. 大学生网络交往的心理解析. 安徽工业大学学报(社会科学版)，2010，27(4)：137-140.

蔡强，吴寅，刘金婷. 社会排斥及其神经机制. 心理研究，2011，4(5)：3-9.

曹莉. 基于社会排斥理论的新生代农民工社会融入问题研究. 当代经济，2016(14)：116-117.

柴唤友，孙晓军，牛更枫，等. 亲子关系、友谊质量对主观幸福感的影响：间接效应模型及性别差异. 中国临床心理学杂志，2016，24(3)：531-534.

陈福平. 社交网络：技术 vs. 社会——社交网络使用的跨国数据分析. 社会学研究，2013(6)：72-94.

陈慧，车宏生，朱敏. 跨文化适应影响因素研究述评. 心理科学进展，2003，11(6)：704-710.

陈建文，王滔. 社会适应与心理健康. 西南师范大学学报(人文社会科学版)，2004，30(3)：34-39.

陈丽娜，张建新. 大学生一般生活满意度及其与自尊的关系. 中国心理卫生杂志，2004，18(4)：222-224.

陈丽娜，张明. 中学生感觉寻求、亲子关系与心理健康的关系. 心理发展与教育，2006，22(1)：87-91.

陈秋珠. 网络人际关系性质研究综述. 社会科学家，2006(2)：144-147.

陈爽，周奕欣，王可欣，等. 网络使用、害羞与性别差异三者对孤独感的影响. 新闻界，2016(21)：42-47.

陈万芬，张大均，潘彦谷，等. 青少年父母依恋与抑郁的研究：心理素质的中介作用. 心理科学，2016，39(6)：1282-1289.

陈昱，张卫，胡谏萍，等. 青少年网络使用与幸福感的关系. 中国心理学会成立 90 周年纪念大会暨第十四届全国心理学学术会议，2011.

陈志霞，李启明．幸福感整合模型在不同年龄及性别群体的验证．中国临床心理学杂志，2014，22(1)：78-83.

程苏，刘璐，郑涌．社会排斥的研究范式与理论模型．心理科学进展，2011，19(6)：905-915.

程莹，成年，李至，等．网络社会中的排斥：着眼于被排斥者的心理行为反应．中国临床心理学杂志，2014，22(3)：418-423.

迟新丽．大学生网络交往动机问卷编制及相关问题研究．重庆：西南大学，2009.

代利凤．社会排斥理论综述．当代经理人，2006(7)：235-237.

党清秀，李英，张宝山．不同类型人际关系对青少年抑郁情绪的影响——自尊和性别的作用．中国临床心理学杂志，2016，24(1)：69-73.

丁倩，张永欣，魏华，等．大学生自恋人格、自拍行为与积极情绪的关系．中国临床心理学杂志，2016，24(3)：519-522.

丁倩，张永欣，张晨艳，等．社交网站使用与青少年抑郁：社会比较和自我概念清晰性的链式中介作用．中国临床心理学杂志，2016，24(5)：823-827.

杜建政，夏冰丽．心理学视野中的社会排斥．心理科学进展，2008，16(6)：981-986.

杜天娇，于娜，郭武军．医科大学新生人际关系与心理健康关系研究．西北医学教育，2007，15(1)：114-116.

段建华．主观幸福感概述．心理学动态，1996，14(1)：46-51.

樊丹花．收入与主观幸福感的关系研究——基于结构方程模型的研究．上海：上海师范大学，2013.

封周奇，白学军，陈叶梓．人际关系对青少年道德思维方式的影响．心理与行为研究，2014，12(6)：800-805.

冯锐，李亚娇．大学生网络社交方式及社交行为特征分析．扬州大学学报(高教研究版)，2014，18(6)：75-82.

冯廷勇，李红．当代大学生学习适应的初步研究．心理学探新，2002，22(1)：44-48.

冯廷勇，苏缇，胡兴旺，等．大学生学习适应量表的编制．心理学报，2006，

38(5)：762-769.

　　傅荣．网络教育、网络心理教育与青少年心理健康．赣南师范学院学报，2001(4)：48-50.

　　龚玲，王鑫强，齐晓栋．情绪调节策略与生活满意度的关系：人际关系的中介作用．西南师范大学学报(自然科学版)，2013，38(6)：145-149.

　　古尚平．企业人际关系与绩效．中国电力企业管理，2002(7)：56.

　　韩笑．大学生自我表露与社会支持及其关系研究．继续教育研究，2010(3)：151-153.

　　郝嘉佳，牛宏伟．元认知、人际素质和专业认同对大学新生适应的影响．心理与行为研究，2015，13(6)：778-783.

　　郝若琦．美国大学生社交网站使用动机研究．西安：西北大学，2010.

　　郝翌钧．中职生主观幸福感与社会支持、班级气氛研究．太原师范学院学报(社会科学版)，2014，13(1).

　　贺金波，陈昌润，贺司琪，等．网络社交存在较低的社交焦虑水平吗?．心理科学进展，2014，22(2)：288-294.

　　侯舒艨，袁晓娇，刘杨，等．社会支持和歧视知觉对流动儿童孤独感的影响：一项追踪研究．心理发展与教育，2011，27(4)：401-411.

　　胡聪，陈昌潍，陈明．网络互动对大学生生活方式、人际适应能力影响的实证研究．出国与就业(就业版)，2011(15)：7-9.

　　胡杰成．社会排斥与农民工的城市融入问题．兰州学刊，2007(7)：87-90.

　　黄佳豪．社会排斥视角下新生代农民工市民化问题研究．中国特色社会主义研究，2013(3)：77-81.

　　黄庆斌．高职生网络成瘾、大五人格与主观幸福感的关系．广州：广州大学，2012.

　　黄四林，韩明跃，张梅．人际关系对社会责任感的影响．心理学报，2016，48(5)：578-587.

　　黄希庭．心理学导论(第二版)．北京：人民教育出版社，2007.

　　纪林芹，陈亮，徐夫真，等．童年中晚期同伴侵害对儿童心理社会适应影响的纵向分析．心理学报，2011，43(10)：1151-1162.

　　贾晓波．心理适应的本质与机制．天津师范大学学报(社会科学版)，2001(1)：

19-23.

江立华，胡杰成．社会排斥与农民工地位的边缘化．华中科技大学学报(社会科学版)，2006，20(6)：112-116.

姜巧玲，胡凯．大学生网络心理健康教育研究进展与趋势．现代大学教育，2011(6)：81-86.

姜巧玲，胡凯．我国网络心理健康教育研究概况及展望．学术探索，2011(6)：134-137.

姜永志，白晓丽，阿拉坦巴根，等．青少年问题性社交网络使用．心理科学进展，2016，24(9)：1435-1447.

蒋林涛．互联网带来的机遇与挑战．中兴通讯技术，2008，14(1)：1-7.

金灿灿，邹泓，侯珂．情绪智力和父母社会支持对犯罪青少年社会适应的影响：直接效应还是缓冲效应？心理科学，2011，34(6)：1353-1359.

金灿灿，邹泓．中学生班级环境、友谊质量对社会适应影响的多层线性模型分析．中国特殊教育，2012(8)：60-65.

金盛华．社会心理学．北京：高等教育出版社，2010.

金盛华，徐文艳，金永宏．当今中国人人际关系与身心健康的关系——社会心理医学研究．心理学探新，1999(3)：47-52.

金鑫，李岩梅，李小舒，等．网络社交态度、网络信任、人际信任与社交焦虑、孤独感之间的关系．中国临床心理学杂志，2017，25(1)：185-187.

靳海风，曾祥岚．个人资源在生态移民社会适应与心理健康间的中介效应．中国健康心理学杂志，2014，22(12)：1817-1819.

景晓芬．"社会排斥"理论研究综述．甘肃理论学刊，2004(2)：20-24.

雷雳．互联网心理学．北京：北京师范大学出版社，2016.

雷雳，李征，谢笑春，等．青少年线下攻击与网络欺负的关系：交叉滞后检验．苏州大学学报(教育科学版)，2015，3(3)：92-101.

雷雳，王伟．青少年移动社交媒介使用与其友谊质量的关系．心理与行为研究，2015，13(5)：664-670.

雷雳，王争艳，李宏利．亲子关系与亲子沟通．教育研究，2001(6)：49-53.

黎亚军，高燕，王耘．青少年网络交往与孤独感的关系：调节效应与中介效应．中国临床心理学杂志，2013，21(3)：490-492.

李彩娜，张曼，冯建新. 家庭功能与社会适应：个人自主的中介作用. 心理发展与教育，2010，26(4)：371-377.

李彩娜，周伟. 大学生社会适应与五因素人格间关系的研究. 中国临床心理学杂志，2009，17(1)：78-80.

李贵成. 社会排斥视域下的新生代农民工城市融入问题研究. 理论探讨，2013(2)：155-158.

李桂颖，周宗奎，平凡. 大学生网络幸福感的特点及其与网络使用偏好的关系. 心理与行为研究，2012，10(5)：395-400.

李欢欢，骆晓君，王湘. 大学生的孤独感与自杀意念的关系：来自内隐和外显测量的证据. 中国临床心理学杂志，2012，20(6)：805-808.

李锦峰，滕福星. 网络人际关系的内在伦理矛盾分析. 自然辩证法研究，2003，19(4)：77-80.

李静，郭永玉. 如何破解中国的"幸福悖论". 华中师范大学学报(人文社会科学版)，2011，50(6)：155-160.

李鹏. 企业内部知识型员工间人际关系、心理契约与工作绩效的关系研究. 赣州：江西理工大学，2016.

李强. 互联网对大学生的心理影响及健康心理培养探论. 西南民族学院学报(哲学社会科学版)，2001，22(10)：221-224.

李青青. 收入与幸福感相关性的经济学分析——基于对深圳市的问卷调查. 广州：暨南大学，2011.

李儒林，张进辅，梁新刚. 影响主观幸福感的相关因素理论. 中国心理卫生杂志，2003，17(11)：783-785.

李文革，沈杰. 中国未成年人互联网运用报告(2009～2010). 北京：社会科学文献出版社，2010.

李小玲，唐海波，明庆森，等. 大学生孤独感和自我和谐的关系：应对方式的中介作用. 中国临床心理学杂志，2014，22(3)：530-532.

李晓巍，邹泓，刘艳. 孤独感量表在中学生群体中的初步修订. 中国临床心理学杂志，2014，22(4)：731-733.

李瑶. 从生态系统理论视角分析环境对于青少年的影响. 湘潮(下半月)，2012(3)：81.

李志爱. 社会排斥个体对社会接纳信息的注意加工偏向. 重庆：西南大学, 2014.

连帅磊, 孙晓军, 田媛, 等. 青少年同伴依恋对抑郁的影响：朋友社会支持和自尊的中介作用. 心理科学, 2016, 39(5)：1116-1122.

梁栋青. 大学生网络社会支持与主观幸福感的相关研究. 中国健康心理学杂志, 2011, 19(8)：1013-1015.

梁建, 王重鸣. 中国背景下的人际关系及其对组织绩效的影响. 心理学动态展, 2001, 9(2)：173-178.

梁明辉, 张黎. 吉林省农村干部心理健康与生活满意度相关研究. 中国农村卫生事业管理, 2012, 32(10)：89-91.

梁宁建, 吴明证, 杨轶冰, 等. 大学生网络成瘾与幸福感关系研究. 心理科学, 2006, 29(2)：294-296.

梁艳. 大学生网络使用者虚拟幸福感及其与在线社会支持的关系研究. 重庆：西南大学, 2008.

梁宗保, 马林阁, 张光珍, 等. 父母婚姻关系质量与学前儿童社会适应：父母养育行为的中介作用. 中国临床心理学杂志, 2016, 24(3)：499-503.

林崇德. 心理和谐：心理健康教育的指导思想. 西南大学学报(社会科学版), 2012, 38(3)：5-11.

刘海娇, 田录梅, 王姝琼, 等. 青少年的父子关系、母子关系及其对抑郁的影响. 心理科学, 2011, 34(6)：1403-1408.

刘会驰, 吴明霞. 大学生宽恕、人际关系满意感与主观幸福感的关系研究. 中国临床心理学杂志, 2011, 19(4)：531-533.

刘嘉庆, 区永东, 吕晓薇, 等. 华人人际关系的概念化——针对中国香港地区大学生的实证研究. 心理学报, 2005, 37(1)：122-135.

刘杰, 孟会敏. 关于布郎芬布伦纳发展心理学生态系统理论. 中国健康心理学杂志, 2009, 17(2)：250-252.

刘晶, 王伟, 雷雳. 青少年移动社交媒介使用特点及对教育的启示. 教学与管理, 2016(21)：23-26.

刘俊升, 周颖, 李丹. 童年中晚期孤独感的发展轨迹：一项潜变量增长模型分析. 心理学报, 2013, 45(2)：179-192.

刘珂，佐斌．网络人际关系与现实人际关系一体论．云南师范大学学报(哲学社会科学版)，2014，46(2)：68-74.

刘丽虹，张积家．动机的自我决定理论及其应用．华南师范大学学报(社会科学版)，2010(4)：53-59.

刘沛汝，姜永志，白晓丽．手机互联网依赖与心理和谐的关系：网络社会支持的作用．中国临床心理学杂志，2014，22(2)：277-280.

刘启刚．大学生心理健康对生活满意度的预测效果研究．心理研究，2008，1(4)：82-85.

刘庆奇，牛更枫，范翠英，等．被动性社交网站使用与自尊和自我概念清晰性：有调节的中介模型．心理学报，2017，49(1)：60-71.

刘上洋．互联网的发展趋势及影响．江西日报，2015.

刘旺．小学生自尊与生活满意度的关系．中国心理卫生杂志，2005，19(11)：745-749.

刘文婧，许志星，邹泓．父母教养方式对青少年社会适应的影响：人格类型的调节作用．心理发展与教育，2012，28(6)：625-633.

刘文俐，周世杰．大学生网络过度使用的后果及与幸福感的关系．中国临床心理学杂志，2014，22(2)：288-290.

刘文，毛晶晶．青少年浪漫关系研究的现状与展望．心理科学进展，2011，19(7)：1011-1019.

刘文，毛晶晶，俞睿玮，等．青少年浪漫关系倾向发展特点及其与相关影响因素的关系．心理科学，2014，37(3)：593-600.

刘艳艳．大学生网络社交现状调查研究．人力资源管理，2013(8)：207-208.

刘艳，邹泓．中学生的情绪智力及其与社会适应的关系．北京师范大学学报(社会科学版)，2010(1)：65-71.

刘永芳，李海垒，田歆．学校欺负对学生学校适应的影响．教育科学，2005(1)：26-29.

陆小兵．学校教育与个体的社会适应——对结构功能主义视角的反思．江海学刊，2013(4)：212-217.

吕剑晨，张琪．网络与现实：人际关系的质量差异．应用心理学，2017，23(1)：31-39.

吕新萍. 从社会排斥到社会共融——农民工融入城市的途径与方法. 中国特色社会主义研究，2010(6)：64-68.

罗杰，周瑗，潘运，等. 性别在大学生学习适应与学习倦怠关系中的调节作用. 中国特殊教育，2013(6)：70-74.

马利艳，雷雳. 初中生生活事件、即时通讯与孤独感之间的关系. 心理发展与教育，2008，24(4)：106-112.

马晓辉. 青少年社交网站使用及其与心理健康的关系. 北京：中国人民大学，2012.

毛晋平，杨丽. 大学生的积极人格品质及其与学习适应的关系. 大学教育科学，2012，3(4)：38-42.

毛晶晶. 青少年浪漫关系倾向发展特点、相关影响因素及其与学业成绩的关系研究. 大连：辽宁师范大学，2012.

苗元江. 从幸福感到幸福指数——发展中的幸福感研究. 南京社会科学，2009(11)：103-108.

苗元江. 心理学视野中的幸福. 天津：天津人民出版社，2009.

苗元江. 幸福感概念模型的演化. 赣南师范学院学报，2007，28(4)：42-46.

聂衍刚，林崇德，郑雪，等. 青少年社会适应行为与大五人格的关系. 心理科学，2008，31(4)：774-779.

聂衍刚，杨安，曾敏霞. 青少年元认知、大五人格与学习适应行为的关系. 心理发展与教育，2011，27(2)：151-157.

聂衍刚，郑雪，万华，等. 社会适应行为的结构与理论模型. 华南师范大学学报(社会科学版)，2006(6)：118-124.

牛更枫，鲍娜，范翠英，等. 社交网站中的自我呈现对自尊的影响：社会支持的中介作用. 心理科学，2015(4)：939-945.

牛更枫，孙晓军，周宗奎，等. 基于QQ空间的社交网站使用对青少年抑郁的影响：上行社会比较和自尊的序列中介作用. 心理学报，2016，48(10)：1282-1291.

牛璐，雷雳，谢笑春. 社交网站在浪漫关系进程中的作用. 心理科学进展，2016，24(12)：1926-1933.

欧阳文珍. 人际关系训练对大学生心理健康水平的影响. 中国心理卫生杂志，

2000，21(3)：186-187.

平凡，韩磊，周宗奎．大学生网络交往问卷的初步编制及信效度检验．中国心理卫生杂志，2012，26(9)：709-714.

钱正武．社会排斥：农民工市民化进程缓慢的根本原因．调研世界，2011(2)：41-45.

乔歆新，来水木，沈模卫，等．即时通讯软件使用动机的探讨．应用心理学，2007，13(2)：125-130.

乔歆新，张锋，沈模卫．人格特征对即时通讯使用动机和使用行为的调节作用．心理科学，2009，32(5)：1199-1203.

邱林，郑雪．个体文化取向与主观幸福感关系的跨文化研究．中国健康心理学杂志，2006，14(3)：241-244.

任杰，许浩川，刘毅，等．城乡中学生心理健康与生活满意度的研究．教育研究与实验，2009(2)：67-70.

任志洪，江光荣，叶一舵．班级环境与青少年抑郁的关系：核心自我评价的中介与调节作用．心理科学，2011(5)：1106-1112.

任志洪，叶一舵．国内外关于主观幸福感影响因素研究述评．福建师范大学学报(哲学社会科学版)，2006(4)：152-158.

桑青松，李楠楠，童张梦子．羞怯在中学生情绪智力与社会适应间的中介作用——基于阶层回归分析和bootstrap法的检验．安徽师范大学学报(人文社会科学版)，2016，44(5)：646-654.

申琦，廖圣清，秦悦．网络使用、社会支持与主观幸福感：以大学生为研究对象．新闻与传播研究，2014(6)：99-113.

沈彩霞，刘儒德，王丹．儿童网络行为与孤独感的关系——人格的调节效应．心理科学，2013，36(5)，1140-1145.

沈模卫，李鹏，徐梅，等．大学生病理性互联网使用行为模式研究．华东师范大学学报(教育科学版)，2004，22(4)：63-70.

沈晓梅．对大学生网络心理健康教育的思考．教育与职业，2013(11)：86-87.

沈勇，乔歆新，张云帆，等．即时通讯工具使用偏好及其与使用动机的关系．应用心理学，2008，14(2)：104-110.

宋大力，袁红波．团体辅导改善大学生人际关系及心理健康水平的实证研究．社会心理科学，2011(1)：36-39.

宋广文，何云凤，丁琳，等．有留守经历的中学生心理健康、心理弹性与主观幸福感的关系．中国特殊教育，2013(2)：87-91.

宋建根，许艳，李源晖，等．芜湖高校大学生网络成瘾与总体幸福感关系研究．中国学校卫生，2014，35(5)：691-696.

苏志强，张大均，邵景进．社会经济地位与留守儿童社会适应的关系：歧视知觉的中介作用．心理发展与教育，2015，31(2)：212-219.

孙晓军，童媛添，范翠英．现实及网络社会排斥与大学生抑郁的关系：自我控制的中介作用．心理与行为研究，2017，15(2)：169-174.

孙玉娟，潘文华．城市农民工社会排斥透视及对自我认同的影响和重构．农业现代化研究，2007，29(1)：73-76.

唐丹，姜凯迪．家庭支持与朋友支持对不同自理能力老年人抑郁水平的影响．心理与行为研究，2015，13(1)：65-69.

陶沙．从生命全程发展观论大学生入学适应．北京师范大学学报(人文社会科学版)，2000，158(2)：81-87.

田犇．社会排斥视域下农民工二代城市融入问题研究．浙江纺织服装职业技术学院学报，2016，15(1)：73-79.

田丽丽，刘旺，Rich Gilman．中学生生活满意度的跨文化比较研究．应用心理学，2005，11(1)：21-26.

田录梅，陈光辉，王姝琼，等．父母支持、友谊支持对早中期青少年孤独感和抑郁的影响．心理学报，2012，44(7)：944-956.

田录梅，吴云龙，袁竞驰，等．亲子关系与青少年冒险行为的关系：一个有调节的中介模型．心理发展与教育，2017，33(1)：76-84.

田录梅，张文新，陈光辉．父母支持、友谊质量对孤独感和抑郁的影响：检验一个间接效应模型．心理学报，2014，46(2)：238-251.

田媛．社交退缩大学生的网络交往．武汉：华中师范大学，2012.

佟月华．大学生一般自我效能感、应对方式及主观幸福感的相关研究．中国学校卫生，2004，25(4)：396-397.

童媛添，邱晓雯，连帅磊，等．社交网站上行社会比较对青少年抑郁的影响：社交焦虑的中介作用．中国临床心理学杂志，2012，25(3)：498-501.

童媛添．网络社会排斥的一般特点及其与抑郁的相关研究．武汉：华中师范大学，2015.

汪向东，王希林，马弘．心理卫生评定量表手册．北京：中国心理卫生杂志社，1999.

王才康．大学新生生活困扰的初步研究．应用心理学，2002，8(1)：33-37.

王洪波，胡璇．大学生网络社交现状研究．思想教育研究，2013(11)：75-77.

王卉．论网络虚拟幸福．北京：北京邮电大学，2006.

王佳利．大学生网络心理健康教育积极模式研究．学校党建与思想教育，2016(24)：58-60.

王建平，李董平，张卫．家庭经济困难与青少年社会适应的关系：应对效能的补偿、中介和调节效应．北京师范大学学报(社会科学版)，2010，4(1)：22-32.

王江洋，杨薇，申继亮．12～18岁福利院孤儿身份拒绝敏感性的测量及发展特点．中国特殊教育，2012(6)：11-17.

王静．中学生核心自我评价、班级环境和主观幸福感之间的关系研究．武汉：湖北大学，2011.

王莉，邹泓，么娆．青少年网络成瘾、父母监控与其社会适应的关系．中国特殊教育，2011(5)：62-68.

王明忠，范翠英，周宗奎，等．父母冲突影响青少年抑郁和社交焦虑——基于认知－情境理论和情绪安全感理论．心理学报，2014，46(1)：90-100.

王思思．青少年网络心理幸福的初步研究．兰州教育学院学报，2012(1)：131-134.

王维杰．大学新生人际适应问题的调研．思想教育研究，2006(1)：43-44.

请扫码了解更多

后　记

　　我几乎用了一年的时间来完成书稿，写到这里内心感慨万千。读博期间看着导师一本本地出书，心生羡慕，总盼望有一天能像导师一样写一本属于自己的书。可是真正开始动笔时才发现，原来写一本符合自己要求的书真的好难。在电脑前坐得腰酸背痛，看文献累得眼睛干涩，却不知道从何写起，内心的苦闷和彷徨大约也只有同是搞学术研究的朋友们才能懂吧。看着日益稀少的头发和增厚的眼镜，终于明白了搞科研是一项多么辛苦的工作。幸好我坚持了下来，经受住了三百多个日夜的煎熬，在今夜即将为本书画上句号。

　　我的博士论文是关于青少年移动社交媒介使用与友谊质量的研究，移动社交媒介是进行网络社交的一个平台。早在读博期间就想在博士论文的基础上，在深度和广度上进行拓展，写一本关于网络社交的书。在博士毕业之前就曾和导师多次探讨这本书的体系框架，也一直向导师请教该如何写一本好书。去年和导师多次沟通后才最终开始了这本书的写作。全书共包括九章，前三章是对网络社交总体情况的介绍，主要包括互联网及网络社交的发展状况、有关网络社交的理论和网络社交的影响因素三部分；后六章主要阐述网络社交对网民心理的影响，遵循从个体到人际再到社会的逻辑。第四章、第五章从个体的角度阐述网络社交对网民幸福感和心理健康的影响；第六章、第七章从人际的角度阐述网络社交对网民人际关系、友谊的影响；第八章、第九章从社会的角度阐述网络社交对网民社会适应、社会排斥的影响。

　　对于这本书的顺利出版，有很多事值得铭记，也有很多人需要感谢。首先，要衷心感谢我的博士生导师雷雳教授，谢谢雷老师不嫌我愚钝，把我收归门下，悉心指导，让我顺利完成博士学业。感谢雷老师给了我一次继续求学的机会，让我圆了自己一直以来的博士梦。毕业之际，雷老师向我推荐了几所更好的大学作为栖身之所，可我却偏又回到了原来工作的单位。雷老师对我选择的理解和对我一如既往的关心与支持，让我无以回报，唯有在科学研究的道路上继续努力、坚持。雷老师把我这本书纳入他主编的互联网心理学丛书中，这让我既激动、兴奋，也倍感压力，希望不要因为自己的才疏学浅而影响了整套丛书的质量。所以，我查阅了大量中英文文献，对每一章的内容都仔细推敲，但因水平有限，书中存在的不足在所难免，也希望读者朋友们能够理解。同时，对文中所引用的文献的作者们，我也衷心地表示谢意，是大家的研究成果共同成就了这本书。

还要感谢我的硕士生导师辛志勇教授，是辛老师把我领进了心理学的大门，让我看到了心理学丰富多彩的研究内容，使我对心理学产生了浓厚的兴趣。同时还要衷心感谢俞国良教授、苏彦捷教授、方晓义教授、方平教授、王争艳教授、刘儒德教授、时勘教授、杨继平教授、侯怀银教授、赵慧勤教授、肖海雁教授、董妍老师、邢采老师、刘聪慧老师和张登浩老师，感谢各位老师在我学术道路上的指引和帮助。在学术造诣、对心理学的认识、对学术的态度以及对人生的规划上，各位老师都是我学习的榜样。

感谢我的同门周莉老师以及张国华、周浩、王财玉、谢笑春、檀杏、李征、胡花花、舒畅、邢亚平、牛璐和盖晓然，是你们的陪伴让我的学习生活不再寂寞。尤其要感谢师弟王兴超、谢笑春，每次遇到问题都是两位师弟帮忙解决。感谢兴超师弟无私的帮助，让我对发表学术论文有了更多的心得体会。感谢我的硕士和本科同学高培晋、赵龚、杨丹丹、高阳、何丽娜在我读博和工作期间对我的帮助。感谢我的同学蒋索给我的博士论文提出了诸多宝贵建议，在写书期间又给了我很多鼓励和信心。感谢我的博士同学王艳、李建良、王元元、刘鑫和王琦，认识你们真好，你们是我学习的伙伴。

感谢父母这些年来对我的理解、帮助和辛苦付出，不曾表达，却都在心底。感谢两位姐姐从小对我的照顾，长大后依然对我体谅、包容。感谢岳父、岳母对我学业的支持和帮助，在我困难时，义无反顾地帮我照顾儿子，让我可以安心做学术。感谢儿子带给我的快乐和感动，你是我奋斗的动力，是我能量的源泉。人们常说养孩子就是一场修行，感谢你的调皮增加了我修行的难度，沉淀了我的耐心，磨平了我的浮躁，让我可以无论处于怎样的情境都可以坦然面对。

最后要感谢我的妻子。我们相遇于微时，感谢你不曾嫌弃我的穷困和丑陋，于我一穷二白时，给了我家庭和无微不至的关爱。不善表达的我，唯有用不断的努力和进步告诉你：你的选择没有错。感谢你在我考博时的监督、鼓励和读博时的支持以及为家庭的全然付出。感谢你对我的包容，承担了所有的家务，还要忍受我在写书时的坏脾气。我的苦闷和心酸、我的所有心思只有你最懂。感恩生活中能有你的陪伴，这份情让我无以为报，只能深藏于心底。

感谢所有我认识的和认识我的人，正是这些要感谢的人，让我觉得如此温暖，正是这么多的关爱与帮助，让我对未来心生期待。感谢北京师范大学出版社的编辑老师和工作人员的付出，也要感谢山西大同大学基金的资助。

这本书算是对自己的一个交代，也是对自己学术生涯的一个总结。苏轼曰："博观而约取，厚积而薄发。"接下来，我将振奋精神，整装待发！

王　伟
写于大同大学专家公寓
2017 年 12 月